300 Fragen zur Kinderernährung

PATRICIA DAVIS, MARIKA MIKLAUTSCH,
SABINE DIETRICH

DIE AUTORINNEN

Patricia Davis ist freie Journalistin. Einer ihrer Themenschwerpunkte ist Ernährung, vom rohen Lebensmittel bis zum fertigen Gericht. Als leidenschaftliche Köchin und Mutter zweier mittlerweile erwachsener Töchter hat sie selbst erlebt, dass es nicht immer einfach ist, Kinder zu vernünftigem Essen zu motivieren.

Marika Miklautsch ist Ernährungswissenschaftlerin an der Abteilung für Ernährungsmedizin der Universitätsklinik für Kinder- und Jugendheilkunde, Medizinische Universiät Wien, sowie wissenschaftliche Mitarbeiterin des Österreichischen Akademischen Instituts für Ernährungsmedizin. Darüber hinaus ist sie als Referentin in der ÖAK-Diplomausbildung »Ernährungsmedizin« tätig. Zuvor arbeitete sie als Ernährungstrainerin für übergewichtige Kinder.

Sabine Dietrich arbeitet als Diplompsychologin an der Universitätsklinik für Kinder- und Jugendheilkunde der Medizinischen Universität Wien, Abteilung Ernährungsmedizin. Ihre Schwerpunkte liegen auf der psychologischen Betreuung von Kindern, Jugendlichen und deren Eltern sowie der gruppenpsychologischen und einzeltherapeutischen Behandlung von übergewichtigen Kindern und Jugendlichen. Zusätzlich ist sie in freier Praxis tätig.

WICHTIGER HINWEIS

Ein Wort zuvor

»Wieso isst mein Kind bloß nicht?« »Was ist denn nun eigentlich gesunde Ernährung?« »Wie schaffe ich es, dass mein Kind ordentlich frühstückt?« »Was ist zu viel und wann ist es zu wenig?« – Das Essen mit Kindern ist eines der zentralen Elemente des Familienlebens. Allerdings eines, das recht stressig sein kann. Dieses Buch möchte Ihnen helfen, die vielfältigen Klippen beim Essen mit Kindern möglichst unfallfrei zu umschiffen, und Sie als Eltern durch alle Entwicklungsphasen Ihrer Schützlinge begleiten.

Denn richtige Ernährung beginnt bereits am ersten Lebenstag. Informieren Sie sich, wieso Muttermilch alles enthält, was Ihr Baby braucht, und warum in den allermeisten Fällen die Sorge, dass Sie Ihr Kind durch Stillen nicht ausreichend ernähren können, vollkommen unbegründet ist. Und: Warum es so wichtig ist, dass Sie Ihrem Kind von Anfang an vertrauen, dass es weiß, wie viel Nahrung es braucht. Wir möchten Sie aber auch sicher durch den Dschungel des großen Angebots an Fläschchennahrung führen und Ihnen nützliche Tipps für die Zubereitung des ersten Breichens geben, Sie bei der Auswahl der ersten Gläschennahrung beraten.

Ihr Kind macht vom Säugling bis zum Teenager eine unglaubliche Entwicklung durch. Es wächst innerhalb von 12, 14 Jahren von zwei Handvoll Kind zu einem Jugendlichen heran, der schon mal Schuhgröße 42 haben kann. Im Verhältnis zum Zeitpunkt der Geburt wächst die Körperlänge auf mehr als das Dreifache, das Körpergewicht kann mit 16, 18 Jahren bis zu 20-mal mehr betragen als in den ersten Lebenstagen. Hinzu kommt, dass Ihr Kind in dieser Zeit ununterbrochen Neues lernt. Es lernt mit seinem Körper, mit Händen, Fingern und Füßen unfallfrei umzugehen, es lernt zu sprechen, es lernt Freude und Enttäuschung einzuordnen, es lernt die Vielfalt menschlicher Verhaltensweisen kennen und es lernt nicht zuletzt das, was ihm in der Schule und im Elternhaus an Bildung beigebracht wird.

Um diese täglichen Herausforderungen sicher zu bewältigen, braucht Ihr Kind nicht nur Ihre Liebe, sondern auch die bestmögliche Ernährung, die ihm alle wichtigen Nährstoffe gibt, damit es gut gedeiht und die nötige Kraft hat zum Toben, zum Lernen und zum Verarbeiten all der neuen Eindrücke. Wir haben daher in diesem Buch nicht nur übersichtliche Tabellen, sondern auch praktische Tipps zusammengestellt, wie Sie die Ernährung für Ihr Kind in den verschiedenen Altersstufen so gut wie möglich gestalten können.

In den ersten Jahren ist es noch relativ einfach, dass Sie Ihr Kind gesund ernähren, denn anfangs liegt die Ernährung des Nachwuchses noch weitgehend bei Ihnen als Eltern. Doch mit dem Beginn des Kindergartens und der Schule ändert sich vieles. Nun gilt es nicht nur, einen von außen vorgegebenen Tagesrhythmus einzuhalten, auf Ihr Kind strömen jetzt auch viele Einflüsse ein, die Sie nicht mehr steuern können. Es lernt im Kindergarten nicht nur die ersten Ausdrücke, die Sie ihm sicher nie beigebracht hätten, es lernt auch Nahrungsmittel wie Süßigkeiten oder Fastfood kennen, die Sie bislang weitgehend von ihm fernhalten konnten. Mit zunehmendem Alter und zunehmender Selbstständigkeit wird Ihr Kind auch hinsichtlich seiner Nahrungsauswahl selbstbestimmter. Und es wird nicht immer zu jenen Nahrungsmitteln greifen, die Sie als Eltern empfehlen. Daher haben wir für Sie Antworten auf die Frage gefunden, wie es trotzdem möglich ist, dass Ihr Kind in dieser Zeit nicht nur Junkfood zu sich nimmt, sondern auch noch jene Lebensmittel, die reich an Vitaminen und Mineralstoffen sind. Haben Sie dieses Rüstzeug einmal, bleibt immer noch die Frage: Wie kriegen Sie das alles im stressigen Alltag überhaupt auf die Reihe? Das Essen, die tägliche Mahlzeit stellt an Sie als Eltern schließlich auch sehr praktische Herausforderungen: Woran sollen Sie sich angesichts der vielen, zum Teil widersprüchlichen Informationen zu den einzelnen Lebensmitteln beim Einkauf eigentlich orientieren? Und wie können Sie es vom Zeitaufwand und von der eigenen Kraft her schaffen, täglich eine vernünftige, gesunde Mahlzeit auf den Tisch zu stellen? Auch damit haben wir uns in diesem Buch beschäftigt.

Wir widmen uns aber auch einem weiteren Thema, das viele Eltern kennen: Da hat man es nach vielen Mühen endlich geschafft, den Kindern ein Mahl vorzusetzen, das allen Anforderungen entspricht: Es ist ausgewogen, Kohlenhydrate, Eiweiß, Fett, Vitamine und Mineralstoffe sind ausreichend enthalten und plötzlich erklärt einem ein kleiner oder auch schon größerer Trotzkopf: »Das mag ich nicht!« Die Eltern sind ratlos, frustriert, bemühen sich, dem Kind gut zuzureden: Nichts geht. Was nun?

Mit dem Abschnitt »Nährstoffkunde« und den dort beigefügten Tabellen möchten wir Ihnen einen etwas genaueren Einblick bieten, wie sich der Nährstoffbedarf Ihres Kindes im Lauf seiner Entwicklung verändert. Auch ab wann sich die Anforderungen an die Nahrung bei Jungen und Mädchen zu unterscheiden beginnen, können Sie hier nachlesen. Nicht zuletzt wird hier näher erklärt, warum welcher Nährstoff für die Entwicklung Ihres Kindes so bedeutend ist, beginnend bei der Schwangerschaft bis hin zum Teenager, und was es mit den sekundären Pflanzeninhaltsstoffen auf sich hat.

Zur Abrundung haben wir uns mit Fragen beschäftigt, die auftauchen, wenn das Essen krank macht, haben Ihnen einen Überblick über die wichtigsten Nahrungsmittelunverträglichkeiten zusammengestellt sowie über ernährungsbezogene Krankheiten wie Bulimie, Anorexie oder Adipositas.

Für all diejenigen Leserinnen und Leser, die sich weiter informieren möchten, sind im Anhang eine Reihe von Serviceadressen, Internetseiten und Büchern aufgelistet (darunter auch einige Kinderbücher), mit deren Hilfe Sie gemeinsam mit Ihren Kindern die Welt der Nahrung, des Essens, der Lebensmittel entdecken können.

Viel Spaß beim Lesen wünschen Ihnen

Patricia Davis
Marika Miklautsch
Sabine Dietrich

Säuglinge – von Anfang an gut ernährt

Muttermilch ist die Nahrung, die die Natur für Ihr Baby vorgesehen hat. Sie enthält alle Nährstoffe, die es benötigt, und unterstützt sein Immunsystem. Kinder, die etwa sechs Monate voll gestillt wurden, haben ein geringeres Risiko, später an einer Allergie zu erkranken. Darüber hinaus verringert Stillen das Risiko von Übergewicht, auch in späteren Jahren.

Auch wenn Sie anfangs unsicher sind und es einige Zeit dauert, bis sich das Stillen eingespielt hat: Es lohnt sich durchzuhalten, nicht nur für Ihr Kind, sondern auch für Sie selbst. Die Stillhormone wirken sich positiv auf die Stimmung der Mutter aus. Zudem erreichen Stillende rascher wieder jenes Gewicht, das sie vor der Schwangerschaft hatten, und das Stillen hilft der Gebärmutter, sich wieder zusammenzuziehen. Vor allem aber: Muttermilch ist immer dabei. Sie muss nicht mitten in der Nacht erwärmt werden, es müssen keine Fläschchen und Sauger gereinigt werden. Und: Muttermilch ist preisgünstig!

Das Wissen erfahrener Hebammen und Stillberaterinnen hilft bei Anfangsschwierigkeiten wie schmerzender Brust, stockendem Milchfluss oder durchs Stillen bedingten Rückenschmerzen.

Legen Sie Ihr Baby an, sooft es danach verlangt. Somit passt Ihr Körper die Milchproduktion an die Nachfrage an. Haben Sie keine Sorge, dass Ihr Baby während der ersten zwei, drei Tage zu wenig bekommt. In dieser Zeit deckt es den überwiegenden Energiebedarf noch aus der in den letzten Wochen der Schwangerschaft angelegten körpereigenen Fettreserve. Ein Gewichtsverlust von bis zu 7 Prozent innerhalb dieser Tage ist natürlich!

Doch manchmal ist Stillen auch beim besten Willen nicht möglich. Hoch entwickelte Säuglingsanfangsnahrung ist dann eine akzeptable Alternative.

Doch egal ob Sie stillen oder mit dem Fläschchen füttern: Genießen Sie diese erste Zeit mit Ihrem Baby. Es wird bald die Welt entdecken und Ihnen nie mehr so nahe sein wie jetzt!

Natürlich und gut – Muttermilch

❓ Wie entsteht eigentlich Muttermilch?

Bereits in der Schwangerschaft beginnen die Milchbläschen, ihre Arbeit aufzunehmen. Das Milchbildungshormon Prolaktin wird ausgeschüttet, durch das Anwachsen des Drüsengewebes wird Ihre Brust größer. Manchmal spannt sie und ab und zu kann es auch schon während der Schwangerschaft passieren, dass ein paar Tropfen Milch erscheinen.

Wenn Ihr Kind dann geboren ist und saugt, aktiviert es die Ausschüttung der Hormone Prolaktin und Oxytozin. Prolaktin gelangt über das Blut in die Milchbläschen und regt dort die Milchbildung an. Oxytozin löst den Milchspendereflex aus, es bewirkt, dass die Milchgänge sich öffnen und die Milch fließen kann. Darüber hinaus sorgt das Oxytozin während der ersten Tage für die Rückbildung der Gebärmutter.

 **INFO**

Mutter-Kind-Bindung

Oxytozin gilt auch als »Bindungshormon«. Es ist mitbeteiligt an jener besonders innigen Beziehung zwischen Mutter und Neugeborenem, die frischgebackenen Vätern bisweilen das Gefühl gibt abseitszustehen. Die Natur hat das so eingerichtet, um das Überleben des von der Muttermilch abhängigen Neugeborenen zu sichern. Also, liebe Väter: Habt Verständnis und seid versichert, dass euch eure Partnerin gerade in dieser ersten anstrengenden Zeit trotzdem besonders braucht und dass auch euer Kind euch lieben wird!

❓ Enthält Muttermilch von Anfang an alle wichtigen Nährstoffe?

Bereits ab der zweiten Schwangerschaftshälfte wird die Vormilch (lat. Kolostrum) produziert. Sie enthält weniger Fett als die spätere Muttermilch und ist dadurch leichter zu verdauen. Dafür verfügt sie über besonders viele wertvolle Inhaltsstoffe. Neben Vitaminen und Mineralstoffen sind dies vor allem

Immunglobuline, die vor Krankheiten schützen. Das Baby
erhält also mit der Vormilch, auch Neugeborenenmilch genannt, die ideale Nahrung für die ersten Tage. Nach etwa drei
bis fünf Tagen beginnt sich die Milchzusammensetzung zu
ändern. Mediziner sprechen von der transitorischen Milch.
Am Ende dieser Übergangsphase, etwa drei Wochen nach der
Geburt, produziert der Körper dann die sogenannte »reife«
Muttermilch. Diese ist wiederum dem – inzwischen erhöhten –
Fett- und Nährstoffbedarf des Säuglings angepasst.

❓ Muss ich mir wegen Schadstoffen in der Milch Sorgen machen?

Muttermilchanalysen spiegeln die chemischen Substanzen
wider, die sich im Lauf des Lebens im Körper der Mutter ange-
häuft haben. Das Ungeborene ist bereits im Mutterleib in direk-
tem Kontakt mit diesen. Langfristige Untersuchungen zeigen
jedoch, dass Stillen den negativen Effekten des vorgeburtlichen
Chemikalieneinflusses entgegenwirkt. In Deutschland wird
Muttermilch seit 1969 auf Schadstoffe untersucht und in den
letzten Jahren ließ sich ein starker Rückgang (50 bis 80 Prozent)
von chlorierten Kohlenwasserstoffen, PCB und Dioxinen nachweisen. Allerdings werden dafür – nicht zuletzt dank immer
besserer Nachweismethoden – zunehmend andere Schadstoffe
festgestellt, für die es noch keine gesetzlichen Regelungen gibt.
Trotzdem sind sich Mediziner einig: Die ernährungsphysiologi-
schen Vorteile der Muttermilch wiegen so stark, dass Stillen
nach wie vor als beste Säuglingsernährung gilt.

❓ Ich habe eine sehr kleine Brust. Werde ich mein Baby überhaupt satt bekommen?

Keine Sorge: Die Milchmenge hängt nicht von der Größe Ihrer
Brust ab. Das, was die Brust groß oder klein erscheinen lässt,
ist das Fettgewebe. Die Milch wird jedoch im Drüsengewebe
produziert. Und wie viel Milch dort bereitgestellt wird, hängt
davon ab, wie oft Sie Ihr Baby anlegen. Je öfter Sie dies tun
und je intensiver das Baby saugt, desto mehr Milch wird Ihr
Körper bereitstellen.

 **TIPP**

Öfter anlegen

Nach etwa zwei Wochen und danach etwa in der sechsten Lebenswoche sowie im dritten oder vierten Monat durchlaufen Babys sprunghafte Entwicklungsschübe, die meist auch mit stark ansteigendem Energiebedarf einhergehen. Manche Babys verlangen in dieser Zeit öfter nach der Brust, einige wollen zwölfmal am Tag oder öfter trinken. Manche Mütter glauben in dieser Zeit, ihre Milchbildung sei rückläufig, sodass sie ihr Kind nicht mehr ausreichend ernähren können. Bisweilen kommt es dann zu einer sogenannten Stillkrise. Lassen Sie sich aber bitte nicht verunsichern: Wenn Sie Ihr Baby nun häufiger anlegen und es gut saugt, wird sich der gewohnte Rhythmus bald wieder einspielen.

❓ Ich habe zu viel Milch. Wie pumpe ich am besten ab?

Vor allem in den ersten Lebenstagen Ihres Babys kann es Ihnen passieren, dass zu viel Milch einschießt, dass Ihre Brust spannt und schmerzt. Dann ist Abpumpen keine empfehlenswerte Lösung, denn so glaubt der Körper, dass Ihr Kind die Milch braucht, und er wird weiterhin danach trachten, die vermeintlich nötige Menge bereitzustellen. Spannt die Brust zu sehr, können kühlende Wickel Linderung bringen, da sie die Milchbildung ein wenig verringern. Auch das Ausstreichen von Milch mit der Hand kann den größten Druck von der Brust nehmen. In der Regel hat sich Ihr Körper nach ein bis längstens fünf Tagen auf die Nachfrage eingestellt und passt den Bedarf nun genau an.

Wenn Sie allerdings Milch auf Vorrat benötigen, etwa weil Sie nicht immer die Möglichkeit haben, bei Ihrem Baby zu sein, wenn es Hunger hat, so ist das etwas langwierige Gewinnen der Muttermilch von Hand nur dann zu empfehlen, wenn diese Situation eher selten vorkommt. Für regelmäßiges Abpumpen sind mechanische oder elektrische Milchpumpen praktischer.

? Wie lange kann ich abgepumpte Muttermilch aufbewahren?

Bei Raumtemperatur können Sie Muttermilch etwa vier bis sechs Stunden aufbewahren. Im Kühlschrank hält sie sich bei Temperaturen bis zu 4 °C etwa 48 Stunden, im Gefrierschrank bei Temperaturen unter minus 19 °C drei bis sechs Monate. Erwärmen Sie Muttermilch am besten im Wasserbad. Legen Sie dazu den Behälter mit der tiefgekühlten Milch oder das Fläschchen mit der kühlschrankkalten Milch einfach in ein Gefäß mit warmem Wasser. Gießen Sie so lange warmes Wasser nach, bis die Milch Trinktemperatur erreicht hat. Schütteln sie das Fläschchen oder rühren Sie die Milch um, damit sie gleichmäßig warm wird. Erschrecken Sie nicht, wenn das Ergebnis anfangs merkwürdig aussieht: Die Fettbestandteile der Muttermilch trennen sich leicht von der übrigen Flüssigkeit ab, die eine bläuliche, gelbliche oder sogar bräunliche Färbung haben kann. Einmal gut durchschütteln, und die Milch sieht wieder wie vorher aus. Erhitzen auf dem Herd oder in der Mikrowelle ist nicht günstig, da die hohen Temperaturen wertvolle Bestandteile der Muttermilch zerstören.

? Bekommt mein Baby zu wenig, wenn es mit dem Stillen anfangs nicht klappt?

Sei es, dass das Anlegen nicht optimal funktioniert oder dass das Baby nicht ausdauernd saugt: In manchen Fällen braucht es etwas Zeit, bis das Stillen in Gang kommt. Verlieren Sie aber deshalb bitte nicht gleich den Mut. Die Natur rüstet Säuglinge, die nicht vor der Zeit geboren wurden, mit ausreichend Flüssigkeit und Energie aus, damit sie in den ersten Lebenstagen noch keinen reichlichen Milchfluss benötigen und auch bei schwierigen Bedingungen überleben.

Sorgen Sie sich also nicht, wenn der Stillbeginn schwierig ist, sondern nehmen Sie Ihr Baby oft und für lange Zeit in Hautkontakt, bieten Sie ihm oft die Brust und einige von Hand gewonnene Tropfen Milch an. So lernt es das Saugen an der Brust leichter. Spätestens bei einem Gewichtsverlust von mehr als 10 Prozent des Geburtsgewichts sollten Sie sich jedoch von einer Hebamme oder Laktationsberaterin zum Stillen beraten lassen und eventuell mit dem Arzt über die Notwendigkeit des Zufütterns sprechen.

? Mein Baby hört immer nach kurzer Zeit mit dem Trinken auf. Ist das ein Problem?

Wenn Sie Ihr Baby anlegen und es zu trinken beginnt, ist die Milch noch dünnflüssig. Diese sogenannte Vordermilch beinhaltet mehr Milchzucker, aber weniger Fett. Erst im Lauf der Mahlzeit steigt der Fettgehalt der Milch an, sie wird dicker und kalorienreich. Trinkt Ihr Baby nur kurz, kann es sein, dass es gar nicht die sättigende, fette Milch möchte, sondern einfach nur Durst hat. Wenn Ihr Baby über einen längeren Zeitraum immer nur kurz trinkt und Sie den Eindruck haben, dass es nicht gut gedeiht, dass es matt oder quengelig ist, benötigt es wahrscheinlich mehr oder längere Mahlzeiten.

? Wie oft sollte ich mein Baby anlegen?

Nach den Empfehlungen von UNICEF und WHO sollten Sie Ihr Kind das erste Mal innerhalb der ersten Stunde nach der Geburt anlegen. Unmittelbar nach der Geburt ist Ihr Baby nämlich sehr wach und hat einen kräftigen Saugreflex, der die Milchbildung unterstützt. In der Folgezeit legen Sie es grundsätzlich immer dann an, wenn es Hunger hat (siehe Seite 16). Das kann alle zwei, drei Stunden, also acht bis zwölfmal am Tag sein. Wenn Sie das Baby in den ersten Tagen häufig anlegen, wird die Bildung der Neugeborenenmilch (Kolostrum) angeregt, was Ihnen den Übergang zu späterem reichlicherem Milchfluss erleichtert. Beschwerden beim Milcheinschuss lassen sich damit verringern. Gerade in der Anfangszeit, besonders wenn das Baby die Brust nicht gut erfasst hat, kann das Stillen anstrengend und das Anlegen schmerzhaft und unangenehm sein. Achten Sie also darauf, dass Ihr Baby nicht nur die Brustwarze, sondern auch den Vorhof und ein wenig Brustgewebe erreichen kann. Meist lässt der Schmerz nach den ersten paar Schlucken des Babys nach und spätestens nach einer Woche haben sich Ihre Brustwarzen an die neue Aufgabe gewöhnt.

 **TIPP**

Stimulation hilft
Um den Milchfluss vor dem Anlegen gut in Gang zu bekommen, helfen warme Brustwickel oder eine heiße Dusche. Auch intensive Gedanken an Ihr Baby oder das Schnuppern an Kleidung, die nach ihm riecht, kann hilfreich sein.

❓ Wie merke ich, dass mein Baby Milch bekommt?

Gerade in den ersten Tagen können viele Mütter noch schwer einschätzen, ob ihr Baby überhaupt Milch bekommt. Es gibt aber verschiedene Signale, die Ihnen dabei helfen können, Sicherheit zu gewinnen. Spätestens dann, wenn das Baby die ersten Schlucke macht, manchmal auch schon, wenn es durch Schreien seinen Hunger verkündet, spüren Sie ein leichtes Ziehen in der Brust. Das zeigt, dass der Milchspendereflex eingesetzt hat. Beim Anlegen sollte Ihr Baby den Mund weit offen haben und es sollte von jenem Teil der Brust, der unterhalb der Brustwarze liegt, mehr eingesaugt haben als vom oben liegenden Teil. Zu Beginn der Mahlzeit sind die Saugbewegungen meist schneller. Mit der Veränderung der Milch im Lauf der Mahlzeit ändert sich dann auch der Saugrhythmus: Er wird langsamer, der Unterkiefer bewegt sich mit.

Wenn Ihr Baby rhythmisch nuckelt, ist das allerdings noch kein verlässliches Zeichen, dass es auch wirklich trinkt. Achten Sie zusätzlich auf regelmäßige Schluckbewegungen! Beim Wechseln der Brust können Sie eventuell auch Milchspuren im Mundwinkel Ihres Säuglings entdecken. Auch beim Aufstoßen kommt manchmal ein wenig Milch mit. Ein untrügliches Indiz dafür, dass die Milch auch im Verdauungstrakt angekommen ist, stellt jedoch allein eine gut gefüllte Windel dar. Sie sollte mindestens fünf- bis sechsmal täglich gut voll sein, in den ersten Wochen mindestens dreimal davon mit Stuhl. Ein gutes Zeichen ist es, wenn der anfangs schwarze Stuhl am zweiten und dritten Tag allmählich heller wird. Achtung: Später kann die Stuhlhäufigkeit gestillter Säuglinge stark variieren!

❓ Wie halte ich mein Baby beim Stillen am besten, sodass es gut trinken kann?

Nehmen Sie Ihr Baby zum Stillen so in den Arm, dass sein Gesicht direkt zu ihrer Brust zeigt, dass die Nasenspitze auf Höhe der Brustwarze ist. Sein Köpfchen sollte möglichst in einer Linie mit seinem Rückgrat sein, nicht zur Seite geknickt und nicht verdreht und maximal leicht nach hinten gekippt. Beim Trinken liegt sein Kinn auf Ihrer Brust auf. Es kann nötig sein, dass Sie Ihre Brust mit dem Finger ein wenig zur Seite drücken müssen, damit Ihr Baby gut atmen kann.

Achten Sie aber auch darauf, dass Sie selbst bequem sitzen oder liegen, dass Sie das Gewicht Ihres Babys während des Stillens nicht halten müssen, sondern dass Sie gut abgestützt sind. Die erste Zeit mit Ihrem Kind kostet auch ohne vermeidbare körperliche Anstrengung genug Kraft.

❓ Wie stelle ich fest, ob mein Baby genug trinkt?

Lehnt Ihr Baby die Brust oder das Fläschchen ab oder dreht es den Kopf weg, dann passt ihm die Position nicht oder Sie haben ein deutliches Signal, dass es nicht trinken will. Respektieren Sie dieses Signal und zwingen Sie Ihrem Baby die Nahrung nicht auf. Ist die Windel etwa fünf- bis sechsmal pro Tag gut nass und hat es genügend Stuhlgang, dann ist es ausreichend versorgt.

❓ Soll ich mein Baby immer anlegen, wenn es schreit?

Wenn Ihr Baby schreit, braucht es Sie. Es hat noch keine andere Möglichkeit, sich auszudrücken. Also bemühen Sie sich, auf seine Nöte einzugehen, enttäuschen Sie sein Vertrauen nicht. Das ist anfangs nicht immer ganz einfach, denn die Frage ist, ob Ihr Kind immer wirklich Hunger hat (siehe Seite 16). Vielleicht drückt der Bauch. Vielleicht ist ihm zu viel Trubel. Vielleicht vermisst es auch Ihre Nähe, schließlich waren Sie beide ja neun Monate lang unzertrennlich. Versuchen Sie, das Bedürfnis Ihres Babys zu ergründen, und überlegen Sie dabei auch, wie lange die letzte Mahlzeit zurückliegt.

❓ Wie unterscheide ich, ob mein Baby Hunger hat oder aus anderen Gründen schreit?

Hungrige Babys beginnen meist frühzeitig, entsprechende Signale auszusenden. Eindeutige Hungerzeichen sind beispielsweise Saugbewegungen mit dem Mund und Sauggeräusche, Lippenlecken oder Herausstrecken der Zunge. Wenn Babys bereits quengeln oder gar laut und rhythmisch brüllen, ist der Hunger schon recht groß. Seien Sie daher besonders am Anfang sehr aufmerksam, dass es gar nicht erst so weit kommt. Klingen die Schreie spitz und fühlt sich der Bauch hart an, kann es sein, dass nicht der Hunger quält, sondern Blähungen. In diesem Fall kann eine Lageveränderung, ein wenig Turnen mit den Beinchen oder eine sanfte Massage gefragter sein als eine Mahlzeit. Anhaltendes Schreien am Abend kann ein Zeichen von Stress sein, der etwa durch zu viel Lärm und Trubel verursacht wurde. Versuchen Sie, die Tage für das Baby ruhiger zu gestalten, indem Sie Verwandtenbesuche reduzieren oder aufs Fernsehen verzichten, während Ihr Baby im Raum ist. Seien Sie sicher: Auch wenn es am Anfang kaum möglich erscheint, so werden Sie schon nach wenigen Tagen die unterschiedlichen Signale Ihres Kindes deuten können.

❓ Soll ich mein Baby wecken, wenn es zur Fütterungszeit schläft?

Grundsätzlich sollten Sie sich nach den Bedürfnissen Ihres Babys richten. Wenn es müde ist, sollten Sie es nach Möglichkeit schlafen lassen. Tagsüber trinken manche Babys in ziemlich regelmäßigen Abständen, andere möchten innerhalb von einigen Stunden sehr häufig saugen und schlafen danach länger. Legen Sie es ruhig auch einmal an, wenn es sich nicht selbst meldet. Während der Nacht sollte es mindestens einmal trinken. Achten Sie auf Hungerzeichen im Schlaf: Manche Babys ziehen sich zurück, wenn sie einen Mangel verspüren, und schlafen ein, obwohl sie hungrig sind. Wenn Sie in der Nacht stillen, so kann es bei gedämpftem Licht und viel Ruhe durchaus sein, dass Ihr Baby selbst beim Saugen nicht völlig aufwacht, sondern eher automatisch und mit halber Kraft nuckelt. Ist das der Fall, wecken Sie es nicht, wenn es nach ein paar Schlucken wieder gänzlich wegdöst, sondern stimulieren Sie seinen Saugreflex, indem Sie mit dem Finger seine Wange streicheln. Mit etwas Glück können Sie auf diese Art beide wieder rasch einschlafen.

? Ist Spucken nach dem Essen besorgniserregend?

Beim Aufstoßen nach dem Füttern passiert es manchen Säuglingen, dass sie dabei auch kleine Nahrungsmengen mit aufstoßen. Dieses Phänomen ist sehr häufig, und solange Ihr Kind gut gedeiht, ist es nicht weiter besorgniserregend. Echtes Erbrechen erkennt man daran, dass größere Nahrungsmengen schwallartig ausgespuckt werden. Solche Fälle sollten vom Kinderarzt abgeklärt werden.

? Was muss ich selbst beim Essen beachten, solange ich stille?

Sie essen zwar jetzt für zwei Personen, aber das bedeutet keineswegs, dass Sie doppelt so viel essen sollen! Wenn Sie voll stillen, benötigen Sie täglich bis zu 600 kcal mehr – das entspricht einer mittleren Hauptmahlzeit. Wenn Sie nur teilweise stillen, reichen weniger. Nehmen Sie zu wenige Kalorien, Nährstoffe und Flüssigkeit zu sich, geht dies zulasten sowohl der Milchqualität als auch der Milchmenge. Kommen Sie vor lauter Stress nicht zum Essen, sollten Sie unbedingt versuchen, sich mehr Ruhe zu gönnen und sich Freiräume für eine genüssliche Essenspause zu schaffen. Sie werden sehen, das hilft Ihnen und Ihrem Kind und lässt es gut wachsen und gedeihen. Ihr Speiseplan sollte dabei ausreichend Obst, Gemüse und Getreideprodukte enthalten. Achten Sie besonders darauf, viel Kalzium zu sich zu nehmen, das Ihr Körper jetzt für die Milchproduktion braucht. Milch, Käse, kalziumreiches Mineralwasser (mindestens 150 mg Kalzium pro Liter), aber auch einige Gemüsesorten wie Brokkoli oder Lauch sind besonders gute Kalziumquellen. Auch mehr Jod und Eisen als sonst sind nun gefragt. Jod ist vor allem in Seefisch und jodiertem Speisesalz enthalten. Ihren Eisenbedarf können Sie am leichtesten mit Fleisch decken, denn es enthält Eisen in einer für den Körper leicht verfügbaren Form (siehe Seite 235).

 **TIPP**

Eisen mit Vitamin C aufnehmen
Damit der Körper das Eisen besser aufnehmen kann, ist es empfehlenswert, gleichzeitig mit eisenhaltigen Nahrungsmitteln auch solche mit einem hohen Vitamin-C-Gehalt zu sich zu nehmen. Das kann Vitamin-C-haltiges Gemüse wie Brokkoli, Paprika, Fenchel oder Grünkohl sein, Obst zum Nachtisch oder ein Glas Fruchtsaft als Getränk.

❓ Ich bin Vegetarierin. Schadet das meinem Baby beim Stillen?

Wenn Sie Milch und Milchprodukte sowie Eier in ausreichender Menge in Ihrem Speiseplan zulassen, besteht in der Regel kein Problem. Informieren Sie sich über hochwertige vegetarische Ernährung und vermeiden Sie »Puddingvegetarismus«, das heißt Verzicht auf Fleisch und Fisch, ohne Vielfalt bei Getreide und Hülsenfrüchten. Wichtig ist, dass Sie während Schwangerschaft und Stillperiode besonders darauf achten, dass Sie sich vor allem mit Kalzium, Eisen, Jod und Vitamin B_{12} sowie manchmal mit Mineralien wie Zink und Selen gut versorgen. Die Eisenversorgung aus pflanzlichen Lebensmitteln ist schwieriger als mit Fleisch, da das im Fleisch enthaltene Eisen für den Körper leichter aufnehmbar ist. Sie ist aber machbar, indem man besonders eisenhaltige Lebensmittel auswählt (siehe Seite 235) und diese gleichzeitig mit Vitamin-C-haltigem Saft, Obst oder Gemüse zu sich nimmt. Milch und Milchprodukte sind ein wichtiger Kalziumlieferant (siehe Seite 79). Gemeinsam mit Eiern sind sie auch für die Versorgung mit Vitamin B_{12} unerlässlich. Hier gibt es keine rein pflanzlichen Alternativen. Vielleicht ist Fisch für Sie in Schwangerschaft und Stillzeit möglich. Von einer rein pflanzlichen, veganen Ernährung rät die Deutsche Gesellschaft für Ernährung (DGE) ausdrücklich ab. Und zwar in jedem Lebensalter und in jeder Lebenssituation.

❓ Stimmt es, dass Babys, die die Brust bekommen, weniger unter Blähungen leiden?

Ja, es scheint, dass Babys, die gestillt werden, etwas weniger beziehungsweise weniger heftige Blähungen haben als jene, die mit dem Fläschchen gefüttert werden. Das Trinken an der Brust ermöglicht den Babys in der Regel ein gemächlicheres Tempo bei der Nahrungsaufnahme. Dabei schlucken sie auch weniger Luft. Und die Babys können leichter selbst bestimmen, wie viel sie trinken möchten, was das Verdauungssystem ebenfalls entlastet. Geben Sie Ihrem Baby aber nach der Mahlzeit trotzdem Gelegenheit, ein Bäuerchen zu machen, denn ganz ohne Entlüftung geht es auch beim Stillen nicht. Und wenn der Hunger Ihres Babys sehr groß war und es hastig getrunken hat oder wenn Ihre Milch besonders leicht fließt, dann schlucken auch Stillkinder mehr Luft.

❓ Gibt es Nahrungsmittel, die ich meiden sollte, weil sie die Muttermilch so verändern, dass sie den Verdauungsapparat des Babys überfordern?

Es gibt unzählige Ratschläge, was stillende Mütter beim Essen vermeiden sollten, um die Muttermilch nicht ungünstig zu beeinflussen. Manches wie etwa Kohl führt angeblich beim Säugling zu Blähungen, anderes wiederum steht im Ruf, den Kleinen nicht zu schmecken. Inzwischen vermeidet die Wissenschaft allgemeine Ratschläge zu diesem Thema. Zu verschieden sind die einzelnen Mütter und Kinder, als dass sich wirklich generelle Empfehlungen geben ließen.

 **INFO**

Ernährungsempfehlung für Stillende
Die offizielle Empfehlung der EU im Zusammenhang mit der Ernährung von Säuglingen und Kleinkindern lautet: »Stillende sollen sich ausgewogen ernähren, müssen jedoch keine Lebensmittel vermeiden!«

? Was kann ich tun, damit mein Baby weniger an Blähungen leidet?

- Lassen Sie das Baby während des Trinkens immer wieder Pausen machen.
- Halten Sie Ihr Kind so, dass der Bauch tiefer liegt als das Köpfchen, damit die Luft aus dem Magen aufsteigen kann.
- Lassen Sie Ihrem Baby am Ende der Mahlzeit immer ausreichend Zeit, ein Bäuerchen zu machen. Versuchen Sie auch, es bereits während der Mahlzeit ab und zu aufstoßen zu lassen, um eine größere Luftansammlung in seinem Bauch zu verhindern.
- Versuchen Sie zu vermeiden, dass Ihr Baby hastig trinkt. Legen Sie Ihr Baby frühzeitig an und nicht erst dann, wenn es schon sehr hungrig ist.

? Ich muss Medikamente nehmen. Kann ich trotzdem weiterstillen?

Dies sollten Sie individuell mit Ihrem behandelnden Arzt entscheiden. In den allermeisten Fällen hat der Arzt die Möglichkeit, Medikamente zu wählen, die auch während der Stillzeit genommen werden können, beispielsweise stillverträgliche Antibiotika oder spezielle Betäubungs- und Schmerzmittel bei Zahnbehandlungen. Fragen Sie ihn danach! Müssen Sie kurzfristig wegen einer schweren Erkrankung starke Medikamente nehmen, die das Stillen ausschließen, so können Sie, wenn Sie es rechtzeitig wissen, für diese Zeit Muttermilch auf Vorrat abpumpen (siehe Seite 11 f.). Ist die Einnahme belastender Medikamente akut und ohne Verzögerung erforderlich, so füttern Sie während dieser Zeit bitte ausschließlich Fläschchen mit sogenannter Pre-Nahrung (siehe Seite 24 f.). Sie ist in der Zusammensetzung der Muttermilch am ähnlichsten und die Chance, dass Ihr Kind nach ein paar Tagen wieder die Brust annimmt, ist mit dieser Nahrung am ehesten gegeben. Wichtig ist, dass Sie auch während der Zeit, in der Sie die Medikamente nehmen, regelmäßig Ihre Milch abpumpen. Sie müssen diese Milch zwar weggießen, doch Ihr Körper erhält durch das regelmäßige Abpumpen das Signal, dass er weiterhin Milch bereitstellen soll. Damit ist gewährleistet, dass die Milchproduktion auch während der Zeit, in der Sie nicht stillen können, aufrechterhalten wird.

❓ Stimmt es, dass man während der Stillzeit mindestens zwei Liter Flüssigkeit pro Tag trinken soll?

Unerlässlich für die Milchproduktion ist es jetzt, ausreichend Flüssigkeit zu sich zu nehmen. Zwei bis drei Liter sind dabei der Richtwert. Für die Milchbildung ist es auch günstig, wenn Sie direkt vor dem Stillen etwas trinken. Gut sind Früchtetees, nitrat- und kohlensäurearmes Leitungs- oder Mineralwasser, verdünnte Säfte, Suppen, aber auch wasserhaltiges Obst wie beispielsweise Melonen. Dass Sie zu wenig trinken, merken Sie daran, dass Ihr Urin eine dunkle Färbung hat, eventuell kommt es auch zu Verstopfung.

❓ Sind Genussmittel wie Kaffee und Alkohol während der Stillzeit in Maßen erlaubt?

Ein bis zwei Tassen Kaffee beziehungsweise schwarzer oder grüner Tee pro Tag gelten als unproblematisch. Wenn Sie also am Morgen einen Koffeinschub brauchen, dann gönnen Sie sich ruhig eine Tasse. Denn wenn Sie unausgeglichen sind, steigt die Wahrscheinlichkeit, dass auch Ihr Baby schlecht gelaunt wird. Falls Sie jedoch feststellen, dass Ihr Baby durch Ihren Kaffeegenuss unruhiger wird, verzichten Sie besser darauf.

Achtung: Auch Kräutertees sollten nur in Maßen genossen werden, da manche Kräuter Wirkstoffe enthalten, die in größeren Mengen unerwünschte Wirkungen zeigen sein können (zum Beispiel Kamille, Johanniskraut; siehe Seite 51).

Wenn Sie zu einem besonderen Anlass einmal ein Glas Wein trinken möchten, dann tun Sie dies am besten – wie mit Kaffee – unmittelbar nach dem Stillen, damit der Alkohol bis zu Babys nächster Mahlzeit so weit wie möglich wieder abgebaut ist. Regelmäßiger Alkoholgenuss kann zu einer Hemmung der Milchbildung führen. Dieselbe Verhaltensregel gilt für Nikotin: Können Sie auf eine Zigarette ab und zu nicht verzichten, lassen

Sie so viel Zeit wie möglich zwischen dem Rauchen und dem nächsten Stillen vergehen. Und natürlich: Rauchen Sie niemals in Räumen, in denen sich Ihr Baby aufhält! Nikotingenuss wirkt sich auf Wachstum und gesundheitliche Entwicklung gestillter Kinder grundsätzlich negativ aus und sollte deshalb während der Stillzeit nach Möglichkeit ganz unterbleiben.

❓ Braucht mein Baby zusätzlich zur Muttermilch Flüssigkeit?

Nein. Die Natur hat es so eingerichtet, dass die Milch zu Beginn einer Mahlzeit mehr den Durst löscht und erst später sättigend wirkt. Wenn es heiß ist und Ihr Baby Durst hat, wird es also vermutlich öfter, aber dafür immer nur kurz angelegt werden wollen. Wichtig ist, dass Sie selbst genug trinken (siehe Seite 21). Wenn Ihr Baby täglich fünf bis sechs reichlich nasse Windeln hat und seinem Alter entsprechend an Gewicht zunimmt, ist dies ein Beleg, dass es genügend Flüssigkeit bekommt.

❓ Gibt es Nahrungsmittel, die den Geschmack der Muttermilch ungünstig beeinflussen?

Wissenschaftler der Universität Kopenhagen haben nachgewiesen, dass die Nahrung der Mutter den Geschmack der Milch beeinflusst. Als positiv sehen die Wissenschaftler dabei, dass die Kinder frühzeitig verschiedene Geschmacksreize erhalten. Ob ein Säugling nun Lakritze hasst oder Knoblauch liebt, ist jedoch wie bei den Erwachsenen eine individuelle Vorliebe oder Abneigung und lässt sich nicht generell beantworten.

❓ Wie kann ich eifersüchtige Geschwister davon abhalten, beim Stillen zu stören?

Beim Stillen und später beim Breifüttern widmen Sie sich voll Ihrem Baby. Das ist gut so, denn auch der Säugling braucht die Zeit, in der Mama ihm allein die ganze Aufmerksamkeit schenkt. Das ältere Geschwisterchen gerät während dieser Zeit jedoch klar ins Hintertreffen. Selbst wenn es manchmal schwierig ist: Am allerwichtigsten ist in dieser Phase, dass Sie sich immer wieder Zeit nehmen, sich ganz gezielt und ungestört auch Ihrem großen Kind zu widmen. Etwa indem Sie, wenn Ihr Baby sein Verdauungsschläfchen hält, gemeinsam ein Bilderbuch ansehen oder eine Runde kuscheln. Hilfreich ist auch, Ihr älteres Kind möglichst viel in die Babypflege einzubinden. Vielleicht kann es Babys Po eincremen, es abtrocknen helfen, ihm ein Lied singen, damit es sich beruhigt? Wenn Sie dem großen Kind auf diese Weise helfen, in seine Rolle als »Große« oder »Großer« zu finden, und ihm von sich aus genügend Aufmerksamkeit einräumen, wird es leichter damit umgehen können, dass es Ihre Zuwendung nun teilen muss. So wird es sich weniger oft veranlasst fühlen, mit störenden Aktionen zu zeigen, »ich bin auch noch da«. Und ab und zu können Sie ja auch während des Stillens zu dritt gemeinsam ein wenig kuscheln und das große Kind an der Fütterung des Kleinen teilhaben lassen.

❓ Wann ist der richtige Zeitpunkt zum Abstillen?

Die nationalen Stillkommissionen empfehlen, optimalerweise sechs, mindestens jedoch vier Monate voll zu stillen. Je länger Sie stillen, desto besser schützen Sie Ihr Kind davor, in späteren Jahren Übergewicht oder Allergien zu entwickeln. Wenn Sie Angst haben, dass Ihr Kind nicht richtig satt wird, hören Sie bitte nicht einfach mit dem Stillen auf. Sprechen Sie besser mit einer Hebamme, einer Laktationsberaterin oder Ihrem Kinderarzt. Anhand des Körpergewichts kann gesagt werden, ob sich Ihr Baby gut entwickelt. In den allermeisten Fällen wird das Baby mit der Muttermilch bestens und ausreichend versorgt.

❓ Darf ich mein Baby länger als sechs Monate stillen?

Ab etwa dem sechsten Lebensmonat benötigt das Baby zusätzlich zur Muttermilch Eiweiß, Eisen, essenzielle Fettsäuren, Vitamine und Spurenelemente. Daher ist es notwendig, nun mit ernährungsphysiologisch sorgfältig zusammengestellter Beikost zu beginnen (siehe auch Seite 37 f.). Die WHO empfiehlt, ergänzend zur Beikost zwei Jahre lang zu stillen, und danach auch länger, solange es Mutter und Kind wünschen.

❓ Wie stille ich mein Kind ab?

Schrittweise und mit ganz viel Liebe. Wenn Sie beginnen, Ihrem Kind zu einzelnen Mahlzeiten nicht mehr wie gewohnt die Brust anzubieten, so achten Sie in dieser Zeit besonders gut auf seine Reaktionen. Manche Babys haben keine Probleme damit, wenn es plötzlich eine Brustmahlzeit weniger gibt, bei anderen wird es vielleicht nötig sein, nach den ersten Löffeln Brei die restliche Mahlzeit mit der Brust zu geben. Bei wieder anderen ist vielleicht der Hunger so groß, dass sie erst nach ein paar Schlucken Muttermilch bereit sind, vom Löffel zu probieren. Eine Möglichkeit ist es, zuerst eine Mittagsmahlzeit zu ersetzen und dann im Monatsrhythmus auch weitere Mahlzeiten umzustellen (siehe Seite 46). Wenn Sie den Eindruck haben, dass Ihr Baby gerade fit und munter ist, können Sie ruhig auch mit einer anderen Tagesmahlzeit beginnen. Wichtig ist aber: Lassen Sie sich und Ihrem Baby Zeit. Versuchen Sie, die Abstillphase so sanft wie möglich zu gestalten. Stillen ist für Ihr Kind nicht nur Nahrungsaufnahme, sondern gibt ihm auch Nähe und Geborgenheit. Manchen Zwergen fällt es schwerer loszulassen, andere wiederum sind so neugierig auf die Welt, dass sie über all dem Neuen die Brust weniger vermissen.

Sorgfältig ernährt mit der Flasche

❓ Pre-, 1er-, 2er-Nahrung: Hilfe, was soll ich denn nun wann füttern?

Als Säuglingsanfangsnahrungen, die ab der Geburt gegeben werden können, gelten die sogenannte Pre-Nahrung und die 1er-Nahrung. Die EU legt fest, dass Säuglingsanfangsnahrungen aus Milchzucker, Haushaltszucker und Stärke bestehen dürfen. Der Anteil an Haushaltszucker darf dabei maximal 20 Prozent der in der Nahrung enthaltenen Kohlenhydrate betragen, der Stärkeanteil maximal 30 Prozent.

Der Muttermilch am ähnlichsten ist die Pre-Nahrung. Ihr Energiegehalt geht ausschließlich auf Milchzucker (Lactose) zurück. Dies hat den großen Vorteil, dass sie immer dann gefüttert werden kann, wenn Ihr Baby Hunger hat (»ad libitum«).

1er-Nahrung – im Zweifelsfall erkennbar an der »1« im Produkt-
namen – enthält zusätzlich Stärke. Hier muss man genau auf
die Dosierungsempfehlungen achten, um eine Überfütterung
des Babys zu vermeiden. Die Industrie bietet ab dem vierten
beziehungsweise achten Monat auch noch Folgemilch, die sogenannte 2er- und 3er-Nahrung, an, die noch gehaltvoller ist.
Ernährungswissenschaftler empfehlen, 1er-Nahrung frühestens
ab dem fünften Monat zu geben. Doch auch Pre-Nahrung kann
problemlos während des ganzen ersten Lebensjahres verwendet
werden. 2er- und 3er-Nahrung wird, wenn überhaupt, erst dann
aktuell, wenn bereits Beikost zugefüttert wird. Also etwa ab dem
sechsten beziehungsweise achten Monat. Aufgrund der Gefahr
der Überfütterung raten die Experten jedoch von der Gabe von
Folgemilch gänzlich ab.

❓ Im Regal finde ich auch HA-Nahrung. Was hat es damit auf sich?

Der Begriff HA-Nahrung steht für hypoallergene Säuglingsnahrung, die dann empfohlen wird, wenn ein erhöhtes Allergierisiko besteht, wenn also einer der Elternteile oder ein Geschwister
an einer Allergie leiden. Das Eiweiß in dieser Nahrung ist so
weit aufgespalten, dass es vom Körper nicht mehr als artfremd
erkannt wird. Wissenschaftlich nachgewiesen ist, dass die Gabe
von HA-Nahrung während der ersten sechs Lebensmonate das
Risiko, dass eine Allergie entsteht, vermindert. Es gibt aber keine Garantie, dass der Ausbruch einer Allergie in jedem Fall ver-
hindert werden kann. Für die Sinnhaftigkeit der Verwendung
von HA-Nahrung nach dem sechsten Lebensmonat gibt es keinen wissenschaftlichen Nachweis. Achtung: Besteht bereits eine
Kuhmilchallergie, so ist auch HA-Nahrung nicht geeignet. Bitte
beraten Sie sich in diesem Fall unbedingt mit Ihrem Arzt.

❓ Es gibt spezielle Säuglingsnahrung für Spuck-babys. Hilft die wirklich?

AR-Nahrungen (Anti-Reflux) sollen gegen das häufig bei Babys
auftretende Spucken helfen. Diese Nahrung ist nur bedingt
empfehlenswert. Zum einen enthält sie im Gegensatz zur nor-

malen Säuglingsanfangsnahrung unverändertes Kuhmilchprotein ohne Anreicherung mit Molkenprotein und weist einen nur geringen Fettgehalt auf. Das bedeutet, dass sie von der Nährstoffzusammensetzung her weniger geeignet ist als herkömmliche Säuglingsanfangsnahrung. Gegen das Spucken wird die Nahrung mit Johannisbrotmehl eingedickt. Es gibt jedoch bislang keinen wissenschaftlichen Nachweis, dass diese Nahrungszusammensetzung tatsächlich gegen das Spucken hilft. Dafür besteht andererseits jedoch die Gefahr, dass das eiweißhaltige Johannisbrotmehl zu Allergien führt. Zumindest von Erwachsenen weiß man, dass manche gegen das Mehl, das in vielen Nahrungsmitteln als Binde- und Eindickungsmittel verwendet wird, allergisch sind.

? Bekommt mein Baby mit der Säuglingsanfangsnahrung alles, was es braucht?

Säuglingsanfangsnahrung ist in den letzen Jahren der Muttermilch immer ähnlicher geworden, was die Zusammensetzung anbelangt. Dies ist den ständig weiter fortschreitenden Erkenntnissen über die Bestandteile von Muttermilch und einer verbesserten Produktionstechnik zu verdanken. Anfangsnahrung kann den Nährstoffbedarf des Kindes während der ersten sechs Lebensmonate ohne Probleme decken und ist auch leicht verdaulich. Im Gegensatz zur Muttermilch enthält sie jedoch keine Abwehrstoffe gegen Krankheitserreger. Diese lassen sich in dieser Form noch nicht künstlich herstellen.

? Darf ich mehr füttern, als auf der Packung empfohlen wird, wenn ich den Eindruck habe, dass mein Baby mehr braucht?

Pre-Nahrungen können nach Bedarf gefüttert werden. Grund dafür ist, dass die Energie in der Pre-Nahrung ausschließlich in Form von Milchzucker (Lactose) bereitgestellt wird. Bei 1er-Nahrung und allen Folgenahrungen sollten Sie aber unbedingt auf die richtige Menge achten: Diese Pulver enthalten auch Maltodextrine und Stärke, das bedeutet, die Fläschchen sind gehaltvoller und aufgrund der Zusammensetzung der Nahrung funktioniert das Zusammenspiel von Babys natürlichem Sättigungsgefühl und der nötigen Energieaufnahme nicht so gut wie bei der Pre-Nahrung. Daher sollten Sie bei 1er- und Folgenahrung die altersbezogenen Empfehlungen für die Zubereitung, für die Menge der Milch und für die Anzahl der Mahlzeiten unbedingt einhalten.

❓ Worauf sollte ich bei der Auswahl von Fläschchen und Saugern achten?

Ob Sie Fläschchen aus Glas oder aus Kunststoff vorziehen, ist reine Geschmackssache. Unterschiede bestehen nur in der Handhabung. Kunststofffläschchen haben weniger Gewicht und zerbrechen nicht so leicht, wenn sie mal auf den Boden fallen. Glasfläschchen können bei unsachgemäßem Gebrauch zwar zerbrechen, dafür ist das Material aber sehr lange haltbar und bleibt auch nach oftmaligem Spülen noch ansehnlich. Eine Grundausstattung von zwei, drei großen Fläschchen ist völlig ausreichend, da die Fläschchen ohnedies möglichst sofort nach Gebrauch gereinigt und etwa drei Minuten lang ausgekocht werden sollten. Lassen Sie die Fläschchen länger stehen, droht nämlich die Gefahr, dass Milch- und Stärketeile festkleben. An kleinen Saftfläschchen benötigen Sie, wenn überhaupt, maximal eines, denn erstens sollte Ihr Baby im ersten halben Jahr kein Getränk außer der Muttermilch oder der Pre-Nahrung bekommen und zweitens können Sie Saft auch im großen Fläschchen geben. Verwenden Sie in diesem Fall aber bitte einen geeigneten Sauger mit dem kleinstmöglichen Loch.

Ob Ihr Baby lieber Silikonsauger oder Latexsauger mag, können Sie nur durch Ausprobieren herausfinden. Silikon ist weicher als Latex und auch fett- und hitzebeständiger. Wenn die ersten Zähnchen kommen, besteht allerdings bei Silikonsaugern eher die Gefahr, dass Ihr Baby ein Stückchen aus dem Sauger herausbeißt und verschluckt. Das ist zwar nicht giftig, aber trotzdem nicht wünschenswert. Spätestens ab diesem Zeitpunkt sollten Silikonsauger daher nicht mehr verwendet werden. Entscheidend für die Nahrungsaufnahme ist es allerdings, unabhängig vom gewählten Material die richtige Saugergröße und die geeignete Lochgröße zu verwenden. Achten Sie hier bitte auf die jeweiligen Angaben des Herstellers. Zumeist ist die kleinste Lochgröße für Pre-Nahrung, abgepumpte Muttermilch und Saft geeignet. Ist das Loch zu klein, muss sich Ihr Baby beim Saugen unverhältnismäßig anstrengen; ist das Loch zu groß, besteht die Gefahr, dass es sich verschluckt oder dass es vermehrt aufstoßen muss.

 **TIPP**

Luftloch freihalten

Wenn Ihr Baby aus dem Fläschchen trinkt, achten Sie immer darauf, dass nicht nur das Trinkloch, sondern auch das Luftloch am Sauger frei ist. Wenn es verstopft ist, entsteht nach und nach ein Vakuum in der Flasche. Ihr Baby muss sich dann mit jedem Schluck mehr anstrengen, damit es noch etwas heraussaugen kann.

❓ Was muss ich bei der Zubereitung des Fläschchens beachten?

Vor allem im ersten halben Lebensjahr ist absolute Hygiene wichtig. Fläschchen und Sauger müssen unmittelbar nach jeder Fütterung gereinigt und ausgekocht werden. Auch das Wasser für die Zubereitung muss abgekocht werden, um zu vermeiden, dass Ihr Baby schädliche Keime mit der Nahrung aufnimmt. Beim Zubereiten des Fläschchens achten Sie darauf, dass das zuvor abgekochte Wasser bereits wieder auf etwa 40 bis 50 °C abgekühlt ist. Durch diese schonende Zubereitung ist gewährleistet, dass alle wichtigen Inhaltsstoffe des Pulvers erhalten bleiben. Ist das Wasser heißer, können sie durch die Hitze zerstört werden. Somit ist eine hygienisch einwandfreie Zubereitung gewährleistet, bei der auch alle für das Gedeihen Ihres Babys wichtigen Inhaltsstoffe in der Nahrung erhalten bleiben. Achten Sie darauf, die richtigen Sauger für die richtige Nahrung zu verwenden. Ist das Saugerloch zu groß, verschluckt sich Ihr Baby leicht, ist es zu klein, kann es schlecht trinken. Halten Sie sich an die Dosierungsempfehlungen. Denn: Ist die Nahrung zu dickflüssig, tut sich Ihr Baby mit dem Trinken ebenfalls schwer.

 **INFO**

Bisphenol A in Babyfläschchen

Bisphenol A ist eine chemische Substanz, die bei der Herstellung von Polycarbonat (PC) eingesetzt wird. PC wiederum wird für Verpackungsmaterialien und Plastikgeschirr verwendet, aber auch Babyfläschchen werden daraus gefertigt.

Bisphenol A kann sich aus dem Kunststoff lösen, vor allem wenn das Fläschchen in der Mikrowelle erhitzt wird. Da Bisphenol A schwach hormonartig wirken kann (Östrogenzufuhr), gibt es eine offiziell festgelegte tolerierbare Aufnahmemenge. In einer Untersuchung des Bundesinstituts für Risikobewertung lag der Bisphenol-A-Wert der überprüften Kinderfläschchen aus PC jedoch weit unter den gesetzlich zulässigen Grenzen. Gänzlich Bisphenol-frei sind Glasfläschchen und solche aus Polypropylen (PP). PP-Fläschchen können Sie daran erkennen, dass sie im Gegensatz zu PC-Fläschchen nicht glasklar, sondern leicht milchig-trüb sind.

Wie kann ich Nahrungsmittelallergien vorbeugen?

Die beste Vorbeugung gegen Allergien ist es, mindestens vier, besser noch sechs Monate voll zu stillen. HA-Nahrung wird nur empfohlen, wenn mindestens ein Elternteil oder Geschwisterkind an einer Allergie leidet (siehe auch Seite 190 ff.).

Mein Baby trinkt sein Fläschchen nie aus. Muss ich mir deshalb Sorgen machen?

Keine Sorge: Babys verfügen von Anfang an über gute Instinkte, die ihnen sagen, was und wie viel sie brauchen. Zum Kinderarzt sollten Sie gehen, wenn Ihr Kind über längere Zeit nicht altersgemäß zunimmt oder die Windel nicht mindestens fünf- bis sechsmal pro Tag gut nass ist. Achtung: Bitte heben Sie die Reste im Fläschchen nicht auf. Bereiten Sie die Fläschchen Ihres Babys immer frisch zu. In den Resten können sich krankheitserregende Keime rasch vermehren.

❓ Stimmt es, dass ich nicht vom Babyfläschchen kosten soll, da mein Kind sonst Karies bekommt?

Das ist richtig. Heute weiß man, dass die Entstehung von Karies nicht nur durch mangelnde Mundhygiene allein bedingt ist, sondern dass Karies eine Infektionskrankheit darstellt, die durch die Übertragung von Kariesbakterien erst ermöglicht wird. Mangelhafte Hygiene schafft dabei ein Klima, in dem sich die Kariesbakterien gut ausbreiten können. Wenn Sie nun vom Fläschchen kosten wollen, kann es sein, dass Sie dadurch Kariesbakterien auf Ihr Kind übertragen. Zum Prüfen, ob die Milch im Fläschchen schon ausreichend auf Trinktemperatur abgekühlt ist, hat es sich bewährt, ein paar Tropfen der Flüssigkeit auf das Innere des Handgelenks zu träufeln. Fühlt sich das nicht unangenehm an, so ist die Temperatur auch für Ihr Baby geeignet. Achtung: Bitte vermeiden Sie es zudem, einen hinuntergefallenen Schnuller rasch zu säubern, indem Sie ihn kurz in den eigenen Mund stecken.

❓ Ich habe gehört, dass Säuglingsnahrung stark gezuckert ist. Besteht die Gefahr, dass mein Baby damit an zu viel Zucker gewöhnt wird?

Die Hersteller von Säuglingsnahrung sind über die Jahre mit dem Süßen zurückhaltender geworden. Eine Untersuchung der österreichischen Verbraucherzeitschrift »Konsument« im Jahr 2005 ergab, dass in 15 getesteten Produkten selbst dort, wo Haushaltszucker erlaubt wäre, keiner nachgewiesen werden konnte. Allerdings werden bei Anfangs- und Folgenahrung (Ausnahme: Pre-Nahrung) oft andere Zuckerarten wie Fruchtzucker (Fructose), Malzzucker (Maltose) oder Traubenzucker (Dextrose) eingesetzt, die die Babys frühzeitig auf den süßen Geschmack bringen sollen. Wenn Sie einen Gewöhnungseffekt zuverlässig ausschließen wollen, verwenden Sie Pre-Nahrung. Diese ist der Muttermilch am ähnlichsten. Sie enthält keine zusätzlichen Aromen und der süße Geschmack kommt ausschließlich vom Milchzucker.

❓ In unserer Familie gibt es Milchunverträglich-keit. Darf ich unser Baby mit Säuglingsmilch zum Anrühren füttern?

Klären Sie zuerst, welcher Bestandteil der Milch nicht vertragen wird. Manchmal steckt einfach eine Lactoseunverträglichkeit dahinter (siehe Seite 195), die bei Säuglingen sehr selten ist. Bei echten Allergien beraten Sie sich am besten mit dem Kinderarzt. Wenn Eltern oder Geschwister bereits an einer Milchunverträg-lichkeit leiden, dann sollten Sie zu HA-Nahrung greifen. Das darin enthaltene Eiweiß ist so weit gespalten (hydrolysiert), dass es besser vertragen wird. Es gibt sie sowohl als Pre- als auch als 1er-Nahrung (siehe Seite 24). HA-Nahrung reduziert zwar nachweislich das Allergierisiko, sie kann aber nicht in jedem Fall verhindern, dass eine Allergie ausbricht.

 **WICHTIG**

HA-Nahrung reduziert das Risiko, dass eine Allergie ausbricht. Sie ist aber nicht geeignet, wenn bereits eine Allergie gegen das Eiweiß in der Kuhmilch diagnostiziert wurde. In diesem Fall besprechen Sie bitte unbedingt mit Ihrem Kinderarzt, was für Ihr Baby geeignet ist.

❓ Stimmt es, dass Sojamilch gegen Blähungen hilft?

Es gibt keine medizinisch abgesicherten Hinweise, dass Soja-nahrung gegen Blähungen oder Spucken hilft. Generell sollte Sojanahrung ausschließlich bei speziellen medizinischen Indi-kationen und nur mit begleitender ärztlicher Kontrolle gegeben werden. Grund sind die in der Milch enthaltenen pflanzlichen Östrogene. Bei Wechselbeschwerden wird diesen pflanzlichen Wirkstoffen lindernde Wirkung nachgesagt. Bei Säuglingen sind jedoch negative Auswirkungen auf die Fortpflanzungsorgane, das Immunsystem und die Schilddrüse nicht auszuschließen. Soja gilt als allergen, erhöht somit das Allergierisiko und sollte nur in Ausnahmefällen gefüttert werden.

❓ Ich möchte meinem Baby gerne ein wenig Abwechslung bieten. Kann ich das Fläschchen statt mit Wasser auch mit Reismilch oder Schafs- und Ziegenmilch zubereiten?

Nein. Schafs- und Ziegenmilch sind von der Natur ganz speziell dazu geschaffen, Lämmer und Kitze optimal zu ernähren. Kleine Menschen brauchen eine andere Zusammensetzung der Milch, um gut zu gedeihen. Vor allem die Fettzusammensetzung und der Fettgehalt unterscheiden sich erheblich von den einschlägigen Werten der Muttermilch. Auch Mandelmilch und Reismilch sind als Muttermilchersatz nicht geeignet. Sie mögen zwar mit Milch optische Ähnlichkeiten haben, es fehlen diesen Getränken aber wesentliche, für Babys Entwicklung notwendige Mineralstoffe wie Kalzium und Eisen oder auch Vitamine (vor allem B_{12} und D).

❓ Ist es wirklich nötig, für Babys Fläschchen spezielles Mineralwasser (»Babywasser«) zu verwenden?

Mineralwasser für Babys ist in den seltensten Fällen nötig. Die Wasserversorger in der Europäischen Union, aber auch in der Schweiz unterliegen strengen Richtlinien, sodass das Wasser, das sie liefern, auch für Babys geeignet sein sollte. Fließt das Wasser in Ihrem Haus jedoch noch durch alte Bleirohre, kann es sich mit Blei anreichern. In diesem Fall sollten Sie das Wasser einige Minuten lang laufen lassen, bevor Sie es für Speisen oder als Getränk verwenden. Haben Sie in Ihrem Urlaubsort Zweifel an der Wasserqualität, so greifen Sie zu abgefülltem Wasser aus der Flasche. Mineralwasser kann auch dann sinnvoll sein, wenn man einen Hausbrunnen nutzt, der in einem Gebiet mit viel landwirtschaftlicher Nutzung liegt. In landwirtschaftlichen Intensivregionen kommt es immer wieder vor, dass die Nitratwerte im Grundwasser erhöht sind. Wenn Sie Mineralwasser verwenden, dann solches, das den Aufdruck »Geeignet für die Zubereitung von Säuglingsnahrung« trägt. Es enthält pro Liter maximal 10 mg Nitrat, 0,02 mg Nitrit, 1,5 mg Fluorid, 240 mg Sulfat und 20 mg Natrium.

? Werden nicht gestillte Kinder genauso glücklich wie gestillte?

Beim heutigen Angebot an Flaschennahrung, die man ja problemlos schon ab der Geburt geben kann, ist es möglich, dem Kind alles an wichtigen Nährstoffen zuzuführen, was es braucht, um gut zu gedeihen. Sie müssen also kein schlechtes Gewissen haben und fürchten, dass es Ihrem Baby an irgendetwas mangeln könnte. Manche Mütter plagen trotzdem Schuldgefühle, weil sie nicht dem Idealbild der stillenden Mutter entsprechen. Sie meinen dann – oft unbewusst –, irgendwas stattdessen besonders gut machen zu müssen. Sie füttern dann mehr Brei, geben mehr Pulver ins Fläschchen oder geben gar einen Keks. Das ist absolut nicht nötig und hinsichtlich der Kalorienmenge ist davon sogar dringend abzuraten!

Hilfreich für das Wohlbefinden des Babys ist es dagegen, die Flasche im engen Körperkontakt zu geben, immer wieder die Seite zu wechseln, es ausreichend lange trinken zu lassen und auf seine Signale von Hunger oder Sattsein zu achten. Nicht Stillen oder Fläschchen sind für das Glück der Kinder maßgeblich, sondern die Atmosphäre, in der sie aufwachsen. Die wichtigsten Zutaten für einen glücklichen Start ins Leben sind Liebe, Geborgenheit und Zuwendung.

Jetzt gibt's Brei

In seinem ersten Lebensjahr macht Ihr Kind eine schier unglaubliche Entwicklung durch. Das Verdauungssystem entwickelt sich weiter, die Sinne bilden sich fertig aus. Der Körper wächst in rasendem Tempo. Am Ende des ersten Jahres wiegen Kinder ungefähr dreimal so viel wie am Tag der Geburt. Aus einem Säugling, der darauf angewiesen ist, dass Sie ihm das Köpfchen halten und ihn beim Umdrehen unterstützen, wird im zweiten Lebenshalbjahr eine kleine Persönlichkeit, die ihren eigenen Kopf entwickelt und die bald auf zwei, wenn auch noch recht wackeligen Beinchen die Welt erkundet. Zwischen dem siebten und dem zehnten Monat beginnen die meisten Kinder, sich fortzubewegen: Sie kriechen, robben, rutschen durch die Wohnung, bis sie sich ab etwa dem neunten bis fünfzehnten Monat selbst zum Stehen hochziehen und bald darauf die ersten Schritte machen.

Doch auch weniger deutliche Entwicklungen finden in dieser Zeit statt. Eine der wichtigsten Aufgaben für Ihr Baby ist es beispielsweise, einen Rhythmus zwischen Schlafen und Wachen zu finden oder in den Schlaf zu gelangen. Ab dem achten Monat passiert in der Entwicklung noch etwas Einschneidendes: Das Baby beginnt, sich Dinge zu merken, auch wenn es sie gerade nicht mehr unmittelbar vor sich sieht. Ein Teddy, der unter dem Tisch liegt, ist nicht mehr weg, sondern unter dem Tisch. Nun begreift es, dass Sie da sind, auch wenn Sie sich im Nebenraum aufhalten. Und Ihr Baby beginnt, zielgerichtetes Handeln zu erkennen, etwa dass, wenn es mit dem Kochlöffel auf den Kochtopf schlägt, Lärm ertönt.

Jetzt wird es beim Essen selbst den Löffel ergreifen wollen. Das macht viel Freude, aber auch Arbeit: Schließlich bedeuten diese ersten selbstständigen Essversuche Ihres Kindes für Sie viel Wischen, Putzen und Waschen. Doch seien Sie versichert: Übung macht den Meister und spätestens am Ende des zweiten Lebensjahres kann Ihr Kind ganz gut mit dem Löffel essen und aus dem Becher trinken.

Die ersten Löffel

❓ Ab wann soll ich zufüttern?

Auch wenn die Industrie bereits für Babys ab vier Monaten Säfte und Gläschenbeikost anbietet: In den ersten sechs Monaten ist Muttermilch die beste Nahrung für Ihr Kind. Danach allerdings beginnt die Muttermilch ihre Qualität zu verändern. Die mütterlichen Speicher für einige Vitamine und Mineralstoffe sind aufgebraucht und können nicht mehr die nötige Menge für die weitere Entwicklung des Babys liefern. Zwischen der 17. und der 25. Lebenswoche beginnt sich auch der Nährstoffbedarf Ihres Babys zu ändern. Beispielsweise leeren sich die noch im Mutterleib angelegten Eisenspeicher. Eisen muss nun mit entsprechender Nahrung zugeführt werden.

❓ Wie erkenne ich, ob mein Baby schon für Beikost bereit ist?

In der Regel sind die meisten Kinder etwa ab dem fünften Monat körperlich in der Lage, festere Nahrung zu schlucken und zu verdauen. Wenn Ihr Baby Sie mit den Augen verfolgt, wenn Sie essen, wenn es dabei seinen Mund bewegt oder aufmacht, wenn es sich für die Nahrungsmittel interessiert, die Sie in der Küche zubereiten, wenn Sie das Gefühl haben, dass Ihr Baby am Familientisch am liebsten schon mitessen möchte, dann ist definitiv der Zeitpunkt für den ersten Brei gekommen.

❓ Welche Milchmahlzeiten soll ich als Erstes durch Brei ersetzen?

Vielfach wird geraten, die erste Breimahlzeit zu Mittag zu geben. Mittlerweise sind Ernährungsexperten dazu übergegangen, keine Tageszeit zu empfehlen, sondern sie raten, sich an der familiären Situation zu orientieren. Das bedeutet: Geben Sie Ihrem Baby seine ersten Löffel Brei dann, wenn es gut ausgeruht und munter ist und wenn die häusliche Atmosphäre entspannt ist. Zumeist wird das auf die Vormittags-, Mittags- und Nachmittagsmahlzeiten zutreffen. Nach der langen Nacht wird Ihr Baby vermutlich zu hungrig sein, um Lust auf Experimente zu haben, und am Abend sind die Kräfte oft schon erschöpft. Doch wenn Ihr Baby fit genug ist, spricht auch nichts dagegen, wenn Sie oder Ihr Partner abends füttern. Ist ein Partner berufstätig, können diese Momente ohnehin meist nur abends gemeinsam und als Familie genossen werden.

❓ Was soll ich tun, wenn mein Kleines den Löffel abwehrt und den Brei wieder ausspuckt?

Fangen Sie mit dem Zufüttern ganz vorsichtig und allmählich an. Für Ihr Baby bedeutet diese Umstellung nicht nur einen neuen, gänzlich ungewohnten Geschmack, sondern auch eine ganz neue Technik des Essens. Nahm es seine Nahrung bis jetzt ausschließlich durch Saugen zu sich, muss es nun lernen, Brei vom Löffel abzustreifen und mit der Zunge in Richtung Gaumen zu befördern. Wenn es erste Löffel samt ihrem Inhalt wieder aus dem Mund schiebt, so bedeutet das meist nicht, dass ihm der Brei nicht schmeckt, dass es ihn nicht mag, sondern dass die Beförderung der Speisen ins Mundinnere erst gelernt werden muss. Hilfreich ist es, wenn Sie Ihrem Baby schon vor der ersten Breimahlzeit einen Löffel zum Spielen geben. So kann es sich damit vertraut machen und wird das Gefühl des Löffels im Mund als etwas Hartes und Kaltes bereits kennen, wenn es seinen ersten Brei bekommt.

❓ Welche Breimengen sind anfangs normal?

Rechnen Sie bei den ersten Breimahlzeiten nicht damit, dass Ihr Baby gleich die ganze Portion aufisst. Manche Babys müssen sich erst langsam an den neuen Geschmack und die neue Situation gewöhnen. Es kann sein, dass es in den ersten Tagen zunächst nur ein paar Löffel probiert. Betrachten Sie die Breimahlzeit in dieser Phase daher nicht als Mahlzeit im eigentlichen Sinn, die aufgegessen werden muss. Damit würden Sie Ihr Baby und sich selbst nur unnötig unter Druck setzen. Lassen Sie Ihrem Baby die Zeit, die es braucht und stillen Sie wie gewohnt weiter oder geben das Fläschchen. Und seien Sie unbesorgt: Die Neugier Ihres Babys wird bald so groß sein, dass es auch die Welt der neuen Speisen wird entdecken wollen.

❓ Stimmt es, dass Getreidebrei Zöliakie auslösen kann?

Nein, Getreidebrei kann Zöliakie nicht auslösen, denn Zöliakie ist primär eine genetisch vererbte Krankheit. Die Getreidegluten schädigen die Darmschleimhaut der Betroffenen, wodurch die Aufnahme von Nährstoffen beeinträchtigt wird. Allerdings treten die Symptome der Krankheit erst dann auf, wenn das Baby die ersten glutenhaltigen Getreideprodukte zu sich nimmt. Dadurch entsteht fälschlicherweise der Eindruck, dass Getreidebrei die Krankheit entstehen lässt.

Insbesondere, wenn ein Eltern- oder Großelternteil an Zöliakie leidet, sollten Sie parallel zum ersten Getreidebrei eine Zeitlang keine anderen neuen Lebensmittel einführen. So können Sie bald erkennen, ob Ihr Kind auf das Getreide mit Verdauungsbeschwerden reagiert (siehe auch Seite 198).

❓ Welche Ernährung braucht mein Baby jetzt, damit es gut gedeiht?

Während das Baby im ersten halben Jahr alle wichtigen Stoffe mit der Muttermilch aufgenommen hat, beginnt ab dem fünften bis siebten Monat die Zeit, in der aktiv auf eine ausgewogene Ernährung geachtet werden muss. Unterschiedliche Lebensmittel liefern über den Tag verteilt die einzelnen Bausteine, die Ihr Baby für sein körperliches Wachstum, aber auch für seine geistige Entwicklung braucht (siehe auch Seite 77 ff.). Wichtig sind vor allem:

- Eiweiß für den Aufbau der Muskelmasse. In Babys Speiseplan gehören daher neben Muttermilch auch Fleisch oder industriell hergestellte Säuglingsmilch. Achtung: Kuhmilch ist in ihrer Zusammensetzung für Kinder unter einem Jahr als Hauptquelle für Milch nicht geeignet!
- Kohlenhydrate und Fette als Energielieferanten. Füttern Sie sie Ihrem Baby am besten in Form von Getreide, Kartoffeln, Milch und hochwertigen Ölen. Besonders günstig ist Rapsöl, da es einerseits einen hohen Gehalt an ungesättigten Fettsäuren, andererseits einen geringen Anteil an gesättigten Fettsäuren aufweist.

- Eisen, das den Sauerstofftransport im Blut unterstützt. Empfehlenswerte Eisenlieferanten sind Fleisch, Haferflocken und Vollkornprodukte. Vitamin C unterstützt die Aufnahme des Eisens im Körper.
- Kalzium für den Aufbau von Knochen und Zähnen, aber auch für die Funktion der Muskeln. Ihr Baby holt sich Kalzium am besten aus der Milch. Die Zugabe von Vitamin D macht dem Körper die Aufnahme leichter.
- Vitamin B_{12} für die Zellbildung im Knochenmark, wo die roten Blutkörperchen gebildet werden. Vitamin B_{12} kommt nur in tierischen Lebensmitteln vor, besonders in Hering, Makrele oder Rindfleisch sowie in Eiern, jedoch kaum in Geflügelfleisch. Hier noch ein Hinweis: Bekanntlich sind sehr hohe Mengen an Vitamin B_{12} in Innereien wie Leber oder Nieren enthalten. Diese sollten allerdings aufgrund möglicher Schadstoffbelastungen in der Ernährung von Kleinkindern nicht vorkommen und auch von Erwachsenen eher selten genossen werden.

? Soll ich den Brei besser selbst kochen oder dürfen es auch fertig gekaufte Gläschen sein?

Egal ob es sich um die Zubereitung der ersten Breichen oder um die spätere Familienkost handelt – selbst zu kochen hat mehrere Vorteile: Sie bestimmen, wie viel Salz, Zucker und Gewürze die Gerichte enthalten. Je weniger, desto besser. Babys Geschmackssinn ist noch sehr empfindlich. Was für Sie langweilig schmeckt, ist für Ihr Baby gerade richtig. Fertigkost ist dagegen meist zu stark gewürzt. Auch können Sie beim eigenen Brei die Hauptzutaten zurückhaltender zusammenstellen und zum Beispiel nur jeweils eine Gemüsesorte, eine Kohlenhydratzutat – also Reis oder Kartoffeln oder Nudeln – verwenden. Das macht es dem Baby leichter, sich nach und nach an die einzelnen Nahrungsmittel zu gewöhnen, und Sie bemerken eher, woran es liegt, wenn es auf eine Speise plötzlich mit Ausschlägen oder Verdauungsstörungen reagiert. Zu guter Letzt ist selbst Gekochtes unterm Strich billiger. Der Vorteil der Gläschenkost liegt hauptsächlich in der einfachen Zubereitung und auch unterwegs findet sich meist eine Möglichkeit, sie zu erwärmen.

? Mit welchem Brei fange ich am besten an?

Die Dortmunder Forschungsgesellschaft für Kinderernährung empfiehlt zur Einführung in die Beikost zwischen dem fünften und dem siebten Lebensmonat einen reinen Gemüsebrei, etwa aus Karotten. Nach einer Woche sollte dieser mit Kartoffeln und einem Teelöffel Rapsöl (ca. 5 g) ergänzt werden und nach einer weiteren Woche kann der Brei um gedünstetes Fleisch und Obstsaft erweitert werden. Der Organismus Ihres Babys gewöhnt sich leichter an die Breikost, wenn Sie mit nur einem Nahrungsmittel, nur einer Gemüsesorte beginnen und erst nach und nach weitere hinzufügen. Wenn Sie nicht selbst kochen möchten oder können, versuchen Sie, die Gläschenkost entsprechend diesen Empfehlungen auszuwählen und eventuell zu ergänzen (siehe Seite 37 f.). Das Gemüse enthält wertvolle Vitamine, Mineral- und Ballaststoffe, die Kartoffeln liefern außer den Kohlenhydraten zusätzlich Vitamine und Mineralstoffe, das Fleisch ist ein wichtiger Eisenlieferant, der Obstsaft hilft, dass Babys Körper das Eisen gut aufnehmen kann, und das Rapsöl hat einen besonders hohen Anteil an essenziellen Fettsäuren.

REZEPT

Brei aus Gemüse, Kartoffeln und Fleisch (ab 5.–7. Monat)

- 20–30 g mageres Fleisch (Schwein, Rind, Geflügel, Lamm) in wenig Wasser weich kochen, klein schneiden und pürieren.
- 90–100 g Gemüse (nährstoffreiche, gut verträgliche Sorten wie Karotten, Zucchini, Blumenkohl, Brokkoli) waschen, klein schneiden und zusammen mit den Kartoffeln in wenig Wasser oder der Brühe des zuvor gekochten Fleisches weich dünsten.
- 40–60 g Kartoffeln schälen, klein schneiden, mit dem Gemüse dünsten, das pürierte Fleisch zugeben und aufkochen lassen.
- 30–40 g Obstsaft (möglichst Vitamin-C-reich) zugeben und nochmals pürieren.
- 8–10 g Pflanzenöl (Rapsöl) unterrühren.

Quelle: FKE, Dortmund

❓ Ich möchte mein Baby vegetarisch ernähren. Geht das?

Im ersten Lebensjahr braucht Ihr Baby besonders viel Eisen. Am einfachsten und verträglichsten wird die Eisenversorgung mit Fleisch gewährleistet. Die Forschungsgesellschaft für Kinderernährung in Dortmund (FKE) empfiehlt daher täglich einen Brei aus Kartoffeln, Fleisch und Gemüse mit jeweils etwa 20 bis 30 g Fleisch. Für Eltern, die ihre Babys unbedingt fleischlos ernähren möchten, hat die FKE ein Breirezept zusammengestellt, das eine ausreichende Eisenversorgung auch ohne Fleisch ermöglicht:

‗REZEPT‗

Vegetarischer Brei (7.–9. Monat)
- 100 g Gemüse putzen und klein schneiden.
- 50 g Kartoffeln schälen, klein schneiden und mit dem Gemüse in wenig Wasser weich dünsten.
- 10 g Haferflocken zufügen und mit
- 30 g Orangensaft und 20 g Wasser pürieren.
- 8 g hochwertiges Pflanzenöl (z. B. Rapsöl) in den heißen Brei einrühren.

Quelle: FKE, Dortmund

❓ Ab welchem Alter können Kinder problemlos vegetarisch ernährt werden?

Bei Kindern ab einem Jahr hält die Deutsche Gesellschaft für Ernährung eine fleischlose Ernährung für grundsätzlich unbedenklich. Voraussetzung ist allerdings eine besonders sorgfältige Nahrungsmittelauswahl und -zusammenstellung, die auch Eier und Milch beziehungsweise Milchprodukte enthält (siehe Seite 139). Diese Sorgfalt ist deshalb nötig, da Ihr Kind gerade in den ersten Lebensjahren für eine gesunde Entwicklung einen erhöhten Bedarf an manchen Nährstoffen hat. Dazu gehören insbesondere Eisen, Kalzium und die Omega-3-Säuren, die überwiegend in Nahrungsmitteln tierischer Herkunft vorkommen.

❓ Wie bereite ich die Breichen optimal und schonend selbst zu?

Die Qualität der Breichen beginnt bereits bei der Auswahl der Zutaten. Je reifer Obst und Gemüse sind, desto mehr an Vitaminen, Mineralstoffen und sekundären Pflanzeninhaltsstoffen konnten die Früchte ausbilden. Je frischer Karotten und Co. auf den Teller kommen, desto mehr ist davon noch erhalten. Ideal ist, wenn Sie generell, auch bei Fleisch und Getreide, zu Bioware greifen. Diese schneidet bei Schadstofftests tendenziell besser ab als Produkte aus konventioneller Landwirtschaft. Und da Bioware zumeist auch einen höheren Gehalt an Trockenmasse aufweist, enthält sie häufig auch mehr der wertvollen Inhaltsstoffe (siehe Seite 115 ff.).

 **TIPP**

Im Winter besser aus der Konserve
Besonders im Winter ist Tiefkühlgemüse lange gereistem Importgemüse vorzuziehen. Auch Dosentomaten weisen zu dieser Jahreszeit meist mehr an wertvollen Inhaltsstoffen auf als blässliche Treibhausware.

Für die Zubereitung gilt: So schonend wie möglich. Also die Zutaten über Dampf garen oder in so wenig Wasser wie möglich dünsten. Achten Sie immer auch auf die Kochzeiten. Nicht alle Inhaltsstoffe sind hitzestabil. Je länger Sie die Zutaten kochen, desto größer ist beispielsweise der Verlust an wasserlöslichen Vitaminen, also dem Vitamin C und den B-Vitaminen. Gemüse und Fleisch sollen daher zwar weich, aber nicht »totgekocht« sein.

❓ Kann ich selbst Brei auf Vorrat kochen?

Beim Aufbewahren und Aufwärmen von Breichen – egal ob selbst gekocht oder im Gläschen gekauft – ist höchste Vorsicht geboten. Wenn aufbewahrt wird, dann maximal einen Tag lang, und das gut gekühlt. Denn bei jedem Aufwärmen werden wertvolle Inhaltsstoffe zerstört. Auch die Gefahr, dass sich gesundheitsschädliche Keime in der Nahrung vermehren, steigt mit der Lagerdauer. Gerade bei den kleinen Portionen, die Sie am Anfang benötigen, ist das Vorkochen aber eine hilfreiche Sache. Sie können sich die Arbeit erleichtern, wenn Sie das magere Fleisch vorkochen, in kleinen Portionen einfrieren und dann gemeinsam mit dem Gemüse verarbeiten. Auch das Verwenden von Tiefkühlgemüse hilft, dass der Brei rasch und mit möglichst geringem Aufwand fertig wird.

Tiefgefrorene Breichen aus eigener Herstellung sind bei minus 19 °C bis zu zwei Monate haltbar. Achtung: Brei ausschließlich aus Kartoffeln kann im Gefrierfach den Geschmack verändern. Kosten Sie (mit einem eigenen Löffel!), bevor Sie Ihrem Baby davon geben.

❓ Was muss ich beim Aufwärmen von vorgekochtem Brei beachten?

Tauen Sie den tiefgekühlten Brei nicht langsam auf, sondern geben Sie ihn tiefgekühlt direkt in den Topf, ins Wasserbad oder in die Mikrowelle. Bereiten Sie ihn erst unmittelbar vor dem Füttern zu und achten Sie darauf, dass der Brei gleichmäßig erhitzt ist. Besonders in der Mikrowelle kann es dazu kommen, dass er außen viel heißer wird als innen. Rühren Sie daher immer gut um. Einmal aufgewärmte Breichen dürfen kein zweites Mal erwärmt oder tiefgefroren werden.

❓ Babykost im Supermarkt: Was ist was?

Inhaltlich unterscheiden die Hersteller in
- reine Gemüse- beziehungsweise Obstbreichen,
- »Menüs«, die Gemüse, Fleisch und Kartoffeln, Nudeln oder Reis enthalten,
- Milch-Getreide-Breichen, die es nicht nur als fertige Gläschen, sondern auch als Pulver zum Anrühren gibt,
- Obst-Getreide-Breie. Der Getreideanteil bei diesen Breichen versteckt sich bisweilen in Zutaten wie Zwieback oder nicht näher definierten »Babykeksen«. Noch nicht verarbeitete Stoffe wie Reis oder Haferflocken sind dem vorzuziehen.

Gute-Nacht-Breie sind Milchbreie im Gläschen, mit Obst oder Gemüse und je nach Rezept einem Getreidebestandteil oder auch nicht. Für das Alter von fünf bis etwa sieben Monaten gibt es 190-g-Gläschen. Ab etwa acht Monaten betragen die Portionsgrößen 220 g, die Konsistenz der Breichen ist dann bereits etwas gröber, damit Babys Zähnchen auch etwas zu beißen bekommen.

❓ Woran erkennt man gute Gläschenkost und worauf soll ich beim Kauf achten?

Zunächst einmal gilt bei Gläschenkost genauso wie beim selbst Gekochten: Weniger ist mehr. Suchen Sie also Mahlzeiten aus, die aus möglichst wenigen Zutaten bestehen, somit können Sie Allergien vorbeugen. Vermeiden Sie Produkte, die extra gewürzt oder gesalzen sind. Ebenso sollten Sie auf Babykost verzichten, der Honig, Dicksäfte oder Zucker beigegeben sind. Achtung: Auch hinter den Begriffen Maltose, Glucose, Glucosesirup, Saccharose, Fructose und Maltodextrin verbergen sich Zuckerarten. Der natürliche Zuckergehalt von Obst und Milch ist für Ihr Baby absolut ausreichend.

Bei Gläschenmenüs mit Fleisch achten Sie auf die Fleischmenge. Die gesetzlich festgelegte Untergrenze für den Fleischanteil dieser Zubereitungen liegt bei 8 Prozent. In etlichen Produkten ist aber laut einer Untersuchung der Stiftung Warentest vom September 2008 auch kein zusätzliches Gramm Fleisch enthalten. Das entspricht bei einem 190-g-Glas nur 15 g Fleisch, statt der aus ernährungswissenschaftlicher Sicht empfohlenen Menge von 20 bis 30 g für eine entsprechende Mahlzeit aus Kartoffeln (beziehungsweise Teigwaren oder Reis), Fleisch und Gemüse. Damit wird Babys Eisenbedarf nicht gedeckt. Ausnahme: Das Produkt enthält zusätzlich noch Vollkorn oder Haferflocken und reichlich Vitamin C. Vitamin C hilft dem Körper, das Eisen besser aufzunehmen, was gerade bei Getreide, dessen Eisenanteil für den Körper schwerer aufnehmbar ist als jener aus dem Fleisch, besonders wichtig ist (siehe auch Seite 241 f.). Doch leider war auch der Vitamin-C-Anteil der getesteten Produkte zum Teil zu gering. Geben Sie Ihrem Kind daher im Zweifelsfall mit Wasser verdünnten Fruchtsaft als Getränk zur Mahlzeit.

Auch der Anteil an hochwertigem Öl (siehe Seite 81) sollte zwischen 4 und 5 Prozent liegen. Ist weniger Öl enthalten, können Sie die Mahlzeit durch Zugabe eines Teelöffels (5 g) Rapsöl aufwerten. Ziehen Sie Produkte mit Kartoffeln als Stärkelieferant solchen mit Nudeln oder Reis vor. Kartoffeln enthalten mehr Vitamine und Mineralstoffe.

? Der Brei schmeckt langweilig – darf ich ihn würzen?

Keine Sorge: Sieht man von individuellen Vorlieben und Abneigungen, die auch schon sehr kleine Kinder haben können, einmal ab, so schmeckt Ihrem Baby im Grunde genommen alles. Entscheidend dabei ist aber, dass die Zutaten nicht an sich bereits sehr intensiv schmecken (zum Beispiel Zitrone, Olive, Artischocke) und dass die Nahrung nicht oder nur wenig gewürzt wird. Babys haben noch einen sehr, sehr feinen Geschmackssinn. Es ist daher weder nötig noch empfehlenswert, das Breichen zu salzen, zu zuckern oder irgendwie zu würzen. Das ist auch eine wichtige Voraussetzung dafür, dass Ihr Baby künftig noch Geschmack finden kann an unverfälschten Lebensmitteln ohne üppige Würze, künstliche Aromen, Geschmacksverstärker oder viel zu kräftige Dosierungen von Salz und Zucker. Auch wenn Ihnen das Breichen nicht schmeckt: Ihr Baby kennt es nicht anders und Sie legen mit dem ungewürzten Brei den Grundstein dafür, dass vielfältige, gesunde Ernährung auch in den folgenden Jahren bei Ihrem Kind noch eine Chance bekommt.

? Ich habe gehört, dass ich meinem Baby keinen Honig geben darf. Stimmt das?

Für Babys im ersten Lebensjahr ist Honig generell tabu: Honig als naturbelassenes Lebensmittel kann Sporen des Bakteriums Clostridium botulinum enthalten. Gelangt dieses Bakterium in den Darm von Säuglingen, so kann das zu Botulismus, einer lebensgefährlichen Vergiftung führen. Bei älteren Kindern, deren Verdauungssystem bereits voll ausgereift ist, besteht keine Gefahr mehr.

? Welche Lebensmittel sollte ich anfangs besser noch nicht füttern?

Immer wieder wird empfohlen, dass Kinder im ersten Lebensjahr keine Nüsse, keinen Fisch oder keine Eier bekommen sollten, da dies das Risiko erhöht, eine Allergie auszubilden. Es gibt jedoch weder für allergiegefährdete Kinder, in deren Familie es bereits Allergiker gibt, noch für Kinder, die kein erhöhtes Risiko haben, fundierte wissenschaftliche Beweise, die diese Empfehlungen bestätigen. Ganz im Gegenteil: Fisch kann und sollte ab dem sechsten Lebensmonat einen Platz auf dem Speiseplan Ihres Babys bekommen, da vor allem fetter Speisefisch aufgrund seines Gehalts an langkettigen, mehrfach ungesättigten Fettsäuren ein besonders wertvoller Bestandteil der Ernährung ist. Die Forschungsgesellschaft für Kinderernährung empfiehlt Fisch ausdrücklich. Der Richtwert für einjährige Kinder liegt bei 40 g Fisch pro Woche. Auch Eier verträgt Ihr Kind ab dem sechsten Lebensmonat.

Bei manchen Lebensmitteln heißt es jedoch ein wenig aufpassen: Ein Zuviel an Zitrusfrüchten beispielsweise kann zu einem wunden Po führen. Gepökeltes, Schinken und Wurst wiederum sind sehr salzig und belasten dadurch Babys Nieren. Außerdem kann durch das Erhitzen – etwa von Würstchen – das Nitrat im Fleisch in das krebserregende Nitrit umgewandelt werden. Um das Verdauungssystem des Babys nicht zu überfordern, sollte auch auf schwer verdauliche und blähende Lebensmittel wie Hülsenfrüchte und Kohl weitgehend verzichtet werden.

? Das große Geschwisterchen reagiert auf manche Lebensmittel allergisch. Muss ich die bei meinem Baby gleich weglassen?

Nein, denn damit nehmen Sie Ihrem Baby die Chance, die volle Vielfalt des Lebensmittelspektrums zu entdecken. Gibt es in Ihrer Familie jedoch bereits Allergiker, so sollten Sie bei der Einführung von Beikost mit Vorsicht zu Werke gehen: Am besten beginnen Sie in diesem Fall zunächst mit einem reinen Gemüsebrei, ideal sind Karotten, und fügen danach im Wochenabstand eine neue Zutat hinzu. So hat der Körper Ihres Babys Zeit, sich jeweils an ein neues Nahrungsmittel zu gewöhnen, und Sie merken leicht, wenn es etwas doch nicht verträgt.

❓ Wie sieht ein empfehlenswerter Speiseplan bei der Einführung von Beikost aus?

Geben Sie Ihrem Baby Zeit, sich daran zu gewöhnen, dass anstelle einer vertrauten Mahlzeit mit Fläschchen oder Brust nun zunehmend öfter Brei auf dem Speiseplan steht. Etwa vier Wochen nach Einführung des ersten Gemüse-Kartoffel-Fleisch-Breis kann eine weitere Milchmahlzeit ersetzt werden, diesmal durch einen Vollmilch-Getreide-Brei. Dieser liefert Ihrem Baby das Kalzium und die B-Vitamine, die es braucht. Nach wiederum vier Wochen wird eine weitere Milchmahlzeit durch einen milchfreien Getreide-Obst-Brei ersetzt. Mit diesem Ernährungsplan erhält Ihr Baby über den Tag verteilt alle wichtigen Nährstoffe für sein Gedeihen. Die verbleibenden Mahlzeiten am Tag darf es ruhig weiterhin aus dem Fläschchen oder der Brust trinken. Ab dem zehnten Lebensmonat kann Ihr Baby dann auch am Familientisch Platz nehmen. Nun darf es zunehmend von Ihren eigenen Speisen kosten und sich an feste Nahrung gewöhnen.

REZEPT

Milch-Getreide-Brei (ab 6.–8. Monat)

- 200 ml Milch (pasteurisierte oder ultrahocherhitzte Vollmilch oder Säuglingsmilch)
- 20 g Vollkorn-Getreideflocken (z. B. Haferflocken, Grieß) in der Vollmilch aufkochen bzw. das Getreide nach Packungsanweisung einrühren. Für die Zubereitung des Breis mit Säuglingsmilch wird das Getreide in heißes Wasser eingerührt bzw. mit dem Wasser aufgekocht. Nach dem Abkühlen wird die Menge des Pulvers, die der Dosierung für die Säuglingsmilch entspricht, eingerührt.
- 20 g Obstsaft oder Obstpüree (Vitamin-C-reich) unterrühren.

Quelle: FKE, Dortmund

Der Ernährungsplan für das erste Lebensjahr

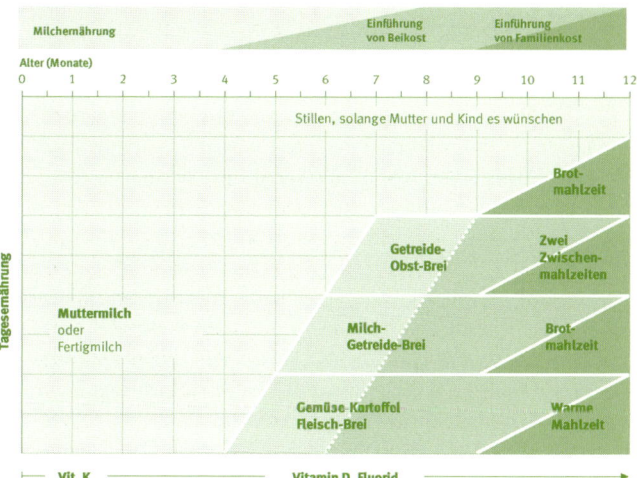

Quelle: FKE, Dortmund

REZEPT

Getreide-Obst-Brei (ab 7.–9. Monat)
- 20 g Vollkorn-Getreideflocken (z. B. Haferflocken, Grieß) mit
- 90 g Wasser aufkochen
- 100 g Obstpüree bzw. -saft (Vitamin-C-reich) zugeben und
- 5 g Pflanzenöl (z. B. Rapsöl) unterrühren.

Quelle: FKE, Dortmund

❓ Mein Kind will sich nicht füttern lassen, sondern immer öfter selbst essen. Was kann ich tun, damit es trotzdem genug zu essen bekommt?

Wenn Ihr Kind immer den Löffel fordert, um selbst zu essen, so kann das für Eltern eine ziemliche Herausforderung darstellen. Die Mahlzeit dauert ewig, das Essen landet überall, nur nicht im Mund Ihres Kindes. Sie als Eltern sorgen sich, dass das Kind zu wenig Nahrung bekommt und zuletzt schmeckt der kalte Brei dem Kleinen auch nicht mehr und es beginnt zu quengeln. Versuchen Sie es damit, dass Sie Ihrem Kind den Löffel überlassen und einen zweiten Löffel zur Hand nehmen, mit dem Sie es füttern. Geben Sie Ihrem Kind trotzdem die Gelegenheit, auch selbst zu essen. Nur so kann es seine Technik verfeinern. Manche Kinder sind sehr ehrgeizig und wollen sich nicht gerne helfen lassen. Sie können zwar versuchen, das Kind abzulenken, doch meist hilft dann vor allem Geduld.

❓ Welche Teller und Löffel sind empfehlenswert?

Am Anfang nehmen Sie am besten Teller aus Kunststoff, die auch eine unsanfte Landung auf dem Boden vertragen. Beim Löffel ist es von der Funktion her relativ egal, ob es sich um einen aus Kunststoff oder aus Metall handelt. In den ersten Tagen, bis die Aufnahme des Breis vom Löffel klappt, tun sich die meisten Babys mit einem möglichst flachen Löffel leichter. Spezielles Babybesteck mit abgeknicktem Löffelstiel mag zwar in manchen Fällen am Anfang hilfreich sein, behindert aber das Erlernen des Umgangs mit normalem Besteck. Ihr Kind muss auf diese Art zweimal essen lernen. Eigenes Babygeschirr mit bunten Mustern hilft zwar nicht beim Essen selbst, doch lassen sich damit Rituale und Regelmäßigkeit einführen.

 **WICHTIG**

Im zweiten Lebenshalbjahr bekommt Ihr Baby auch seinen ersten Brei mit Milch. Vermeiden Sie aber darüber hinausgehende Gaben von Kuhmilch und Milchprodukten wie Joghurt oder Quark. Sie stören die Eisenversorgung Ihres Kindes und können zu einem Überangebot an Protein führen, das den Körper, insbesondere die Nieren, belastet. Bis zum Ende des ersten Lebensjahres sind Muttermilch oder industriell hergestellte Säuglingsmilch das Beste für Ihr Kind. Nur sie sind in der Zusammensetzung optimal auf die Bedürfnisse von Säuglingen abgestimmt.

Vom richtigen Trinken

❓ Wie viel Flüssigkeit braucht mein Kind?

Im ersten Lebensjahr braucht ein Säugling bis zu einem Liter Flüssigkeit pro Tag. Solange Sie voll stillen, wird der Flüssigkeitsbedarf Ihres Babys damit in der Regel voll abgedeckt. Ab Einführung der Beikost nimmt es auch mit der Nahrung Flüssigkeit auf. Dafür fällt die mit der entsprechenden Brustmahlzeit aufgenommene Flüssigkeit weg. Sie muss – am besten durch Leitungswasser – ergänzt werden. Etwas erhöhter Bedarf ist gegeben, wenn das Kind fiebert. Auch Durchfall entzieht dem Körper viel Wasser, das durch zusätzliche Flüssigkeitsgaben ausgeglichen werden muss.
Einen Anhaltspunkt liefern Ihnen die folgenden Richtwerte, die von den Ernährungsgesellschaften Deutschlands, Österreichs und der Schweiz erarbeitet wurden:

Alter	Wasserzufuhr durch		Wasserzufuhr durch Getränke und feste Nahrung ml/kg und Tag
	Getränke ml/Tag	feste Nahrung ml/Tag	
Säuglinge			
0 bis unter 4 Monate	620	–	130
4 bis unter 12 Monate	400	500	110
Kinder			
1 bis unter 4 Jahre	820	350	95
4 bis unter 7 Jahre	940	480	75

Quelle: D-A-CH-Referenzwerte für die Nährstoffzufuhr

❓ Welches Getränk ist am besten für mein Kind?

Das beste Getränk für Ihr Kind ist Leitungswasser. In den ersten etwa acht bis zehn Monaten können Sie es aus Hygienegründen auch abkochen. Aufgrund der guten Trinkwasserqualität der Wasserwerke in EU-Ländern, die regelmäßig lebensmittelrechtlich überprüft wird, ist dies allerdings in der Regel nicht zwingend erforderlich.

 **INFO**

Leitungswasser abkochen?

Spätestens dann, wenn Ihr Baby zu krabbeln beginnt und alles, was es erreichen kann, in den Mund steckt, wird das Abkochen von Trinkwasser aus der Leitung gänzlich überflüssig. Denn die Keime, die es dann mit dem üblicherweise streng geprüften Leitungswasser aufnehmen kann, sind vernachlässigbar gegenüber denen, die bei Babys Entdeckungsreisen in seinem Organismus landen.

❓ Mal heißt es, Kuhmilch ist wichtig, mal ist sie allergieauslösend. Ist Milch gesund für Babys?

Früher riet man dazu, Kuhmilch mit Wasser zu verdünnen, um sie für Babys besser verträglich zu machen. Dann riet man gänzlich davon ab, vor dem ersten Lebensjahr Kuhmilch zu geben, da man annahm, dass damit das Risiko für das spätere Auftreten einer Allergie erhöht werde. Nach heutigem Wissensstand können kleine Mengen Kuhmilch schon ab dem sechsten Lebensmonat gegeben werden. Allerdings soll Kuhmilch nicht ausschließlich als Flüssigkeitsquelle dienen, da sie keine gute Eisenversorgung gewährleistet. Kinder im ersten Lebensjahr sollten daher vorwiegend Muttermilch oder industrielle Milchnahrung bekommen, um eine optimale Nährstoffzufuhr zu erhalten. Anders verhält es sich mit fettarmer Milch oder Halbfettmilch: Diese werden nicht vor Vollendung des zweiten Lebensjahres empfohlen. Der Grund dafür ist ihr niedriger Gehalt an Energie und an fettlöslichen Vitaminen, von denen ein Kind in diesen ersten Lebensmonaten besonders viel benötigt.

❓ Ist Sojamilch wirklich gesünder als Kuhmilch?

Sojamilch soll bei erwachsenen Frauen in der Menopause wohltuende Wirkung gegen Beschwerden haben, aber selbst das ist wissenschaftlich umstritten. Ganz sicher ist jedoch, dass genau jene pflanzlichen Hormone in der Sojamilch, die erwachsenen

Frauen gegen Wechseljahresbeschwerden helfen sollen, keine geeigneten Bestandteile von Babynahrung sind. Darüber hinaus gehört Soja zu den Pflanzen, die besonders oft Allergien auslösen. Sojamilch ist daher nur bei Vorliegen spezieller Nahrungsmittelunverträglichkeiten und auf Empfehlung des Arztes anzuraten.

❓ Darf ich meinem Kind Kräutertee zu trinken geben?

Vielfach wird geraten, gegen die eine oder andere Beschwerde lindernde Tees zu geben. Der Trend zu mehr Natürlichkeit und zur Rückbesinnung auf alternative Heilmethoden macht viele Eltern für diesen Rat empfänglich. Doch Achtung: Kräutertee suggeriert zwar ein harmloses Hausmittel, mit dem man nichts falsch machen kann, doch die Wirkung echter Heilkräuter sollte man nicht unterschätzen. Falsche Dosierungen können, wie bei Medikamenten auch, zu unangenehmen bis lebensbedrohlichen Nebenwirkungen führen. Auch darf man keineswegs von der Wirkung bei Erwachsenen auf jene bei Kindern schließen. Manche Heilkräuter, wie etwa die Kamille, haben allergenes Potenzial, Fenchel kann in Einzelfällen allergische Reaktionen der Haut und der Atemwege hervorrufen, Pfefferminze wiederum kann, wenn sie in hohen Konzentrationen eingeatmet wird, sogar zu Atemstillstand führen. Wenn Sie Ihrem Kind Kräutertees anbieten möchten, beraten Sie sich mit dem Apotheker, welche geeignet sein könnten. Er wird Ihnen auch Kräuter mit geprüfter Wirkstoffqualität geben und Sie über die richtige Zubereitungsart beraten. Teebeutel aus dem Supermarkt sind diesbezüglich nicht geprüft. Sie können Wirkstoffkonzentrationen enthalten, die Apothekenqualität haben oder aber weit darunter liegen.

Die meisten Kinder mögen Kräutertees instinktiv nicht, auch weil diese sehr intensiv schmecken. Kinderteegranulate (beispielsweise Fencheltee) sind daher häufig gezuckert, um eine bessere Akzeptanz zu gewährleisten. Sie sind aus diesem Grund keine geeignete Alternative. Wenn Ihr Kind an Blähungen leidet, greifen Sie besser zur Wärmflasche oder anderen Mitteln (siehe Seite 20) als zu Kräutertees.

? Mein Kind mag nicht trinken. Woran kann das liegen?

Das kann mehrere Ursachen haben:

- Vielleicht hat Ihr Kind einfach keinen Durst? Überlegen Sie, wie viel Flüssigkeit es bereits mit der Milch, mit Suppe, mit saftigem Obst, mit Kompott zu sich genommen hat.
- Vielleicht hat es Probleme mit dem Sauger des Fläschchens: Sind Saug- oder Luftloch verstopft?
- Vielleicht mag es den Trinkbecher noch nicht, möchte lieber am Fläschchen nuckeln?
- Vielleicht mag es das angebotene Getränk einfach nicht, weil es zu süß, zu sauer oder zu heiß ist? Auch intensiv schmeckende Getränke wie etwa Fencheltee sind nicht bei allen Babys beliebt.

Bleiben Sie bei aller Besorgtheit möglichst entspannt. Zumeist spüren Babys, wann sie Durst haben und wann nicht. Geben Sie ihm die Chance, selbstverantwortlich mit seinem Durstgefühl umzugehen. Wenn Ihr Baby zusätzlich zur Trinkschwäche auch viel schläft, matt und müde ist, dann ist eventuell eine Krankheit im Anmarsch. Zum Arzt sollten Sie gehen, wenn Babys Windel nicht mehr mindestens fünfmal pro Tag gut nass ist oder wenn es apathisch wirkt.

? In der Krabbelgruppe haben viele Babys Trinklerntassen. Lernen Kinder damit schneller, aus richtigen Tassen zu trinken?

Trinklerntassen erwecken den Eindruck, dass sie beim Trinkenlernen helfen. Wie weit ein Glas oder ein Becher geneigt werden dürfen, ohne dass der Saft gleich herausrinnt, kann Ihr Kind aber nur dann üben, wenn der Behälter oben offen ist – und das ist bei Trinklerntassen nicht der Fall. Trinken lernen kann Ihr Baby am besten mit einem ganz normalen, kleinen (ca. 125 ml), bruchfesten Becher, den Sie anfangs nur halb mit Wasser füllen. Für Eltern verlockend ist allerdings, dass man dem Baby die Trinklerntasse einfach hinstellen kann und nicht die ganze Zeit dabeistehen muss, während es trinkt oder mit dem Gefäß hantiert. Genau davor warnen allerdings Zahnmediziner. Denn wenn Ihr Baby über Stunden beständig an der Tasse nuckelt, kann es zur sogenannten Nuckelfläschchenkaries kommen (siehe Seite 56).

Gesunde Zähne von Anfang an

? Die Oma empfiehlt, der Kleinen Brotrinde zum Kauen zu geben, wenn sie zahnt. Wie lassen sich die Schmerzen am besten lindern?

Traditionellerweise gibt man Babys, wenn das Zahnen schmerzt, ein Stückchen Brotrinde oder Mohrrübe, auf dem sie herumkauen können. Besser sind aber kühlbare Beißringe, wie sie im Drogeriemarkt erhältlich sind. Sie haben mehrere Vorteile:

- Die Kälte hat leicht schmerzlindernde Wirkung.
- Sie sind so konstruiert, dass Babys sich nicht daran verschlucken können.
- Sie ersparen Ihnen großflächig auf Tisch und Boden verteilte Brotkrümel.

? Ab wann soll ich meinem Kind die Zähne putzen?

Das Zähneputzen sollte mit dem Erscheinen des ersten Zahns beginnen. Gerade die Milchzähne brauchen viel Pflege, da sie über keinen ausgereiften Zahnschmelz verfügen und daher besonders anfällig sind. Milchzähne sollten genauso gut gepflegt werden wie die zweiten Zähne, denn sie sind nicht zuletzt gebissformende Platzhalter für die bleibenden Zähne.

? Wie oft sollen die Zähne geputzt werden?

Grundsätzlich sollten nach jeder Mahlzeit die Zähne geputzt werden. Achten Sie aber darauf, erst etwa 30 Minuten nach dem Essen zur Zahnbürste zu greifen. Grund dafür ist, dass der Speichel nach dem Essen einen höheren Säuregehalt hat, der den Zahnschmelz aufweicht. Wartet man, bis sich der Säuregehalt wieder normalisiert hat, können die Borsten der Zahnbürste den Zahnschmelz nicht mehr zerkratzen.

❓ Womit putze ich die ersten Zähnchen am besten?

Am besten verwenden Sie zum Putzen eine weiche Bürste. Spezielle Kinderzahnbürsten mit ihren kleinen Köpfchen erleichtern das Putzen anfangs. Wichtig ist, dass die Borsten der Zahnbürste aus Kunststoff sind. Naturborsten sind innen hohl und bieten damit Bakterien optimalen Unterschlupf. Außerdem sind die Spitzen der Borsten im Gegensatz zu jenen aus Kunststoff nicht abgerundet und können so den Zahnschmelz leicht zerkratzen. Bürsten Sie vorsichtig und ohne viel Druck. Bedenken Sie, dass das umliegende Zahnfleisch am Anfang sehr empfindlich ist, da rundum Zähne am Durchbrechen sind. Verwenden Sie milde Zahnpasten, vermeiden Sie aber süß schmeckende Kinderzahnpasten. Diese schaden zwar den Zähnen nicht unmittelbar, verstärken aber die Gewöhnung der Kinder an Süßes, was hinsichtlich der künftigen Ernährungsgewohnheiten nicht wünschenswert ist.

❓ Stimmt es, dass Karies ansteckend ist?

Die zahnmedizinische Forschung hat in den letzten Jahren festgestellt, dass Karies über Mund-zu-Mund-Kontakt und Speichel übertragen werden kann. Für den Umgang mit Ihren Kindern bedeutet das, dass Sie sich besser nicht den Löffel mit Ihrem Kind teilen, dass Sie die Temperatur des Fläschchens nicht durch einen Schluck daraus überprüfen, dass Sie einen heruntergefallenen Schnuller nicht in Ihrem Mund »säubern«, bevor Baby ihn wieder bekommt. Und wenn Baby mit seinen Fingern Ihren Mund erforscht, so sollten diese gewaschen werden, bevor sie wieder in seinen Mund wandern.

❓ Gibt es Nahrungsmittel, die für die Zähne besonders schlecht sind?

Alle Nahrungsmittel verändern den Säurehaushalt im Mund. Steigt der Säuregehalt des Speichels, so greift das den Zahnschmelz an und macht ihn verwundbar. Vermeiden sollten Sie daher:

- Zucker- oder stärkehaltige Nahrung, die länger an den Zähnen klebt. Das kann Honig sein, weicher Kuchen, Banane oder Brei. Besonders schädlich sind Süßigkeiten wie weiche Karamellbonbons. Indem sich die Speisen direkt an die Zähne anlagern, bieten sie ideale Bedingungen für Kariesbakterien. Zucker ist übrigens auch in vielen Lebensmitteln enthalten, in denen man ihn auf den ersten Blick nicht vermuten würde, zum Beispiel in Ketchup, Fertiggerichten und Fruchtjoghurt (siehe auch Tipp auf Seite 56).
- Pausenloses Essen oder Naschen. Besser ist es, einmal kräftig zu naschen und dann dem Säurehaushalt wieder Zeit zur Stabilisierung und damit den Zähnen Erholung zu geben. Achtung: Auch Fruchtsaft und andere säure- oder zuckerhaltige Getränke sollten besser rasch genossen werden, als in kleinen Schlucken über den Tag verteilt. Das einzige Getränk, das aus zahngesundheitlicher Sicht uneingeschränkt empfohlen werden kann, ist Wasser.

? Gibt es Nahrungmittel, die besonders gut für die Zähne sind?

Zunächst einmal verändern alle Nahrungsmittel während des Essens den Säuregehalt im Mund. Somit machen sie den Zahnschmelz angreifbar. Eine der einfachsten und wirksamsten Methoden, den Säuregehalt im Mund wieder zu neutralisieren, ist es daher, nach dem Essen ein paar Schlucke Wasser zu trinken. Für die Zahnentwicklung sind Milch und Milchprodukte günstig, da sie viel Kalzium und Phosphor enthalten, was die Zähne hart macht. Vitamin-C-haltige Lebensmittel wie grüne Paprika, Brokkoli, Zitrusfrüchte oder Johannisbeeren tragen dazu bei, Zahnfleischentzündungen zu vermeiden. Günstig für die Entwicklung von Kiefer und Gebiss und damit indirekt auch für die Zähne sind Lebensmittel, die Ihr Kind richtig kauen muss. Das kann hartes Brot sein, Äpfel, Karotten oder Vollkornreis, bei größeren Kindern auch zuckerfreier Kaugummi (siehe auch Seite 146). Kauen fördert den Speichelfluss, was vorteilhaft ist für die Zähne. Der Speichel schwemmt Lebensmittelreste und schädliche Säuren weg und versorgt die Zähne mit Mineralstoffen, sodass er eine wichtige Schutzfunktion erfüllt.

❓ Stimmt es, dass andauerndes Nuckeln am Fläschchen schädlich für die Zähne ist?

Das Dauernuckeln an Fläschchen oder Schnabeltassen mit gesüßten Getränken fördert in der Tat Karies. Man spricht dann vom »Nursing Bottle Syndrome«, auf deutsch »Nuckelflaschen-karies«. So können Sie vorbeugen:

- Gewöhnen Sie Ihr Kind von Anfang an daran, bevorzugt Wasser und ungesüße Früchtetees zu trinken.
- Überlassen Sie Ihrem Kind Fläschchen und Schnabeltasse nicht unbeaufsichtigt und auch nicht zum Dauergebrauch.
- Lehren Sie Ihr Kind, ab etwa dem zehnten, zwölften Monat aus der Tasse zu trinken.
- Geben Sie dem Kind das Fläschchen nicht als Ersatz für Ihre Zuwendung.

❓ Welche Süßigkeiten schaden den Zähnen am wenigsten?

Am besten für die Zähne ist es, wenn Süßigkeiten einmal pro Tag, idealerweise gleich nach dem Essen, verzehrt werden. Dann wird der Säurehaushalt im Mund einmal gestört und kann sich anschließend wieder stabilisieren. Empfehlenswert sind zucker-arme Süßigkeiten und solche, die wenig Stärke enthalten und nicht lange an den Zähnen kleben. Darüber hinaus lohnt es sich, auf das »Zahnmännchen« der Aktion zahnfreundlich e. V. zu achten. Es kennzeichnet Süßigkeiten, die aus zahnmedizini-scher Sicht akzeptabel sind (www.zahnmaennchen.de).

 **TIPP**

So spüren Sie Zucker auf
Wenn Sie Ihrem Kind zuckerarme Süßigkeiten geben wollen, so achten Sie auf das Kleingedruckte. Im Lebensmittelrecht be-zieht sich der Begriff »zuckerfrei« lediglich auf Haushaltszucker. Achten Sie daher auch auf Begriffe wie Glucose (Trauben-zucker), Fructose (Fruchtzucker), Maltose (Malzzucker) oder Lactose (Milchzucker).

❓ Ab wann muss der Schnuller weg?

Damit sich das Gebiss Ihres Kindes, sein allerwichtigstes Werk-zeug zur weiteren Nahrungsaufnahme, gut entwickeln kann, sollte mit Beginn des zweiten Lebensjahres auf den Schnuller verzichtet werden. Jetzt sind die ersten Zähnchen da, das Gebiss beginnt sich auszubilden. Ab etwa dem dritten Lebensjahr ist das Milchzahngebiss dann voll entwickelt. Will man bei seinem Kind keine Fehlstellung der Zähne, in diesem Fall den soge-nannten Vorbiss riskieren, muss spätestens jetzt der Schnuller ganz weg.

Noch besser ist es aber, einen Säugling gar nicht zu sehr an den Schnuller zu gewöhnen. Manche Babys wollen auch gar keinen. Tun Sie in diesem Fall Ihrem Kind und seinem Gebiss etwas Gutes und versuchen Sie nicht, das Baby unbedingt dazu zu bringen, den Schnuller anzunehmen. Der beste Trost für Ihr Baby ist immer noch, wenn Sie es in den Arm nehmen, wenn Sie tröstende, beruhigende Worte sprechen. Das hilft ihm weit mehr, als mit Schnuller, aber alleine in seinem Bettchen mit seinem Kummer zurechtkommen zu müssen.

Kleinkinder – Essen mit allen Sinnen (etwa 1–3 Jahre)

Es ist eine spannende Zeit, wenn aus Babys kleine Kinder werden, die auf ihren eigenen Beinen die Welt entdecken. Auch die Vielfalt der Nahrung ist Teil dieser Welt. An Ihnen als Eltern liegt es nun, die Neugier des Kindes zu wecken und ihm zu helfen, das gesamte Nahrungsmittelspektrum mit Lust und Neugier zu erforschen. Denn jetzt werden jene Geschmäcker und Essgewohnheiten gefestigt, die uns ein ganzes Leben lang begleiten. Nutzen Sie also die Zeit, in der das Kleine noch mühelos lernen kann, dass Wasser ein besserer Durstlöscher ist als Limo, dass Obst und Gemüse selbstverständlicher Bestandteil der Nahrung sind und nicht nur eine Pflicht der eigenen Gesundheit gegenüber. Und geben Sie Ihrem Kind die Möglichkeit zu lernen, ein selbstbestimmter Mensch zu werden, der weiß, wie viel er braucht und wann es genug ist.

Es ist nun aber dringend an der Zeit, dass Sie sich als Eltern auch mit Ihrer eigenen Ernährung auseinandersetzen. Denn die besten Ernährungskonzepte, die besten Ratschläge und der beste Wille, die Kinder gut zu ernähren, helfen nichts, wenn die Eltern es nicht vorleben. Wenn Mama nie zum Obst greift, signalisiert sie trotz aller gegenteiliger Ermahnungen und Beteuerungen, dass Obst nichts Gutes ist. Und wenn Papa meint, dass Fisch ihm nicht auf den Teller kommt, dann wird es der Filius auch nicht tun, denn Papa wird dafür doch einen guten Grund haben? Wenn jedoch Mama statt eines Wurstbrotes freudig glänzend rote, duftende, süße Erdbeeren verzehrt, wenn Papa meint: »Mhhh, der Fisch riecht aber gut!«, dann weckt das die Neugier der Kleinen. Und anstelle von »Ich mag das nicht« wird sich bald ein selbstbewusstes »Ich will auch!« einstellen.

Also, liebe Eltern: Durchleuchten Sie Ihre eigenen Ernährungsgewohnheiten, lassen Sie sich selbst auf das Abenteuer neuer Geschmäcker ein und auf das Motto »Klasse statt Masse« beim Essen.

Die Vielfalt der Nahrung erleben

❓ Gibt es Richtwerte, wie viel Nahrung Kleinkinder brauchen?

Die Referenzwerte für die Nährstoffzufuhr von Säuglingen und kleinen Kindern, die von den Ernährungsgesellschaften Deutschlands, Österreichs und der Schweiz ausgearbeitet wurden (»D-A-CH-Referenzwerte«), geben klare Zahlen für die tägliche Energiezufuhr vor. Demnach brauchen Mädchen im Alter von 1 bis 4 Jahren täglich rund 1000 kcal, Jungen rund 1100 kcal pro Tag. Doch dies sind nur Richtwerte. Jedes Kind ist verschieden, manche wachsen rascher, andere langsamer, manche toben mehr, andere bewegen sich weniger. All das beeinflusst den Energiebedarf. Auch der Hunger ist nicht jeden Tag gleich groß. Achten Sie daher immer auf die Signale Ihres Kindes. Lassen Sie es selbst bestimmen, wie viel es essen möchte und wann es genug hat. Sperrt es beim Füttern den Mund auf, dann ist es noch hungrig. Dreht es den Kopf weg, hält es den Mund geschlossen, dann will es nicht mehr. Auch wenn es schwerfällt und Eltern oft meinen, dass ihr Kind allgemein zu wenig oder zu wenig von den »wichtigen« Lebensmitteln isst: Akzeptieren Sie diese Signale ohne Wenn und Aber!

 **TIPP**

Setzen Sie Ihr Kind nicht unter Druck

Üben Sie keinen Zwang aus. Kein »Wenn du nicht aufisst, dann darfst du auch nicht fernsehen« etc. Versuchen Sie es auch nicht mit Tricks. Den »Löffel für die Mama« soll Mama schön selbst essen und der Autolöffel, der mit großem Gebrumm in die Mundgarage einfährt, oder Ähnliches gehören ebenfalls in die pädagogische Mottenkiste. Verzichten Sie auch auf Appelle wie »Jetzt hab ich so schön für dich gekocht« oder »Da wird Oma aber traurig sein, wenn du ihren Kuchen nicht isst«. Das bedeutet nämlich nichts anderes, als dass Sie einem Kind die Verantwortung für die Befindlichkeit Erwachsener übertragen. Es geht nicht darum, Oma glücklich zu machen, sondern darum, dass Ihr Kind lernt, sein Sättigungsgefühl wahrzunehmen.

❓ Woran erkenne ich, wenn mein Kind zu wenig isst?

Fürsorgliche Eltern haben oft das Gefühl, dass ihr Kind zu wenig isst. Ob diese Einschätzung zutrifft, lässt sich ganz einfach überprüfen: Ist Ihr Kind fröhlich? Tobt es auf dem Spielplatz mit den anderen? Ist es neugierig und wissensdurstig? Wächst und gedeiht es? Neigt es nicht übermäßig zu Infekten? Dann machen Sie sich bitte keine Sorgen: Offenbar bekommt Ihr Kind genügend Nährstoffe beziehungsweise Energie und Ihr Gefühl trügt Sie.

Können Sie Ihre Sorgen trotzdem nicht beiseiteschieben, dann gehen Sie bitte mit Ihrem Kind zum Kinderarzt und lassen sich vom Fachmann bestätigen, dass alles in Ordnung ist. Angst ist kein guter Lebensbegleiter. Sie vergiftet die Laune, stört in diesem Fall die Beziehung zwischen Ihnen und Ihrem Kind und verdirbt Ihnen beiden im wahrsten Sinne des Wortes den Appetit. Also besser einmal zu viel zum Arzt, als unnötig Sorgen mit sich herumschleppen. Hat Ihr Kind länger keinen Appetit, ist es zusätzlich blass, müde, schlapp und hat eventuell Verdauungsprobleme, dann sollten Sie auf jeden Fall Ihren Kinderarzt aufsuchen.

❓ Wie viele Mahlzeiten soll ich meinem Kleinkind anbieten?

Kinder sollen ab dem Alter von etwa zehn bis spätestens zwölf Monaten zunehmend an den Familienmahlzeiten teilnehmen. Das bedeutet Frühstück, zwei Hauptmahlzeiten und zwei Zwischenmahlzeiten. Weniger ist nicht empfehlenswert, da der kindliche Organismus die Nahrungsenergie noch nicht so gut speichern kann. Ihr Kind braucht also über den Tag verteilt immer wieder Energienachschub.

Trotzdem sollten Sie Ihrem Kind auch nicht mehr als diese fünf Mahlzeiten bieten. Ständiges Knabbern und Naschen ist schlecht für die Zähne und es prägt die Ernährungsgewohnheiten ungünstig. Wenn Hänschen von klein an ständig isst, so wird auch Hans das tun – und über kurz oder lang ein schwerwiegendes Gewichtsproblem bekommen. Außerdem braucht

Ihr Kind Zeit, um ungestört zu spielen. Schließlich ist Spielen in diesem Alter eine ebenso wichtige Arbeit, wie es in ein paar Jahren die Schule sein wird. Eltern, die ihr Kind ständig aus dem Spielen herausreißen, um ihm Essen (oder andere Spiele, einen Pullover, ein Getränk und so weiter) anzubieten, behindern damit wichtige Lern- und Erfahrungsprozesse.

❓ Gibt es Nahrungsmittel, die für Kleinkinder weniger oder gar nicht geeignet sind?

Hat der Arzt keine Allergien oder Nahrungsmittelunverträglichkeiten nachgewiesen, so gibt es prinzipiell keine Lebensmittel, die verboten sind. Sie können dem Kind also ruhig alles anbieten, was Sie auch selbst essen. Empfehlenswert ist dabei, sich an der Lebensmittelpyramide (www.dge.de/pyramide/pyramide.html) beziehungsweise an der Gesund-Leben-Pyramide (www.kup.at/journals/summary/3802.html) zu orientieren. Demnach sollten Sie von günstigen Nahrungsmitteln wie Getreide und Getreideprodukten, Obst und Gemüse, Milch und Milchprodukten reichlich geben, Fleisch und Eier in Maßen essen und Fette, Öle und Süßigkeiten sparsam genießen (siehe Seite 82). Ob und welche Nahrungsmittel Ihr Kind weniger gut verträgt, müssen Sie individuell herausfinden. Manche Kinder bekommen auf Erdbeeren Ausschläge, andere wiederum reagieren auf Zitrusfrüchte mit einem roten Po. Es ist besser, sich vorsichtig an einzelne Nahrungsmittel heranzutasten, als Ihrem Kind vielleicht vollkommen unnötig Nahrungsmittel vorzuenthalten, nur weil das Nachbarskind oder das Kleine der Schwester sie nicht verträgt.

❓ Wie erkenne ich, ob mein Kind etwas nur »nicht verträgt« oder ob eine ernsthafte Krankheit dahintersteckt?

Sie haben recht: Nicht jeder Ausschlag ist gleich eine Allergie und manch unangenehme Begleiterscheinung verschwindet nach einiger Zeit von selbst wieder. Die Abgrenzung, ob es sich um eine Unpässlichkeit handelt oder um eine ernsthafte Erkrankung, ist für Eltern aber sehr, sehr schwierig. Bauchschmer-

zen, Blähungen, Durchfall können virusbedingt sein, durch
Bakterien hervorgerufen werden oder aber – sehr selten – auf
eine Fructosemalabsorption, Lactoseintoleranz oder Gluten-
unverträglichkeit hinweisen. Hinzu kommt, dass sich die
Krankheiten je nach persönlicher Disposition unterschiedlich
entwickeln. Manche Symptome treten auch erst verzögert
auf. Bei Zöliakie zum Beispiel treten nicht nur Verdauungsbeschwerden auf, sondern das Baby entwickelt sich nach und
nach zu einem blassen, dünnen Kind (siehe auch Seite 190 ff.).
Eine Lactoseintoleranz wiederum kann sich unmittelbar bei
Einführung von Milch und Milchprodukten zeigen, aber auch
erst nach ein paar Jahren. Wenn Ihr Kind sehr heftige Beschwerden hat oder wenn die Beschwerden länger andauern, sollten
Sie in jedem Fall einen Arzt konsultieren.

? Unser Sohn isst nun dasselbe wie wir Eltern. Darf ich die Speisen genauso würzen wie bisher?

Speisen, die auch für Kinder gedacht sind, sollten möglichst
wenig gewürzt werden. Das hat mehrere Gründe:

- Das Geschmacksempfinden der Kinder ist noch sehr ausge-
  prägt. Speisen können für ihre Gaumen rasch überwürzt sein
  und in der Folge abgelehnt werden.
- Der Umgang mit Salz sollte generell sparsam sein. Salz ist ein
  für den Organismus wichtiger Bestandteil der Nahrung, zu
  viel geht aber im wahrsten Sinne des Wortes »an die Nieren«
  und belastet diese.
- Kräftige Würze überdeckt den Eigengeschmack der Zutaten.
  Geben Sie Ihrem Sohn doch die Gelegenheit, zunächst einmal den puren Geschmack von Kartoffeln, Frischkäse, Tomaten oder Zucchini kennenzulernen.

Beim Kochen sollten Sie deshalb mit Gewürzen sparsam umgehen. Verwenden Sie zur Geschmacksanreicherung allenfalls
frische Kräuter. Greifen sie dabei aber lieber zu einzelnen Kräutern als zu fertigen Gewürzmischungen. Wenn es gar nicht
anders geht, würzen Sie für sich selbst nach, nachdem Sie Ihrem
Sohn seine Portion serviert haben. Doch bedenken Sie Ihre Vorbildwirkung: Es kann leicht sein, dass auch Ihr Sohn dann bald
»wie ein Erwachsener« zum Salzstreuer greifen möchte.

Rituale und Rhythmen

❓ Meine Tochter hat zu Mittag nie Hunger. Soll ich unsere Essenszeiten darauf abstellen?

Jeder Mensch hat seinen eigenen Rhythmus. Das sollte allerdings nicht die festen Essenszeiten der Familie beeinflussen. Bieten Sie Ihrer Tochter auf jeden Fall ein Mittagessen an, lassen Sie sie aber selbst entscheiden, wie viel sie isst. Wenn sie die Mahlzeit partout nicht will, versuchen Sie bitte anschließend nicht, diese in kleinen Häppchen zwischendurch zu verabreichen. Das führt nur dazu, dass Ihre Tochter bei der nächsten Mahlzeit wieder keinen Hunger hat.

Achten Sie auch darauf, was Ihre Tochter trinkt. Manche Getränke haben einen sehr hohen Energiegehalt und sind durchaus sättigend. Milch zum Beispiel ist erwünschter und gesunder Bestandteil einer Zwischenmahlzeit. Aufgrund ihres Energiegehalts ist sie aber genauso wenig als Durstlöscher geeignet wie süße Limonade. Auch reine Fruchtsäfte haben wegen ihres natürlichen hohen Zuckergehalts eine nicht zu vernachlässigende Sättigungswirkung.

❓ Ich habe keine Zeit, meinem Kind ein Mittagessen zu kochen. Ist es schlimm, wenn bei uns nur am Abend gemeinsam gegessen wird?

Wichtig ist, dass die Familie zumindest einmal pro Tag zusammenkommt. Das kann ruhig auch am Abend sein. Lassen Sie Ihr Kind aber auch bei den anderen Mahlzeiten nicht alleine am Tisch und schon gar nicht vor dem Fernseher sitzen. Servieren Sie alle Mahlzeiten am Esstisch, schalten Sie Radio und Fernsehgerät aus und setzen Sie sich gemeinsam mit den vielleicht anwesenden großen Geschwistern oder anderen Familienmitgliedern hin. Damit geben Sie Ihrem Kind die Möglichkeit, die Nahrung bewusst wahrzunehmen, zu merken, was es isst, wie viel es isst und wann es satt ist.

Bieten Sie aber Ihrem Nachwuchs nach Möglichkeit nicht nur Nahrung an, sondern nehmen Sie sich Zeit, essen Sie mit ihm. So wird Ihr Kind zum einen eher bereit sein, neue Speisen auszuprobieren, denn indem Sie sie selbst essen, zeigen Sie ihm, dass es diese gefahrlos essen kann (siehe auch Seite 66 f.). Zum anderen wird geübt, dass Essen nur am Tisch stattfindet und nicht nebenbei vor dem Fernseher oder im Kinderzimmer. Auch Tischmanieren können Sie durch Ihre Vorbildwirkung nur dann vermitteln, wenn Sie dem Kind Gelegenheit geben, sie sich von Ihnen abzuschauen (siehe auch Seite 73).

Darüber hinaus gibt es im Rahmen der Familienmahlzeit noch viele Faktoren neben der eigentlichen Nahrungsaufnahme, die Kindern helfen, Halt innerhalb der Familie zu finden, die das Zusammengehörigkeitsgefühl, die Identität stärken: Wann gibt es Essen? Wer sitzt wo? Wer deckt auf, wer räumt ab? Wie wird der Tisch gedeckt? Wie sieht die Struktur der Mahlzeiten aus? Wie und mit welchen Speisen werden Familienfeiern und Feste begangen? Wie verhalten sich die Familienmitglieder bei Tisch? Eltern haben die Verantwortung dafür, ihren Kindern diese Werte zu vermitteln. Am besten gelingt dies durch selbstver-ständliches Vorleben. Vieles von dem, was für das soziale Leben »draußen« nötig ist, kann hier im Kleinen gelernt werden. Ver-antwortung, etwa für das Tischdecken. Soziale Kompetenz, etwa durch Hilfe bei der Zubereitung, durch Wertschätzung der Arbeit der Eltern. Rücksichtnahme, etwa durch Tischmanieren: Warten, bis der Schöpflöffel frei ist, nicht mit vollem Mund sprechen oder seinen Sitznachbarn nicht die Ellenbogen in den Körper bohren.

? Meine Tochter trödelt bei Tisch immer so. Wie kann ich ihr beim Essen auf die Sprünge helfen?

Trödelei bei Tisch kann verschiedene Gründe haben. Vielleicht wird Ihre Tochter durch das Radio oder den laufenden Fern-seher abgelenkt? In diesem Fall hilft ausschalten. Vielleicht hat sie zu viel auf dem Teller? Stellen Sie die Schüsseln oder Töpfe auf den Tisch und klären Sie mit Ihrer Tochter, wie viel sie essen möchte. Vielleicht ist sie auch sehr verträumt und die Stern-chensuppe wird zum Universum, während sie im Teller kalt wird. Versuchen Sie in diesem Fall, die Aufmerksamkeit Ihrer Tochter auf den Geschmack oder die Konsistenz der Speisen zu ziehen, etwa mit der Frage, ob sie auch findet, dass die Karotten schmecken, als wären sie gezuckert, oder mit der Bemerkung, dass Sie es gerne mögen, wenn die knackige, glatte Haut einer Erbse zwischen Ihren Zähnen zerplatzt wie ein Luftballon und das Weiche im Inneren freigibt.

Vielleicht genießt Ihre Tochter aber einfach die Zeit der Gemeinsamkeit mit Ihnen während der Mahlzeit besonders und möchte sie verlängern? Eventuell finden Sie Möglichkeiten, nach dem Essen noch etwas gemeinsam zu tun. Etwa dass, wenn die Mahlzeit beendet und der Tisch abgeräumt ist, noch alle gemeinsam ein Spiel spielen oder dass die Eltern gemeinsam mit dem Kind ein Bilderbuch anschauen? Wenn Sie Ihrer Tochter Vergleichbares in Aussicht stellen (können), bekommt sie vielleicht einen Anreiz, in einem für Sie vertretbaren Zeitrahmen zu Ende zu essen.

Manchmal schmeckt es auch einfach nicht. Der Grießbrei hat nicht lange genug gekocht und wird im Teller pampig. Ein Gewürz ist zu intensiv, das Sauerkraut ist zu sauer. Zwingen Sie Ihre Tochter dann nicht aufzuessen. Sie kann sich ja anstelle des gewürzten Auflaufs vom bereitgestellten Brot nehmen, anstelle des Sauerkrauts noch Kartoffeln. Dann hat sie auf jeden Fall etwas im Bauch und Sie können die Mahlzeit nach einer angemessenen Zeit beenden, auch wenn sie ihren Teller noch nicht leer gegessen hat.

❓ Mein Sohn spielt lieber mit der Nahrung, als zu essen. Wie kann ich seine Aufmerksamkeit aufs Essen lenken?

Essen ist besonders für kleine Kinder weit mehr als Nahrungsaufnahme. Es ist gleichermaßen sinnliche Erfahrung wie Entdeckungsreise. Dazu gehört eben, nicht nur zu schmecken, was sich im Teller befindet, sondern auch herauszufinden, wie sich die Nahrung anfühlt, wie sie riecht und ob sich mit Kartoffelpüree Burgen und Höhlen bauen lassen. Versuchen Sie, Ihren Sohn bereits in die Küchenarbeit mit einzubeziehen. Hat er schon in der Küche mitgeholfen, die Kartoffeln zu Püree zu stampfen, ist der Forschungsdrang im Angesicht des damit gefüllten Tellers vielleicht nicht mehr so groß. Manchmal ist das Spielen auch ein Zeichen, dass das Angebotene nicht schmeckt oder die Portion auf dem Teller zu groß ist. Machen Sie in diesem Fall keinen Druck, dass aufgegessen werden muss, und lassen Sie Ihren Sohn bestimmen, wie viel er essen möchte.

»Das mag ich nicht«

❓ Mein Sohn möchte immer nur dasselbe essen. Wie kann ich trotzdem Abwechslung in die Ernährung bringen?

Dieses Phänomen tritt etwa im Alter von eineinhalb bis zwei Jahren erstmals auf. Fachleute sprechen von Neophobie: Alles Fremde wird abgelehnt. Das ist auch das Alter, in dem Kinder täglich dieselbe Gutenachtgeschichte hören wollen, manche ohne ihre Schmusedecke das Haus nicht verlassen möchten, bei Oma schlafen zur Katastrophe werden kann und in dem auch neue Speisen zuerst einmal mit Ablehnung bedacht werden. Verzagen Sie nicht. Stellen Sie bei den Mahlzeiten Vertrautes und Neues auf den Tisch. Lassen Sie aber Ihren Sohn entscheiden, ob und wann er zu Neuem greift. Bieten Sie die betreffende Speise immer wieder an. Untersuchungen zeigen, dass ein Lebensmittel eventuell bis zu 20-mal am Tisch stehen muss, bis es so selbstverständlich wird, dass die Neugier darauf die Skepsis überwiegt.

Vermeiden Sie aber bitte Mogelpackungen, mit denen Sie Ihrem Sohn etwas unterjubeln, das er ablehnt, etwa pürierte Karotten im Kartoffelbrei. Sie bewirken damit nur, dass der Kleine seine Fähigkeiten, Ihre Täuschungen aufzuspüren, verfeinert, nicht aber, dass er das Lebensmittel, das Sie ihm nahebringen möchten, als solches akzeptiert. Im Zweifel ist es besser – und meist auch unbedenklich –, wenn Ihr Sohn ein paar Tage lang tatsächlich mehr oder weniger dasselbe isst.

❓ Wie kann ich meinem Kind neue Speisen schmackhaft machen?

Indem Sie als Eltern selbst neugierig auf Neues sind, Freude am Essen, Schmecken, Riechen der einzelnen Zutaten und der fertigen Gerichte haben und das auch zeigen. Wenn die Eltern vieles nicht essen, wenn manches nur für die Kinder gekocht wird, wenn Papa an diesem rummäkelt und Mama jenes nicht mag, dann werden sich die Kinder dieses Verhalten von ihnen abschauen. Es macht bereits beim Einkaufen einen großen Unterschied, ob Sie ehrliche (!) Freude am knackigen Salat, den es heute gibt, am ersten Wirsing der Wintersaison haben oder ob Sie das Gemüse aus Pflichtgefühl unachtsam in den Einkaufswagen werfen. Und Ihre Kinder werden bewusster und lustvoller essen, wenn Sie selbst die Gerichte aus unbekannten Lebensmitteln genussvoll verzehren, anstatt sie zu meiden oder abschätzig zu kommentieren.

Ganz wichtig ist es auch, die Kinder in die Zubereitung der Speisen einzubeziehen. In der Küche bekommen sie einen unmittelbaren Zugang zu den Zutaten. Salat und Kohlrabi können dort betastet, gerochen und auch mal vorsichtig vorgekostet werden. Auch Lebensmittel wie Mehl oder ungekochter Reis, die auf dem Teller ausschließlich in verarbeiteter Form vorkommen, lernt das Kind in der Küche besser kennen. Außerdem schmecken selbst gestampftes Kartoffelpüree oder selbst gerührter Frischkäseaufstrich gleich viel besser (mehr dazu siehe Seite 181 ff.).

 TIPP

Schmecken will gelernt sein

Um Kindern die Geschmacksvielfalt nahebringen zu können, brauchen auch Eltern manchmal Nachhilfe im aktiven Schmecken. Am einfachsten nehmen Sie unterschiedlichen Geschmack bei Direktvergleichen wahr. Beginnen Sie mit länger Haltbarem, etwa damit, dass Sie einmal drei Erdbeermarmeladen, verschiedene Senfsorten, Tomatenmark oder Salatessig einem Direktvergleich unterziehen. Kosten Sie die einzelnen Proben pur, ohne weitere Zutaten, und trinken Sie nur Wasser dazwischen. Sie werden sehen, sogar bei so simplen Produkten wie Tomatenmark gibt es enorme Unterschiede. Manche schmecken intensiver, manche haben kaum Aroma, manche sind süßer, manche sind vor allem salzig, wieder andere haben eine leicht bittere Note, manche fühlen sich im Mund glatter an, manche körniger. Probieren Sie und lassen Sie sich überraschen!

? Mein Kind mag nur Süßes, seien es Getränke, Süßspeisen oder Süßigkeiten. Wie kann ich seinen Zuckerkonsum einschränken?

Die Vorliebe für Süßes ist uns angeboren und prägt sich uns bereits mit den allerersten Schlucken Muttermilch ein, denn diese enthält natürlichen Zucker (Lactose, zu Deutsch: Milchzucker). Auch sehr viele Nahrungsmittel verfügen über einen natürlichen Zuckergehalt. Denken Sie nur an Karotten, Erbsen oder viele Obstsorten.

Doch egal ob Zucker aus Honig, Fruchtzucker oder Rübenzucker: Zu viel davon greift die Zähne an und der hohe Energiegehalt kann zu Übergewicht führen. Verbannen Sie Zucker nicht aus Ihrer Küche, aber setzen Sie ihn zurückhaltend ein. Hier einige Tipps dazu:

- Gehen Sie sparsam um mit süßen Getränken. Gewöhnen Sie Ihre Kinder von klein auf daran, dass zu Hause anstelle von Limo oder reinen Fruchtsäften ein Krug Wasser auf dem Tisch steht.
- Wenn Sie selbst kochen, reduzieren Sie bei gezuckerten Speisen und Getränken Schritt für Schritt den Anteil des zugesetzten Zuckers. So geben Sie den Geschmacksknospen die Möglichkeit, auch kleinere Zuckermengen wieder wahrzunehmen.
- Anstelle eines Instantkakaogetränks können Sie Kakao und Zucker selbst zusammenrühren und so den Zuckeranteil kontrollieren.
- Kinder lieben Fruchtsirup. Leider ist der auch ganz schön süß. Servieren Sie Dicksaftmischungen daher in roten Bechern, das erleichtert es, den Anteil an rotem Fruchtsirup allmählich zu reduzieren.
- Mischen Sie süße Frühstückscerealien mit neutralen Cornflakes und Haferflocken.
- Rühren Sie in fertige, gesüßte Joghurts einige Löffel eines neutralen, ungezuckerten Joghurts ein, dessen Anteil Sie allmählich steigern können.

Vor allem aber halten Sie sich an eine ganz klare Regel: Nicht Ihr Kind bestimmt, was auf den Tisch kommt, sondern Sie. Sorgen Sie für ein ausgewogenes Nahrungsangebot. Ihr Kind entscheidet, was und wie viel es davon nimmt. Es darf sich auch immer von der süßen Nachspeise nehmen. Aber nicht mehr, als Sie bereitstellen (siehe Tipp Seite 159).

? Bei Oma schmeckt alles besser. Was kann ich tun, damit es meinem Kind auch zu Hause schmeckt?

Ob im Kindergarten, bei Freunden oder bei der Oma – überall isst der Nachwuchs friedlich und freudig, nur zu Hause gibt es immer ein Drama am Esstisch? Und das, obwohl Sie sich doch solche Mühe geben, dass es Ihrem Kind schmeckt? Ja, das kann kränkend sein – sofern man dem Thema diese Wichtigkeit einräumt und sich auf einen indirekten Wettstreit mit der Oma einlässt.

Sollten Sie das lieber doch nicht wollen, gibt es eine ganz einfache Regel: Daheim bestimmen Sie, was auf den Tisch kommt, und Ihr Kind entscheidet, was und wie viel es davon isst (siehe Tipp Seite 159). Wenn Sie Ihrem Kind zutrauen, dass es weiß, wie viel es braucht, muss es bei den Mahlzeiten nicht mehr gegen Sie kämpfen und Omas Gerichte werden an Ihrem Esstisch kein Thema mehr sein.

Sie können auch gemeinsam einen Speiseplan für die nächste Woche entwerfen: Der Reihe nach darf sich jeder mal ein Gericht aussuchen, das dann alle Familienmitglieder auch essen. So machen Sie vielleicht ganz neue Entdeckungen, was Ihrem Kind schmeckt.

Achten Sie dabei aber immer darauf, dass Sie die Hoheit über den Speiseplan haben. Sie können Rücksicht auf Vorlieben und Wünsche nehmen, doch es ist Ihre Aufgabe, für eine ausgewogene Ernährung zu sorgen. Darauf zu achten, dass Ihr Kind nicht nur bekommt, was es mag, sondern auch das, was es braucht. Und wenn Sie aufhören, extra für Ihr Kind zu kochen, sondern das zubereiten, was Sie für vernünftig halten, wonach Ihnen der Sinn steht, dann brauchen Sie nicht enttäuscht zu sein, wenn es der Nachwuchs einmal verweigert, sondern können die leckeren Reste einfrieren – und sie eventuell sogar allein genüsslich verspeisen, wenn Ihr Kind einmal bei der Oma oder bei Freunden isst.

? Mein Kind verweigert alles, was grün (gelb, rot ...) ist. Wie kann ich da noch abwechslungsreich kochen und ausreichend Obst und Gemüse auf den Tisch bringen?

Ja, solche Phasen kann es geben. Egal ob Ihr Kind gerade seinen Willen an Ihrem erproben möchte oder grundsätzlich allem Neuen gegenüber misstrauisch ist (siehe Seite 66): Je gelassener Sie mit dieser Phase umgehen, desto rascher ist sie vorbei. Bewahren Sie also die Ruhe und lassen Sie sich weiterhin Erbsen, grüne Bohnen, Spinat, Kohl und Salat schmecken. Früher oder später wird Ihr Kind ganz von selbst wieder zugreifen. Und bis dahin bekommt es eben zur Zwischenmahlzeit etwas mehr Obst oder es gibt ein wenig öfter (aber nicht ausschließlich!) auch Gemüse, das gerade nicht abgelehnt wird.

Vom Umgang mit Messer und Gabel

? Wie lässt es sich vermeiden, dass stets mehr Essen auf dem Boden landet als im Mund?

Sobald die Kinder selbst zum Besteck greifen, geht es bei Tisch buchstäblich drunter und drüber. Die Fingerfertigkeit, einen Löffel zu halten, muss eben geübt werden und auch der eigene Mund will erst einmal mit einem Fremdkörper wie einem Löffel getroffen werden. Für ein Kleinkind sind das hochkomplexe Vorgänge, die es sich erst noch erarbeiten muss. Hier ist bei allen Beteiligten viel Geduld gefragt. Doch es ist nicht nur die Geschicklichkeit, die es zu lernen gilt. Auch das für Erwachsene selbstverständliche Basiswissen über physikalische Vorgänge muss Ihr Kleinkind sich erst noch erwerben. Zum Lernen gehört daher auch die Erfahrung, dass der Brei, wenn man den Löffel schief hält, auf den Boden plumpst. Und diese Erfahrung muss wiederholt werden. Einmal »plumps« könnte ja Zufall sein, das System dahinter erschließt sich für die meisten Kinder – durchaus zum Leidwesen der Betreuungspersonen – erst nach mehreren Versuchen (siehe auch Seite 48).

Doch Sie können den Lernprozess durchaus unterstützen: Lassen Sie Ihrem Kind Zeit zu lernen. Trauen Sie ihm etwas zu, auch wenn das anfangs bedeuten kann, dass mehr Suppe und Wasser auf dem Boden als in Ihrem Kind landen und dass Sie getrockneten Brei von Stellen wegkratzen müssen, von denen Sie gar nicht wussten, dass es sie in Ihrer Küche gibt. Vermeiden Sie aber Drill und seien Sie als Eltern ein gutes Beispiel. Kinder lernen zu einem großen Teil durch Beobachtung.

? Ab welchem Alter ist mein Kind fähig, mit dem Besteck umzugehen?

Was ein Kind wann kann, hängt vor allem davon ab, wie gut und schnell sich seine motorischen Fähigkeiten entwickeln. Das ist individuell sehr verschieden: Es gibt Kinder, die mit einem Jahr schon ihre Suppe löffeln können, andere schaffen das erst mit 2 Jahren. Recht passabel beherrscht Ihr Kind den Umgang mit Messer, Gabel und Löffel in der Regel im Kindergartenalter, also etwa ab 4 Jahren.

 TIPP

Spielerisch lernen
Wirksamer als bei Tisch zu erziehen und für die Atmosphäre beim Essen viel angenehmer ist es, wenn Sie Ihrem Kind zeigen, wie es seiner Puppe zeigt, wie man ordentlich isst. Wenn die Puppe die Gabel nicht in der Faust, sondern zwischen den Fingern hält, kann sie doch viel besser essen …

? Ist es nicht viel zu gefährlich, meine kleine Tochter mit einem richtigen Messer hantieren zu lassen?

Nein, das geht durchaus. Es braucht ja nicht gleich das ganz scharfe, große, spitze Küchenmesser zu sein. Werfen Sie einmal einen Blick auf den Mittagstisch eines Kindergartens: Die 3-Jährigen dort essen bereits ganz selbstverständlich mit Messer und Gabel, wenn auch noch nicht perfekt. Aber ohne Verletzungen! Geben Sie Ihrer Tochter am Tisch also ein normales Tafelmesser mit Wellenschliff. Lassen Sie sie zuerst an Weichem wie gekochten Kartoffeln, Fisch oder Frikadellen üben. Leisten Sie Hilfe wo nötig, aber trauen Sie Ihrer Tochter auch etwas zu. Lassen Sie sie zudem leichte Küchenarbeiten üben, etwa die Banane für den Obstsalat schälen und dann kleinschnippeln.

Wenn Eltern ihren Kindergarten- oder, wie es leider auch vorkommt, Schulkindern das Essen vorschneiden, signalisieren sie ihnen damit, dass sie ihnen nicht zutrauen, es selbst zu schaffen. Und sie halten die Kinder ganz unnötig in Abhängigkeit von der elterlichen Hilfe, statt ihnen die Möglichkeit zur Selbstständigkeit zu geben.

? Soll ich bei meinem Kind Wert auf Tischmanieren legen?

Das Besteck ordentlich halten, mit geschlossenem Mund kauen, die Ellenbogen nicht auf dem Tisch abstützen und sie auch nicht dem Sitznachbarn in die Rippen stoßen, das muss zweifelsohne alles geübt werden. Doch die Mühe der frühen Jahre lohnt sich, denn vernünftige Tischmanieren gehören zum guten Benehmen, und das ist insbesondere im späteren Berufsleben nach wie vor gefragt, wie die zahlreichen Benimmkurse und Knigge-Bücher zeigen. Andererseits ist die elterliche Aufforderung »Iss ordentlich!« allerspätestens ab dem Grundschulalter fast ein Garant dafür, dass Junior große Anstrengungen daransetzen wird, einen möglichst spektakulären, gegenteiligen Eindruck zu erzeugen.

Wie bei so vielem hilft da vor allem eines: Gehen Sie Ihrem Kind mit gutem Beispiel voran. Bleiben Sie dabei möglichst ruhig. Leisten Sie Hilfe wo nötig, aber nehmen Sie Ihrem Kind nicht seine Selbstständigkeit. Und vertrauen Sie auf eines: Alles, was Sie Ihrem Kind daheim mitgeben, nicht als Dressur, sondern selbstverständlich und von Anfang an, wird es können. Sie werden sehen: Selbst dann, wenn es in vorpubertären Trotzphasen beginnt, zu Hause gegen die Regeln zu verstoßen, wird es bei Oma oder am Mittagstisch bei der Familie der Freundin das wohlerzogenste, bravste, höflichste Kind sein. Auch wenn es schwerfallen mag: Versuchen Sie dann, sich darüber zu freuen, was Ihr Kind kann, statt sich darüber zu ärgern, was zu Hause alles nicht klappt.

❓ Welche Tischmanieren sollte ein Kind in welchem Alter beherrschen?

Grob kann man sagen, dass ein Kind allerspätestens mit 5 Jahren fehlerfrei das Besteck verwenden können sollte. Beim Trinken aus dem Glas sollte auf der Nase kein Milch- oder Saftrand mehr entstehen. Auf seine Sitznachbarn sollte es so weit Rücksicht nehmen können, dass diese selber noch genug Platz zum Essen haben. Ob dies alles zusammen funktioniert oder einzelne Fähigkeiten gut entwickelt sind, ist von Kind zu Kind verschieden. Wichtig ist, dass Sie es vom ersten Tag am gemeinsamen Esstisch an zu sozialem und manierlichem Verhalten während der Mahlzeit anhalten und auch immer wieder motivieren.

❓ Warum isst mein Kind in der Kindergruppe manierlich, aber zu Hause nicht?

In der Kindergruppe gilt die Vorbildwirkung der anderen. Dieses Vorbild ist mächtiger als alle Ermahnungen, die Sie als Eltern je äußern können. Dazu kommt, dass zu Hause stets auch die Beziehung zwischen Kindern und Eltern mitspielt. Wenn Sie das Thema Tischmanieren immer wichtiger werden lassen, merkt Ihr Kind, dass es Sie damit herausfordern kann, und es wird das auch immer wieder tun. Nicht weil es Sie nicht mag, sondern weil es Ihre Aufmerksamkeit erregen möchte oder weil es seine Grenzen kennenlernen will. Und die lassen sich nun mal am besten an den vertrauten, sicheren Bezugspersonen erproben.

❓ Dürfen Spielzeug und Bücher mit auf den Tisch?

Grundsätzlich nein. Zum einen soll das Kind nicht davon abgelenkt werden zu spüren, wie viel es isst und wann es satt ist. Zum anderen dienen die Familienmahlzeiten ja nicht nur der Nahrungsaufnahme, sondern sind oftmals zentraler Punkt des Informationsaustauschs innerhalb der Familie. Spielzeug und Bücher lenken dabei nur unnötig ab. Bei Feuerwehrautos oder Bauklötzen ist es kein großes Problem, diese Regel durchzuziehen. Bei kleinen Kindern kann es jedoch sein, dass das Lieblingstier, die Lieblingspuppe mit an den Tisch soll. In der magischen Welt kleiner Kinder wird diese zu einem Lebewesen, das nicht nur geliebt wird, sondern eben auch gefüttert werden muss. Doch auch hier gibt es Möglichkeiten, die Regel »Kein Spielzeug am Tisch« aufrechtzuerhalten. Vermeiden Sie dabei bitte Argumente wie »Die ist ja nur aus Plastik, die hat gar keinen wirklichen Hunger«. Versuchen Sie, die Welt des Kindes zu respektieren und seine Fantasiegebilde nicht zu zerstören. Schlagen Sie lieber vor, dass die Puppe bereits vor der richtigen Mahlzeit gefüttert wird und dann schlafen geht, damit die Großen – und damit ist in diesem Fall auch Ihr Kind gemeint – in Ruhe essen können.

Übrigens: Für Papa und Mama gilt selbstverständlich dasselbe wie für die kleinen Familienmitglieder. Also bitte bei Tisch Radio und Fernseher aus, Handy lautlos schalten, weg mit der Zeitung, mit Arbeitsunterlagen und Büchern! Vergessen Sie auch am Esstisch nie Ihre Vorbildwirkung, auch wenn es Ihnen schwerfällt, auf Ihre eigenen liebgewonnenen Verhaltensweisen zu verzichten.

? Wenn mein Sohn hungrig ist, wird er schon essen. Wieso soll ich der Nahrungsaufnahme so viel Aufmerksamkeit widmen?

Was und wie Kinder essen, wird auch von der Haltung bestimmt, die Sie selbst dem Essen entgegenbringen. Dazu gehört die Wertschätzung der Nahrung an sich – auch wenn das angesichts des bei uns herrschenden Überflusses manchmal schwer sein mag. Nahrung ist nichts Selbstverständliches. Bevor sie auf den Tisch kommt, haben viele Menschen dazu beigetragen, dass dies möglich ist. Sie standen auf dem Feld und verrichteten teils schwere körperliche Arbeit, Obst- und Gemüsebauern zitterten bei Hagel um ihre Äpfel oder den Spinat. Auch die Eltern trugen dazu bei: Sie haben die Nahrungsmittel eingekauft, die Speisen zubereitet. Lebensmittel von besonderer Qualität verdienen eine andere Wertschätzung als industriell erzeugte Massenware. Machen Sie dies auch Ihrem Kind bewusst und sorgen Sie so für eine gesunde Grundeinstellung bei der Nahrungsaufnahme.

❓ Was kann ich außer gut kochen noch tun, damit die Familienmahlzeit angenehm verläuft?

Ein gelungenes Mahl besteht aus vielen unterschiedlichen Faktoren. Da ist zunächst einmal der Essplatz. Es ist nicht nötig, den Tisch jeden Tag festlich zu dekorieren. Ein sauberer Tisch, auf dem sich zur Essenszeit weder Werkzeug, Spielsachen noch Schulhefte befinden, schafft eine ruhige Atmosphäre. Er stellt klar: An diesem Tisch geht es jetzt ums Essen, alles andere hat Pause. Pause haben auch Telefonate, Fernseher, Radio. Nur so ist gewährleistet, dass Sie einander Aufmerksamkeit schenken und alles Störende draußen bleibt.

Am allerwichtigsten allerdings ist die Atmosphäre bei Tisch. Sie bestimmt mit, ob wir gemeinsame Mahlzeiten als angenehm empfinden oder nicht. Gespräche bei Tisch dürfen durchaus ernsthaft sein und Themen eingehend behandeln. Es sollten jedoch keine traurigen, bedrückenden Themen sein, denn sie beeinträchtigen die Nahrungsaufnahme. Diskussionen dürfen durchaus auch lebhaft werden, doch Streit kann den Appetit verderben, daher hat er bei Tisch nichts zu suchen. Kritische Gespräche mit einem Familienmitglied gehören ebenfalls nicht an den Esstisch, sondern sollten bei passenderer Gelegenheit unter vier Augen geführt werden.

Richtig essen in Kindergarten und Schule

Viele Anforderungen kommen jetzt auf das Kind und damit auch auf die Eltern zu. Konnte der Tagesablauf bislang weitgehend auf das Leben des Kindes abgestimmt werden, so müssen nun auch äußere Faktoren mit eingeplant werden. Kindergarten und Schule geben einen strikten Tagesrhythmus für das Kind vor. Auch werden die Eltern spätestens jetzt beginnen, ihren Beruf wieder in größerem Umfang auszuüben. Dazu kommt die Persönlichkeitsentwicklung des Kindes. Es muss sich nun in einem erweiterten sozialen Gefüge behaupten. Der Umgang mit Erziehern, Lehrern, Freunden will gelernt sein, Emotionen wie Freude und Enttäuschung müssen verarbeitet werden. Und bis zum Abschluss der Pubertät muss das Kind auch noch mit einem sich rapide verändernden Körper zurechtkommen. Da brauchen Leib und Seele die beste Unterstützung, die sie bekommen können.

Die Herausforderung für die Eltern besteht nun darin, das theoretische Wissen über gesunde Ernährung auch umzusetzen. Der Übergang von der Theorie zur Praxis ist gar nicht so leicht, denn zum Berechnen von Kalorien und Durchackern von Nährwerttabellen fehlt neben Beruf und Haushalt die Zeit. Zudem muss auch noch die Qualität des Essens in Kindergarten und Schulkantine berücksichtigt werden und mit zunehmender Selbstständigkeit des Nachwuchses beginnen unweigerlich auch Burger, Pommes oder Pizza in der Ernährung eine Rolle zu spielen. Die Regel »Vertrauen Sie dem Instinkt Ihrer Kinder« gilt angesichts solcher externen Einflüsse nur noch beschränkt. Genauso wichtig wie die Qualität der Speisen sind nach wie vor die gemeinsamen Mahlzeiten. Mit ihrem fixen Rhythmus und Ablauf sind sie ein Ruhepol und Anker für die Seele der Heranwachsenden in einer Zeit, in der sich alles verändert. Die Sicherheit der familiären Gemeinschaft bei Tisch, vertraute Speisen und feste Aufgaben bieten eine Art Auszeit von den Anfordernissen des Alltags.

Das braucht der Körper jetzt

❓ Wie viel soll mein Kind essen?

Wie viel Nahrung Menschen brauchen, ist individuell höchst unterschiedlich. Zum einen hängt die Menge von der körperlichen Disposition ab und richtet sich nach der Höhe des Grundumsatzes, also des Energiebedarfs, den der Körper allein zur Aufrechterhaltung der Lebensfunktionen benötigt. Darüber hinaus macht es einen Unterschied, ob man sich viel bewegt und körperlich aktiv ist oder ob man seine Zeit hauptsächlich sitzend und liegend verbringt. Auch das Wetter – etwa wenn es sehr kalt ist –, der Gesundheitszustand oder Stress können dazu führen, dass sich der Energieverbrauch erhöht. Bei Kindern kommt noch hinzu, dass sie unterschiedlich schnell wachsen. Erhebliche Gewichts- und Größenunterschiede sind daher ganz normal:

Alter	Gewicht		Größe	
	m	w	m	w
3 Jahre	12–16 kg	12–18 kg	92–102 cm	90–100 cm
5 Jahre	15–23 kg	16–24 kg	106–118 cm	104–118 cm
12 Jahre	30–56 kg	34–56 kg	142–162 cm	144–164 cm

Quelle: Nach Kromeyer-Hauschild et al. 2001, »Perzentile für den Body-Mass-Index für das Kindes- und Jugendalter«

❓ Ich möchte mein Kind gerne gesund und ausgewogen ernähren. Wie schaffe ich das? Wie sieht der optimale Speiseplan aus?

Ausgewogene Ernährung bedeutet zunächst einmal ein vielfältiges Angebot an Nahrungsmitteln, das im optimalen Verhältnis und in der optimalen Menge auf den Tisch kommt. Ziel ist es dabei, die Nahrungsmittel so auszuwählen, dass sie genügend Kraft geben, damit Ihr Kind gut durch den Tag kommt. Darüber hinaus sollten sie auch noch reichlich an jenen Vitaminen, Mineralstoffen und Fettsäuren enthalten, die Ihr Kind braucht, um gut zu gedeihen und um in Schule und Kindergarten leistungsfähig zu sein.

Das klingt zunächst einmal sehr kompliziert und abstrakt. Doch keine Sorge, Sie müssen nicht mit der Grammwaage und mit Nährwerttabellen in der Küche stehen. Wir haben versucht, anhand von Empfehlungen der Schweizer Gesellschaft für Ernährung (SGE) und der Forschungsgesellschaft für Kinderernährung in Dortmund (FKE) für Sie praxisgerechte Anleitungen zu formulieren, mit denen Sie im täglichen Küchenalltag leicht zurechtkommen. Sie werden sehen: Mit der Zeit werden Sie ein Gefühl für die Mengen und die einzelnen Lebensmittelgruppen entwickeln. Bei der Menüplanung brauchen Sie dann gar nicht mehr groß nachzudenken, ob noch dieses fehlt oder von jenem zu viel ist. Und stressen Sie sich bitte nicht, wenn es an manchen Tagen nicht klappt. Wichtig ist, dass die Tendenz zur ausgewogenen Ernährung überwiegend stimmt.

Anhand der wichtigsten Lebensmittelgruppen ist in den folgenden Tabellen aufgelistet, wie viel Ihr Kind davon im Lauf eines Tages, einer Woche ungefähr essen sollte. Die Portionen sind dabei so berechnet, dass noch Platz bleibt für das, was zwar wenig bis gar keinen Gesundheitswert hat, was die meisten Kinder aber am allerliebsten essen: Süßigkeiten (siehe hierzu Seite 86).

Akzeptieren Sie aber bitte auch Abweichungen und Schwankungen in den Mengen, die Ihr Kind zu sich nehmen möchte. Es kann phasenweise immer wieder vorkommen, dass Kinder etwas besonders gern essen oder komplett ablehnen. Wichtig ist, dass die Nährstoffzusammensetzung ungefähr gleich bleibt und dass Ihr Kind sich gut entwickelt.

Getreideprodukte, Kartoffeln und Hülsenfrüchte

Stärkehaltige Beilagen wie Kartoffeln, Reis, Getreide, Teigwaren, Brot oder Flocken gehören täglich auf den Tisch. Sie sind wesentlicher Bestandteil einer ausgewogenen Ernährung. Greifen Sie, wann immer es möglich ist, zu Vollkornprodukten. Sie enthalten mehr an Vitaminen, Mineral- und Ballaststoffen als jene aus dem üblichen Mehl, dem sogenannten Auszugsmehl. Hülsenfrüchte wie Erbsen, Bohnen oder Linsen sind nicht nur Sättigungsbeilage. Sie sind auch gute pflanzliche Eiweißlieferanten.

Alter in Jahren	1	2–3	4–6	7–9	10–12	13–14 (w/m)	15–18 (w/m)
Kartoffeln, Nudeln oder Reis in Portionen/Tag	2	2	2	1–2	1–2	1–2	1–2
Brot, Getreideflocken in Portionen/Tag	2	2	2–3	2–3	2–3	2–3	2–3
Kartoffeln[1], Nudeln[1] oder Reis[1] in g/Tag	120	140	180	220	270	270/330	300/350
Brot, Getreideflocken in g/Tag	80	120	170	200	250	250/300	280/350

[1] Jeweils gekocht. 100 g gekochte Bandnudeln entsprechen ca. einer Tasse ($^1/_4$ l), 100 g gekochter Reis entsprechen einer halben Tasse.

Milch und Milchprodukte

Gerade während des Wachstums ist der tägliche Konsum von Milch und Milchprodukten besonders wichtig. Milch, Dickmilch, Käse, Joghurt, Kefir und Quark enthalten das für den Aufbau von Knochen und Zähnen unerlässliche Kalzium. Das ebenfalls in der Milch enthaltene Eiweiß gibt den Muskeln die nötige Nahrung für das Wachstum. Milch und Milchprodukte sind daher idealer Bestandteil von Zwischenmahlzeiten und eignen sich auch gut für die Pause in Kindergarten und Schule.

Alter in Jahren	1	2–3	4–6	7–9	10–12	13–14 (w/m)	15–18 (w/m)
Milch, Milchprod. in Portionen/Tag[1]	3	3	3	3	2–3	2–3	2–3
in ml/g/Tag	300	330	350	400	420	425/450	450/500

[1] 100 ml Milch entsprechen 100 g Joghurt oder 100 g Quark oder 15 g Hartkäse oder 30 g Weichkäse.

Obst und Gemüse

»5 am Tag« heißt die groß angelegte Kampagne, mit der die Menschen daran erinnert werden sollen, mehr Obst und Gemüse zu sich zu nehmen – nämlich täglich fünf kleine Portionen (siehe Seite 125). Je vielfältiger dabei die Auswahl ist, desto besser wird der Körper mit allen nötigen Vitaminen und Mineralstoffen versorgt. Für kleine Kinder bis zum Alter von etwa 3 Jahren gelten allerdings noch andere Regeln: Sie kommen mit vier Portionen aus und sollten eine Portion Gemüse roh (zum Beispiel Gurke, Paprika) und eine gekocht erhalten.

Alter in Jahren	1	2–3	4–6	7–9	10–12	13–14 (w/m)	15–18 (w/m)
Gemüse roh oder Salat in Portionen/Tag		1	1	1	1	1	1
Gemüse gekocht in Portionen/Tag	1	1,5	1,5	2	2	2	2
Obst in Portionen/Tag	1	1,5	2	2	2	2	2
Gemüse in g/Tag[1]	120	150	200	220	250	260/ 300	300/ 350
Obst in g/Tag[2]	120	150	200	220	250	260/ 300	300 350

[1] 100 g Gemüse entsprechen etwa einer kleinen Tomate, 2 kleinen grünen Paprika, einer mittleren Kartoffel, $1/3$ Gurke, 1–1,5 mittleren Karotten.

[2] 100 g Obst entsprechen etwa einem halben Apfel, einer halben Banane, einem halben Schälchen Beeren, 2 Pflaumen oder 100 ml Fruchtsaft.

Fleisch, Fisch und Ei

Fleisch, Wurst und Eier sind wichtige Eiweißlieferanten. Nehmen Sie lieber Schinken als Wurst oder Fleischaufstrich, da er weniger Fett enthält. Fette Fische wie Lachs, Thunfisch oder Makrele punkten zusätzlich mit essenziellen Omega-3-Fettsäuren, die unter anderem eine günstige Wirkung auf die Fließeigenschaften des Blutes sowie auf das Immunsystem haben.

Alter in Jahren	1	2–3	4–6	7–9	10–12	13–14 (w/m)	15–18 (w/m)
Fleisch in Portionen/ Woche	4	4	2–3	2–3	3	3	3
Fisch in Portionen/ Woche	1–2	1–2	1–2	2	2	2	2
Summe Fleisch und Wurst in g/Tag	30	35	40	50	60	65/75	75/85
Fisch in g/Woche	40	60	70	80	100	100/ 100	150/ 150
Eier in Stück/Woche	1–2	1–2	2	2	2–3	2–3	2–3

Die Empfehlungen der Ernährungsgesellschaften Deutschlands, Österreichs und der Schweiz beinhalten Fleisch, insbesondere in den ersten zwei Lebensjahren, da Fleisch nicht nur Eiweiß, sondern auch Eisen enthält, und zwar in einer Form, in der es vom Körper besonders gut aufgenommen werden kann. Möchten Sie Ihr Kind trotzdem fleischlos ernähren, so ist bei der Lebensmittelauswahl und bei der Kombination besondere Sorgfalt nötig (siehe Seite 139 ff.).

Fette und Öle

Fett ist ein bedeutender Bestandteil der Nahrung. Wichtig ist jedoch die richtige Auswahl und Zusammensetzung (siehe Seite 229). Hochwertige Öle wie Raps- oder Olivenöl verwenden Sie am besten für die kalte Küche oder Sie aromatisieren damit nach dem Kochprozess, erst kurz vor dem Servieren, Eintöpfe, Kartoffeln oder Nudeln. Sie sind auch zur Zubereitung von Gerichten geeignet, die nicht allzu hoch erhitzt werden. Zum Braten können Sie zudem Erdnuss- oder Maiskeimöl verwenden. Als Streichfett empfiehlt sich Butter oder Margarine aus hochwertigen Ölen. Achten Sie darauf, dass die Margarine keine gehärteten Fette enthält. Halbfettprodukte sind für gesunde Kinder nicht unbedingt notwendig.

Alter in Jahren	1	2–3	4–6	7–9	10–12	13–14 (w/m)	15–18 (w/m)
Pflanzenöle kalt/Tag	2KL[1]	2 KL	2 KL	2 KL	2 KL	2 KL	2/3 KL
Pflanzenöle erhitzt/Tag	–	–	1 KL	2 KL	2 KL	2 KL	2 KL
Streichfette/ Tag	1 KL	2 KL	2 KL	2 KL	3 KL	3/4 KL	4 KL

[1] KL = Kaffeelöffel, 1 KL entspricht ca. 5 g.

 **INFO**

Wichtige Kriterien für gesunde und vollwertige Ernährung

- Die Qualität der Nahrungsmittel: frisches Obst und Gemüse, Vollkornprodukte, möglichst Lebensmittel aus der besonders schadstoffarmen biologischen Produktion.
- Die Qualität der Zubereitung: Sie soll nicht nur den Hygienestandards entsprechen, sondern auch möglichst schonend erfolgen (dünsten, sparsame Verwendung von Fett, nicht zu heiß und nicht zu lange kochen). Konservierungsmittel, Farbstoffe, künstliche Aromen sollten vermieden werden.
- Die richtige Zusammensetzung: Die Basis der Gesund-Leben-Pyramide (siehe Seite 61) bilden zwei Elemente, die so selbstverständlich sind, dass sie leider vielfach in Vergessenheit geraten: Wasser und körperliche Bewegung. In abnehmender Menge empfiehlt die Gesund-Leben-Pyramide Getreide und Getreideprodukte wie Brot, Reis, Nudeln und Müsli (erste Stufe), Obst, Gemüse und Hülsenfrüchte (zweite Stufe), Milch und Milchprodukte sowie Pflanzenöle und Fisch. Die Spitze der Pyramide bilden Fleisch, Wurst und Eier sowie Süßigkeiten, die nur in geringer Menge verzehrt werden sollen.
- Die passende Menge: Der Energiebedarf ist von Mensch zu Mensch verschieden. Doch wenn ständig mehr Energie aufgenommen als verbraucht wird, führt das unweigerlich zu Gewichtsproblemen. Übergewicht ist der Hauptgrund für eine Reihe von Erkrankungen, von Schäden des Stütz- und Bewegungsapparats bis hin zu Diabetes und Herzkrankheiten.

❓ Seit mein Kind in den Kindergarten geht, ist es pausenlos erkältet. Wie kann ich mit dem Essen seine Abwehrkräfte steigern?

Wenn Sie Ihr Kind ausgewogen ernähren, geben Sie ihm bereits alles, was die Ernährung zur Stärkung des Immunsystems beitragen kann. Auch Vitamin C erhält Ihr Kind damit ausreichend. Schon eine kleine Handvoll Brokkoli (ca. 50 g), ein halber kleiner grüner Paprika (ca. 50 g), ein kleines Glas Orangensaft (ca. 125 ml) oder eine Handvoll Erdbeeren (ca. 80 g) decken den Tagesbedarf eines 4-jährigen Kindes, die doppelte Menge den eines Jugendlichen ab 13 Jahren. Größere Mengen zu geben ist nicht sinnvoll: Es gibt keinen eindeutigen wissenschaftlichen Nachweis, dass diese das Auftreten von Erkältungskrankheiten günstig beeinflussen.

 **INFO**

So stärken Sie die Abwehrkräfte

Halten Sie die Schleimhäute feucht, denn trockene Schleimhäute bieten Krankheitserregern wenig Widerstand. Während die sommerliche, warme Luft meist eher feucht ist, wird die Winterluft umso trockener, je tiefer die Temperaturen sinken. Ein Schluck warmen Tees, wenn Ihr Kind draußen tobt, löscht also nicht nur den Durst, er schützt auch den Hals vor eindringenden Krankheitserregern. Versuchen Sie, zudem darauf zu achten, dass die Luft in den Innenräumen durch das Heizen nicht zu trocken wird. Auch im Winter, wenn es kalt ist, gehören Kinder an die frische Luft. Der Kältereiz, Bewegung und Spiel im Freien stärken das Immunsystem.

Stress schwächt das Immunsystem. Achten Sie daher darauf, dass die Tage Ihres Kindes nicht komplett verplant sind. Kinder und Jugendliche brauchen Zeit zum Spielen und zum Träumen. Erst diese Zeit gibt ihnen die Möglichkeit, die ständig auf sie einwirkenden neuen Eindrücke zu verarbeiten – ein wichtiger Bestandteil der Entwicklung. Also: Nehmen Sie Tempo aus dem Alltag, schaffen Sie Ruhepausen, lassen Sie es zu, dass Zeit auch einmal vertrödelt wird.

❓ Helfen Probiotika wirklich, die Abwehrkräfte zu stärken?

Auch wenn uns die Werbung gerne glauben machen will, dass uns die regelmäßige Einnahme bestimmter Milchprodukte ohne Schnupfen durch den Winter bringt: Es ist nicht erwiesen. Gesichert ist nur, dass regelmäßiger Verzehr von Probiotika die Abwehrkräfte anregen kann. Ob dies allerdings ausreicht, um vor Infektionskrankheiten zu schützen, ist noch nicht wissenschaftlich bewiesen.

❓ Mein Kind bringt des Öfteren einen Magen-Darm-Infekt aus dem Kindergarten mit. Wie sieht die ideale aufbauende Schonkost aus?

Wenn mehrere Kinder an Durchfall erkranken, klären Sie zunächst ab, ob eine übertragene Infektion oder Hygienemängel die Ursache sind. Fühlt Ihr Kind sich krank, hat es Fieber oder mehrmals täglich wässrigen Stuhlgang, sollten Sie mit ihm zum Arzt gehen. Bei Durchfall müssen Sie zunächst einmal darauf achten, dass der Flüssigkeits- und Mineralstoffverlust so weit wie möglich ausgeglichen wird. Gut geeignet sind leicht gesalzene Fruchtsäfte oder spezielle, in der Apotheke erhältliche Präparate mit der passenden Zucker-Mineralsalz-Mischung. Damit erhält Ihr Kind außer der Flüssigkeit auch noch kraftspendende Kohlenhydrate. Mischungen aus Zucker und Salz treffen freilich nicht immer den Geschmack der Kleinen, und gerade wenn sie krank sind, besteht auch wenig Bereitschaft, sich auf Ungewohntes einzulassen oder auf Vernunftargumente zu hören. Versuchen Sie es dann mit fettfreien Suppen, die den Salz- und Mineralstoffverlust ausgleichen.

Erste Wahl bei der Ernährung von Magen-Darm-Patienten sind trockenes Weißbrot oder Zwieback, Kartoffelpüree (ohne Milch und Fett!) sowie Schleimsuppen. Die Suppe können Sie pikant zubereiten, indem Sie Hafer-, Reis- oder Weizenflocken, Gerstengrütze oder Graupen in gesalzenem Wasser oder in Suppe weich kochen. Für die süße Variante kochen Sie das Getreide in Wasser und würzen mit pektinreichem Obst wie geriebenem Apfel, zerdrückten Erdbeeren, Heidelbeeren oder Obstsaft und mit Zucker. Zunächst sollte Ihr Kind nur ein paar Bissen probieren. Wenn es diese gut verträgt, kann es nach ein, zwei Stunden schon eine etwas größere Portion zu sich nehmen. In den nächsten Tagen können Sie das Speiseangebot um Teigwaren, mageren Schinken, gekochtes mageres Fleisch oder Fisch, weich gedünstetes Gemüse wie Karotten, Sellerie, Kürbis oder Zucchini erweitern. Mit Fett bitte noch sparsam umgehen. Auch, wenn das Kind quengelt: Sie bestimmen, wie lange es die Diät gibt!

 **TIPP**

Flüssigkeitsverlust kontrollieren
Besonders Säuglinge und Kleinkinder können sehr rasch dehydrieren. Wenn Ihr Kind wenig bis keinen Harn mehr ausscheidet, wenn beim Anheben der Haut Falten stehen bleiben, suchen Sie bitte umgehend die nächste Klinik auf. Dort kann Ihrem Kind die dringend benötigte Flüssigkeit intravenös verabreicht werden.

❓ Stimmt es, dass probiotische Joghurts bei Durchfall helfen?

Klinische Studien haben ergeben, dass Milchsäure bildende Bakterien mit probiotischen Eigenschaften bei Kleinkindern eine gewisse Schutzwirkung vor Darminfekten haben und dass der Aufbau der Darmflora nach einer Antibiotikatherapie damit positiv beeinflusst wird. Diese speziellen Bakterien finden sich – wenn auch in geringerer Anzahl – auch in normalem Joghurt und anderen gesäuerten Milchprodukten wie Sauerrahm oder Buttermilch. Für Lebensmittel mit probiotischen Zusätzen werden besonders verdauungsresistente Mikroorganismen ausgewählt und in so großer Anzahl beigefügt, dass zumindest ein Teil davon noch lebend im Darm ankommt. Wissenschaftlich erwiesen ist, dass probiotische Lebensmittel bei Milchzuckerunverträglichkeit (Lactoseintoleranz) eine günstige Wirkung haben. Die probiotischen Bakterien fördern das für den Milchzuckerabbau wichtige Enzym Lactase, wodurch die Milchzuckerverwertung unterstützt wird.

 **INFO**

Probiotika/Präbiotika

Probiotika (pro bios = griech. »für das Leben«) sind speziell gezüchtete, lebende Bakterien. In der Nahrung kommen sie vor allem in fermentierten Milchprodukten vor. Sie haben die Eigenschaft, die Darmflora positiv zu beeinflussen. Die bekanntesten Probiotika sind Lactobazillen und Bifidobakterien. Manche davon sind traditioneller Bestandteil bäuerlicher Milchwirtschaft wie etwa der Lactobacillus bulgaricus in der Joghurterzeugung. Bifidobakterien kommen in großer Anzahl auch im Darm von Säuglingen vor, die Muttermilch erhalten. Auch der Fläschchennahrung werden daher zunehmend Probiotika zugesetzt. Präbiotika sind keine lebenden Organismen, sondern spezielle Ballaststoffe. Ihre Aufgabe ist es, im Dickdarm als Nahrung für Milchsäure- und Bifidusbakterien zu dienen.

❓ Wie viel Knabbereien und Süßigkeiten darf ich meinem Kind geben?

Das Problem mit dem so beliebten Knabberzeug und den Süßigkeiten besteht darin, dass diese meist einen sehr hohen Energiegehalt, also viele Kalorien haben, aber kaum Nährstoffe. Bei einer ausgewogenen Ernährung bekommt Ihr Kind alle notwendigen Vitamine und Nährstoffe. Es nimmt dabei aber nur so viele Kalorien auf, dass noch Platz ist für »leere Kalorien«, also solche, die zwar Energie spenden, aber keine nennenswerten Vitamine, Mineralstoffe oder Spurenelemente enthalten. Dazu gehören Schokolade, Gummibärchen, Eis oder Kekse, aber auch Salziges wie Chips und Erdnüsse. Auch Brotaufstriche wie Honig oder Nuss-Nougat-Creme gehören zu den Süßigkeiten. Allerdings heißt es aufpassen, wie viel Knabberzeug gegessen wird. Die tolerable Tagesmenge ist nämlich viel schneller erreicht, als man gerne glauben möchte. So hat das beliebte Eis am Stiel mit der Schokoglasur nicht nur einen »großen« Namen, sondern auch mächtige 218 kcal, ein kleiner Becher Sahnepudding mit einem Inhalt von 150 g kommt auf 237 kcal. Zum Vergleich: Ein normaler Hamburger hat 258 kcal. Auch

Lightprodukte sind hinsichtlich der Kalorienersparnis nur wenig hilfreich. 100 g normale Erdnusslocken schlagen mit 137 kcal zu Buche, die Lightversion bietet mit 129 kcal pro 100 g einen lächerlich geringen Unterschied im Energiegehalt. Bei Kartoffelchips ist die Relation nicht wesentlich besser: Die klassische Version kommt auf 148 kcal, das Lightprodukt immer noch auf 132 kcal.

Alter in Jahren	1	2–3	4–6	7–9	10–12	13–14 (w/m)	15–18 (w/m)
Geduldete Lebensmittel in kcal/Tag	100	110	150	180	220	220/270	250/310

100 kcal entsprechen etwa: 25 g Honig, 25 g Gummibärchen, 1,5 Rippen Schokolade, 100 g Softeis, 50 g Mousse au Chocolat mit Sahne oder etwa 20 g Kartoffelchips. Ein 8-jähriges Kind darf somit etwa knapp eine viertel 200-Gramm-Tüte Gummibärchen pro Tag naschen, wenn die übrige Ernährung ausgewogen ist.

 **INFO**

Kennzeichnung von Lebensmitteln

Um für die Konsumenten irreführende Angaben über Nährwerte oder die gesundheitliche Wirkung von Lebensmitteln zu unterbinden, gibt es seit Juli 2007 in der EU die sogenannte »Health-Claims-Verordnung«. Sie schreibt europaweit vor, dass die Kennzeichnung von Lebensmitteln mit nährwert- und gesundheitsbezogenen Angaben nur dann erfolgen darf, wenn der positive Effekt der ausgelobten Eigenschaft, bezogen auf das jeweilige Nahrungsmittel, auch nachgewiesen ist. Detaillierte Regelungen für einzelne Nährstoffe und Produkte befinden sich in Ausarbeitung. Ab 31.1.2010 dürfen Bezeichnungen wie »zuckerarm«, »cholesterinsenkend«, »light« oder »mit wertvollem Kalzium« dann nurmehr auf solchen Produkten stehen, die diese Eigenschaften auch nachweislich haben.

Ein guter Tag beginnt mit einem guten Frühstück

❓ Was braucht mein Kind zum Frühstück?

Das ideale Frühstück setzt sich aus Vollkornprodukten wie Getreideflocken oder ungesüßtem Müsli, frischem Obst oder rohem Gemüse zum Knabbern sowie reichlich Milch oder Milchprodukten zusammen. Vollkornprodukte lassen den Blutzuckerspiegel nur langsam steigen, geben ihre Energie also nicht auf einmal, sondern kontinuierlich ab (siehe Seite 110). Milch, Kakao, Joghurt oder Käse liefern Eiweiß für den Muskel- und Kalzium für den Knochenaufbau. Obst, ein paar Schnitze Paprika oder Tomate sowie hochwertige Fette sorgen dafür, dass der Körper und das Gehirn gut funktionieren. Ein Beispiel für so ein Frühstück wäre etwa eine kleine Portion Müsli mit Milch oder Joghurt und frischem Obst und vielleicht ein paar süßen Trockenfrüchten. Oder ein Käsebrot mit Radieschen oder Gurkenscheiben und ein Glas Milch oder Kakao dazu.

❓ Mein Kind will nur Schokomüsli oder Brot mit süßem Aufstrich frühstücken. In welchem Ausmaß ist das unbedenklich?

Gesüßte Frühstückscerealien (siehe Seite 113), süße Schoko-, Knusper- und ähnliche Müslis, Honig oder Marmelade sollten Sie nur in geringen Mengen anbieten, da die über den Zucker gespendete Energie rasch verpufft. Nuss-Nougat-Aufstriche sind mit ihrem hohen Fett- und Zuckergehalt absolute Kalorienbomben, die aber leider nur eine geringe Nährstoffdichte bieten. Das heißt, sie enthalten meist nur wenig oder gar keine Vitamine, Mineralstoffe, Ballaststoffe und sekundäre Pflanzeninhaltsstoffe. Nougatcreme sollte daher nur selten auf den Tisch kommen und wenn, dann nie im großen Vorratsglas, sondern immer nur in kleinen Gläsern, die zu sparsamerem Umgang anregen. Süße Müslis oder Frühstückscerealien sind leider nicht immer vermeidbar – zu groß ist die Verlockung durch die Werbung und den süßen Geschmack. Sie können das süße Zeug jedoch aufwerten, indem Sie frisches Obst und ungezuckerte Getreideflocken oder Cornflakes dazumischen.

❓ Mein Kind hat morgens noch keinen Appetit. Was kann ich tun, damit es nicht mit leerem Magen aus dem Haus geht?

Es gibt Kinder, die richtige Frühstücksmuffel sind. Manche sind am Morgen einfach noch zu müde, um zu essen. Andere brauchen erst einmal eine Weile, bis sie langsam in die Gänge kommen. Manche – vor allem Pubertierende – macht niedriger Blutdruck schlapp. Manchmal hilft es, das Kind etwas früher zu wecken, sodass der Appetit ein wenig mehr Zeit hat, aufzuwachen. Eines der besten Mittel, Ihrem Kind das Frühstück schmackhaft zu machen, ist jedoch Ihr Vorbild. Setzen Sie sich gemeinsam mit ihm hin, frühstücken Sie zusammen und in Ruhe. Hilft das alles nichts, zwingen Sie Ihr Kind bitte nicht zum Essen.

Fällt das Frühstück sparsam oder gar ganz aus, so sollten Sie ein besonderes Augenmerk auf die Qualität des Pausensnacks legen, den Sie Ihrem Kind in den Kindergarten oder die Schule mitgeben. Reden Sie mit Ihrem Kind. Sagen Sie ihm, dass Sie akzeptieren, dass es nicht frühstücken kann. Erklären Sie ihm aber auch, dass, wenn der Hunger schließlich doch kommt, Schokoriegel und Pommes als Zwischenmahlzeit in der Schule nicht geeignet sind: Sie machen müde, geben nur kurz Kraft und bald stellt sich wieder Hunger ein.

Achten Sie darauf, dass sich Pausensnack und Frühstück bezüglich der Nährstoffe ergänzen: Mag Ihr Kind morgens nur einen Becher Kakao, dann sollte die Zwischenmahlzeit im Kindergarten und in der Schule mehr Vollkornprodukte und Obst enthalten. Nimmt es anstelle des Frühstücks nur ein Glas Fruchtsaft zu sich, sollten Sie ihm zusätzlich ein Milchprodukt für die Pause mitgeben.

❓ Ist Honig gesünder als Zucker?

Honig enthält zwar im Gegensatz zu Zucker Mineralstoffe, Vitamine und auch antibiotische Wirkstoffe. Die Konzentrationen dieser Wirkstoffe sind jedoch so niedrig, dass sie keinen wesentlichen Beitrag zur täglichen Nährstoffversorgung bieten können. Der gesundheitliche Mehrwert von Honig gegenüber

Haushaltszucker ist deshalb also zu vernachlässigen. Zahnärzte warnen sogar vor Honig, da die klebrige Substanz noch besser an den Zähnen haften bleibt als normaler Industriezucker (siehe Seite 55).

 Was ist besser als Getränk: Milch oder Früchtetee?

Keines davon eignet sich fürs Frühstück besser oder weniger gut. Milch ist die Knochennahrung schlechthin, die in der Wachstumsphase besonders wichtig ist. Doch aufgrund ihres Energiegehalts – in einem großen Glas Vollmilch (250 ml) stecken immerhin 160 kcal – ist Milch als Durstlöscher nicht geeignet. Früchtetees sind gute Durstlöscher. Achten Sie aber darauf, dass sie nicht oder nur wenig gesüßt werden. Kaufen Sie nach Möglichkeit ausschließlich Tees, die nicht künstlich aromatisiert sind. Besonders Früchtetees für Kinder sind leider meist mit einer Extraportion Aromen versehen, die mit natürlichem Fruchtgeschmack absolut nichts mehr zu tun haben. Doch auch Produkte für Erwachsene werden immer häufiger mit Aromen aus der Lebensmittelindustrie »aufgebessert« und sind daher nicht in jedem Fall eine geeignete Alternative.

TIPP

Keine Fruchtmischung
Greifen Sie lieber zu Früchtetees, die nur aus einer Sorte Frucht bestehen, denn diesen werden etwas seltener künstliche Aromen zugesetzt als den gängigen Früchteteemischungen.

Bei uns reicht die Zeit nicht für ein richtiges Frühstück. Wie kann ich meinem Sohn trotzdem einen guten Start in den Tag ermöglichen?

Zeit für ein warmes Getränk sollte auf jeden Fall sein. Das lässt sich auch ganz schnell bereitstellen: Früchtetee hält sich in der Thermoskanne auch über Nacht warm, eine Tasse Milch ist rasch erwärmt. Sie brauchen sie ja nicht hoch zu erhitzen, dann sparen Sie sich die Wartezeit, bis sie wieder auf Trinktemperatur abkühlt. Auch das eine oder andere Weitere lässt sich mit ein paar Tricks leicht vorbereiten. Eine halbe Portion Müsli, die Sie schon am Vorabend bereitgestellt haben und am Morgen nur noch aufgießen müssen, ist schnell verzehrt und besser als gar kein Frühstück. Dann noch für unterwegs ein Stückchen Obst, das Sie ebenfalls schon am Abend vorher gewaschen haben, und Ihr Sohn muss nicht mit leerem Magen aus dem Haus. Machen Sie bitte nicht den Fehler, Ihr Gewissen zu beruhigen, indem Sie Ihrem Sohn einen Müsliriegel oder eine Milchschnitte als Frühstücksersatz für unterwegs mitgeben. Hierbei handelt es sich um reine Nascherei en (siehe Seite 98 f.). Als Nahrungsmittel sind sie nicht geeignet, da sie zu süß und zu fett sind und – entgegen den einschlägigen Werbeversprechen – nur wenig Vitamine, Mineralien und Spurenelemente enthalten.

Besser als ein Expressfrühstück ist allerdings eine ausgiebige Morgenmahlzeit, die Sie gemeinsam in Ruhe verzehren. Denn Kindergarten und Schule verlangen Ihrem Sohn einiges an Leistung ab. Leistung, die er meist nur dann gut erbringen kann, wenn er mit allen wichtigen Nährstoffen gut versorgt ist. Auch wenn es schwer fällt: Ein erster Schritt zum gemeinsamen Frühstück ist es vermutlich, eine halbe Stunde früher aufzustehen. Probieren Sie's aus!

Kindergartenessen und Schulkantine

❓ Kantinenessen hat keinen besonders guten Ruf. Muss ich befürchten, dass mein Kind hier keine hochwertige, ausgewogene Ernährung erhält?

Das ist sehr, sehr unterschiedlich. Es gibt Tagesstättenbetreiber und Schulleiter, denen gesunde Ernährung ein Anliegen ist. Diese beschränken sich nicht nur auf theoretische Ernährungserziehung, sondern sie sorgen auch dafür, dass das Essen, das sie den Kindern mittags servieren, aktuellen ernährungswissenschaftlichen Grundsätzen entspricht. Häufiger tritt leider der Fall auf, dass angeboten wird, was die Mehrheit der Kinder gerne und ohne groß zu meckern isst. Das spart schon im Kindergarten lästige Diskussionen – übrigens auch mit manchen Eltern, denen leider häufig mehr daran liegt, dass die Kinder den Gegenwert fürs Essensgeld verzehren und irgendwie satt werden, als an ausgewogener Ernährung.

Schulkantinen werden oft von Pächtern betrieben, die Gewinn erwirtschaften wollen. Sie wissen genau, dass mit Würstchen, Schnitzel und Pommes mehr Umsatz gemacht wird als mit Grünkernbratlingen und frischem Salat. Andererseits haben die Schulen selbst oft weder die Mittel noch das Personal, um selbst eine Kantine zu betreiben beziehungsweise zu subventionieren.

❓ Mein Sohn isst im Kindergarten nicht ordentlich und kommt dann immer sehr hungrig nach Hause. Was kann ich tun, damit er auswärts ausreichend isst?

Nun, zunächst sollten Sie einmal mit Ihrem Sohn sprechen und versuchen herauszubekommen, wieso er nicht genügend isst. Fehlt die Zeit? Muss er bei der Essensausgabe so lange anstehen, bis die Mittagspause schon fast vorbei ist? Lässt er sich durch die anderen Kinder so stark ablenken, dass er nicht zum Essen kommt? In diesem Fall wird es nötig sein, mit dem Betreuungspersonal vor Ort zu sprechen und es zu ersuchen, dass es die nötigen Massnahmen ergreift, damit Ihr Sohn in Ruhe essen kann. Manchen Kindern schmeckt es auch einfach nicht und ihnen fehlt der von zu Hause vertraute Geschmack der Speisen. Dann wird es Zeit, dass Sie auch zu Hause mehr Abwechslung in den Küchenalltag bringen. Zeigen Sie Ihrem Sohn, dass es nicht nur ein Salatdressing gibt, sondern dass man Salat auch mit Weinessig, Apfelessig, Balsamico, mit Olivenöl, Rapsöl, Kürbiskernöl oder mit Joghurt anmachen kann, dass man eine Fleischsauce für Spaghetti einmal mit Rosmarin und einmal mit Basilikum, mit oder ohne Knoblauch würzen und dass man Karotten oder Sellerie oder beides mitkochen kann. Machen Sie Ihren Sohn anstelle des bekannten, vertrauten Geschmacks mit der Vielfalt an Geschmacksrichtungen vertraut, dann bestehen gute Aussichten, dass er den ungewohnten Geschmack des Kindergarten- oder später auch Schulessens besser akzeptiert.

? In der Kantine wird nie frisch gekocht. Ist das nicht auf die Dauer ungesund?

Ob eine Mahlzeit frisch gekocht ist oder nicht, sagt noch nichts über ihre Qualität aus. Wichtiger ist, welche Speise aufgewärmt wird und ob Lagerung, Transport und Zubereitung in der Kantine unter entsprechenden Hygiene- und Frischebedingungen erfolgen. Ein sorgfältig und aus biologischen Zutaten hergestelltes Produkt kann durch Gefrierbrand, Unterbrechung der Kühlkette oder schlampige Vakuumverpackung genauso leiden wie durch zu langes Aufwärmen in der Kantine. Wenn das Essen sehr lange warm gehalten wird, schwindet der Vitamingehalt. Lässt sich dies nicht anders organisieren, so kann die Mahlzeit zum Beispiel durch Zugabe von frischem Gemüse, gehackten Kräutern oder Obst aufgewertet werden. Andererseits machen auch die beste Hygiene und die größte Sorgfalt bei der Zubereitung aus einer zu fetten, überwürzten, zu salzigen Mahlzeit mit minderwertigen Zutaten und einem ungünstigen Verhältnis von Fetten, Kohlenhydraten und Eiweiß kein empfehlenswertes Mittagessen.

? Ich möchte meine Tochter vegetarisch ernähren. Gibt es dabei mit dem Kindergarten beziehungsweise der Schule Probleme?

Die vegetarische Ernährung von Kindern bedarf besonderer Aufmerksamkeit, damit gewährleistet ist, dass Ihr Kind alle Nährstoffe erhält, die es braucht, um gut zu gedeihen (siehe Seite 139). Die meisten Schulen und Kindergärten stehen vegetarischer Ernährung durchaus offen gegenüber. Dass eine nach ernährungswissenschaftlichen Kriterien ausgewogene vegetarische Ernährung nicht nur darin besteht, das Fleisch wegzulassen, wissen die meisten Pädagogen allerdings nicht. Erschwerend kommt hinzu, dass viele Einrichtungen nicht über die Möglichkeiten verfügen, selbst zu kochen. Wird die Schul- oder Kindergartenkantine von einem großen Cateringunternehmen beliefert, kann dies ein Glücksfall sein: Oft führen solche Betriebe eine eigene vegetarische Menülinie und große Lieferanten beschäftigen zudem oft eigene Ernährungsberater. Die Menüs sind daher meist zwar nicht ganz ideal, aber doch einigermaßen ausgewogen.

Wird im Haus selbst gekocht oder von einem kleineren Unternehmen gecatert, befinden sich meist nur ein oder zwei fleischhaltige Menüs im Angebot. In diesem Fall sollten Sie den Anbieter bitten, Ihnen jeweils den Menüplan für die nächste Woche vorab zu geben. Ihr Kind kann dann die fleischlosen Beilagen essen und Sie können ihm gezielt jene Lebensmittel mitgeben, die es als Ergänzung braucht, um mit allen wichtigen Nährstoffen versorgt zu sein. Diese Ergänzung kann es entweder als Pausensnack bekommen oder als Vorspeise beziehungsweise zusätzliche Beilage zum Mittagessen. Auch am Abend können Sie durch gezielte Menüplanung zu Hause mögliche Nährstoffdefizite des Tages ausgleichen.

❓ Was mache ich, wenn mein Kind eine spezielle Diät einhalten muss?

Müssen Kinder eine spezielle Diät einhalten, so ist – je nach Diät – bisweilen schon die Ernährungssituation zu Hause eine große Belastung für die Eltern, aber auch die Kinder leiden unter den ständigen Einschränkungen. Beim Essen in der Schul- oder Kindergartenkantine sorgen sich die Eltern um die Qualität der Diät, die Kinder laufen bisweilen Gefahr, von ihren Freunden als »anders« wahrgenommen zu werden. Auch hier kommt es darauf an, wer das Schul- oder Kindergartenessen zubereitet. Große Cateringunternehmen bieten zunehmend auch spezielle Diäten an: Fleischlos oder ohne Schweinefleisch, auf bestimmte Allergien oder Lebensmittelunverträglichkeiten abgestimmt – das ist ganz unterschiedlich. Fragen Sie in der Schule oder im Kindergarten nach, wer das Essen liefert, und erkundigen Sie sich anschließend am besten direkt beim Unternehmen.

Wird vor Ort gekocht, reichen vermutlich weder das Wissen um die spezielle Diät noch die personellen Ressourcen aus, um extra für Ihr Kind zu kochen. Besprechen Sie in diesem Fall mit dem Personal, ob es möglich ist, von Ihnen vorgekochte Speisen aufzuwärmen. Wenn Sie sich dabei am regulären Menüplan orientieren, kann Ihr Kind fast normal mit den anderen Kindern mitessen und läuft nicht Gefahr, zum Außenseiter zu werden.

 **TIPP**

Unverträglichkeiten offen ansprechen

Muss Ihr Kind eine spezielle Diät einhalten, sprechen Sie unbedingt auch mit dem Klassenlehrer oder der Klassenlehrerin und dem Schularzt. Vor allem im Sachkundeunterricht kommt es immer wieder vor, dass Lebensmittel nicht nur anhand von Büchern vorgestellt, sondern ganz real untersucht, verarbeitet und probiert werden.

Auch an Geburtstagen wird in der Gruppe oder Klasse oft gemeinsam mit Kuchen und Saft gefeiert. Darf Ihr Kind keinen nach herkömmlichen Rezepten gebackenen Kuchen essen oder keinen Saft trinken, erkundigen Sie sich nach den Terminen und versuchen Sie an diesen Tagen, Ihrem Kind etwas Adäquates mitzugeben, damit es trotzdem mitfeiern kann.

Versuchen Sie, für das Gespräch mit der Lehrkraft einen Zeitpunkt zu finden, an dem sie Ihnen in Ruhe zuhören kann: am besten nach dem Unterricht oder in der Sprechstunde. Erklären Sie der Lehrkraft, worauf zu achten ist und welche Folgen ein Diätfehler für Ihr Kind haben kann.

❓ Was ist am besten für die Pause geeignet?

Die optimale Zwischenmahlzeit besteht aus Vollkorn- und Milchprodukten sowie Obst oder Gemüse. Vollkornprodukte enthalten Vitamine sowie Kalium, Magnesium und Eisen. Milchprodukte machen die Knochen stark, in Obst und Gemüse stecken Vitamine und Mineralstoffe. Empfehlenswert sind beispielsweise Vollkornbrot oder -brötchen, bestrichen mit Frischkäse oder Quarkaufstrich, belegt mit Käse, magerem Schinken oder fettarmer Wurst sowie Radieschen- oder Gurkenscheiben. Dazu ein möglichst wenig gesüßter Joghurt, idealerweise mit Früchten, ein ebenfalls nicht zu süßer Fruchtquark oder ein Becher Milch sind als Ergänzung ebenfalls sehr gut für die Zwischenmahlzeit geeignet.

Was immer Sie in die Pausenbox packen: Mehrere handliche Portionen sind besser als ein riesiges Brot. Damit geben Sie Ihrem Kind die Möglichkeit, besser zu bestimmen, wie viel es möchte. Und vor allem: Die Pausen dienen nicht nur der Nahrungsaufnahme. Ihr Kind will ja auch noch toben und mit der besten Freundin Geheimnisse austauschen. Also besser eine Handvoll Pflaumen oder Erdbeeren als ein ganzer, großer Apfel, besser zwei, drei kleine Schnittchen als ein großes Brotstück. Wichtig ist zudem, dass die mitgegebenen Lebensmittel auch nach ein paar Stunden noch appetitlich sind. Packen Sie Obst und Gemüse nicht in dieselbe Dose wie das Brot, damit das Brot nicht nach Apfel und die Erdbeere nicht nach Käse zu schmecken beginnt. Geben Sie lieber kleines Obst und Gemüse mit, also zum Beispiel Trauben oder Kirschtomaten, als aufgeschnittene Äpfel, Gurken oder Tomaten, die rasch matschig und unansehnlich werden. Dickmilch, Joghurt, Milch und Ähnliches sollten Sie in wiederverschließbare Behältnisse packen. So sind sie auch noch appetitlich, wenn Ihr Kind sie über mehrere Pausen verteilt zu sich nimmt. Bedenken Sie vor allem bei Milchprodukten, dass es in der Klasse keinen Kühlschrank gibt. Lauwarme Buttermilch ist nicht jedermanns Sache. Versuchen Sie auch, möglichst viel Abwechslung in die Zwischenmahlzeiten zu bringen. Geben Sie an einem Tag Fruchtsaft mit, am nächsten Milch und am dritten kann Ihr Kind auch einmal eine Flasche mit Leitungswasser trinken. Und selbst wenn Vollkornbrot noch so gesund sein mag: Auch frische, knusprige Brötchen sind zur Abwechslung einmal lecker.

❓ Wie viel soll ich meinem Kind für die Pause mitgeben?

Das ist von Kind zu Kind verschieden. Ist Ihr Kind ein Frühstücksmuffel, wird es wahrscheinlich eine etwas reichhaltigere Zwischenmahlzeit brauchen als Kinder, die daheim üppig gefrühstückt haben. Auch der Stundenplan beeinflusst den Appetit: Nach dem Turnunterricht ist der Hunger meist größer als nach einer Geschichtsstunde. Wichtig ist, dass Sie Ihr Kind ermuntern, nicht Gegessenes wieder nach Hause mitzubringen. So können Sie am besten seinen Bedarf und Geschmack einschätzen. Also bitte nicht meckern und keine Enttäuschung zeigen, wenn die Pausendose beim Nachhausekommen nicht ganz leer ist.

❓ Die anderen Kinder bekommen Kuchen und süße Limo mit. Wie kann ich verhindern, dass meine beiden das auch möchten?

Nun, verhindern können Sie solche Wünsche gar nicht. Besser ist es, Sie geben Ihren Kindern auch hin und wieder ein wenig Süßes mit. Ideal ist etwa Trockenobst, das nicht nur die Lust auf Süßes stillt, sondern gleichzeitig meist noch viele Vitamine und Mineralstoffe mitliefert (siehe Seite 124). Auch ein kleines Stück Kuchen, idealerweise ein Obst- oder Quarkkuchen mit Teig aus Vollkornmehl, ist in Ordnung. Wichtig ist, dass der Pausensnack nicht nur aus Kuchen besteht, sondern auch zumindest eine Handvoll Obst oder Gemüse und/oder ein Milchprodukt enthält. Anstelle der Limo können Sie Ihren beiden verdünnten Fruchtsaft (ein Teil Saft, drei Teile Wasser) mitgeben.

 **TIPP**

Kuchen selbst backen

Versuchen Sie, Kuchen so oft wie möglich selbst zu backen. So können Sie die Anteile an Zucker und Fett selbst bestimmen. Die meisten Kuchen gelingen auch dann bestens, wenn Sie weniger Zucker verwenden, als im Rezept angegeben. Hefeteig ist von vornherein zucker- und fettarm. Auch Biskuitteig enthält kaum Fett (aber einiges an Zucker).

Schneiden Sie den Kuchen nach dem Auskühlen in kleine Stückchen und lassen Sie den größeren Teil gleich einzeln verpackt im Gefrierschrank verschwinden. Damit schlagen Sie zwei Fliegen mit einer Klappe: Es steht nicht so viel verführerisches Backwerk griffbereit herum, das nur darauf wartet, dass man sich im Vorbeigehen immer wieder ein Häppchen nimmt – bis am Abend auf wundersame Weise alles verschwunden ist.

Und: Sie haben immer eine Portion für die Kindergarten- bzw. Schulpause zur Hand, die rechtzeitig auftaut, wenn Sie sie am Morgen aus dem Tiefkühlfach nehmen. Selbst zu backen ist auch eine gute Möglichkeit, die Kinder in die Küchenarbeit einzubeziehen, denn die meisten lieben es, gemeinsam mit den Eltern zu kneten und zu rühren.

Speziell für Kinder entwickelte Lebensmittel

❓ In der Werbung werden bestimmte Kindersnacks als gesund angepriesen. Kann ich den Aussagen trauen?

Es gibt eine Reihe von Lebensmitteln, die auf Kinder als Konsumenten abzielen. Der Nachwuchs wird durch kindgerechte, bunte Verpackungen angesprochen, durch die Beigabe von Spielen oder Ähnlichem, durch kleine Portionen und einen angenehmen Geschmack, der mit Hilfe von viel Zucker und Fett herbeigeführt wird. Auch an die Eltern denken die Marketingstrategen: Diese werden mit Hinweisen auf wertvolle Inhaltsstoffe oder einen angeblich speziellen Gesundheitsnutzen der Produkte eingelullt.

Doch aus ernährungsphysiologischer Sicht sind solche Kinderlebensmittel keineswegs wertvoll. Tests zahlreicher Ernährungsexperten kommen immer wieder zu demselben Schluss: Die Produkte sind zu süß, zu fett und enthalten kaum Ballaststoffe. Vielen sind Vitamine und Mineralstoffe zugesetzt, doch vielfach handelt es sich um Stoffe, von denen man mit der regulären Nahrung leicht auf die empfohlenen Tagesmengen kommt (teilweise überschreiten sie auch die empfohlene Tagesmenge bei weitem). Wie man es auch dreht und wendet: Die Zusätze sind fast immer nutzlos. Besonders ärgerlich: Die Produkte bewirken vielfach eine frühe Markenbindung und sorgen dafür, dass die kleinen Kunden dem Produkt und der Marke auch als Erwachsene treu bleiben. Das bedeutet in aller Regel aber auch lebenslange Treue zu wenig geeigneten Lebensmitteln.

❓ Milch ist doch gesund. Was spricht gegen Kindersnacks mit viel Milch?

Milch ist jene Zutat, die am häufigsten genannt wird, wenn es darum geht, Kinderlebensmitteln einen gesunden Anschein zu verpassen. Grob kann man dabei unterscheiden zwischen echten Milchprodukten wie Puddings, Quarkspeisen oder Joghurts und sehr milchfernen Naschereien wie Bonbons, Schokolade, gefüllten Schnitten oder Keksen.

In der ersten Gruppe ist zwar das Milchprodukt an sich in Ordnung und Vitamine und Mineralstoffe entsprechen den Erwartungen an Produkte dieser Art. Doch durch die besondere Ausrichtung auf die Geschmacksvorlieben von Kindern sind diese Produkte meist stärker gezuckert und sie enthalten auch mehr Fett, das ein rundes, wohliges Gefühl im Mund erzeugt. Das heißt, zu den guten und erwünschten Nährstoffen kommen leider noch unnötige Kalorien. Also von wegen »so wertvoll wie ein kleines Steak«: Haben Sie schon einmal ein Steak gegessen, das auf 100 g fast drei Stück Würfelzucker enthält?

In der zweiten Gruppe ist die Milch ein absolut vernachlässigbarer Bestandteil. Da hilft es auch nichts, wenn auf dem Produkt steht »mit Milch«, »Produkt aus frischer Vollmilch«, »mit viel Milch« oder »noch mehr Milch« oder wenn sich Kühe, Milchkannen und Ähnliches auf der Verpackung tummeln. Eine Untersuchung der Arbeiterkammer Wien 2005 identifizierte die beliebten Milchschnitten zwar als Produkt mit dem größten Milchgehalt unter den einschlägigen Naschereien. Doch auch sie enthielten gerade einmal einen Esslöffel Milch, so das ernüchternde Ergebnis. Besonders bei Füllungen von Keksen und Schnitten kommt häufig gar keine Milch, sondern lediglich Milchpulver zum Einsatz. Dieses enthält zwar noch immer Kalzium, aber die Vitamine werden durch die Hitze beim Trocknungsprozess weitgehend zerstört. Zudem ist die Zusammensetzung der Produkte sehr ungünstig: 250 ml Vollmilch hat 160 kcal und enthält ca. 300 mg Kalzium. Eine Milchschnitte (28 g) hat 115 kcal, aber nur 58 mg Kalzium. Der Kalziumgehalt in einem Glas Milch ist also fünfmal so hoch wie in der gezuckerten Kinderschnitte! Ein 9-jähriges Schulkind müsste 16 Milchschnitten essen, um seinen Kalziumbedarf zu decken, und würde damit aber gleichzeitig etwa 35 Würfel Zucker und so viel Fett aufnehmen, wie in einer halben Packung Butter (125 g) enthalten ist.

Also: Lassen Sie sich von der Werbung nicht den Kopf verdrehen. Kindermilchprodukte sind keineswegs besser als normale Joghurts, Quarkdesserts oder Puddings. Ganz im Gegenteil: Meist sind sie sogar schlechter, weil sie mehr Fett und Zucker enthalten als vergleichbare konventionelle Produkte. Teurer sind sie in der Regel obendrein. Fazit: Schokolade, Kekse oder

Schnitten sind und bleiben Süßigkeiten, egal wie aufdringlich dabei mit »einer Extraportion Milch« geworben wird. Sie sollten daher – egal, was der Hersteller Sie glauben machen will – nur ab und zu und in kleinen Mengen genascht werden.

 **INFO**

Was Werbung behaupten darf

Seit Mitte 2007 gilt EU-weit die sogenannte Health-Claims-Verordnung. Sie regelt, unter welchen Bedingungen nährwert- und gesundheitsbezogene Werbung für Lebensmittel gemacht werden darf und gibt auch verschärfte Regeln für die Produktdeklaration vor. Für bestimmte Nährstoffe wurden genaue Definitionen und Werte erarbeitet. Ein Beispiel ist die Bezeichnung »fettarm«. Sie ist nur zulässig, wenn das Produkt im Fall von festen Lebensmitteln weniger als 3 g Fett/100 g oder weniger als 1,5 g Fett/100 ml im Fall von flüssigen Lebensmitteln enthält (1,8 g Fett pro 100 ml bei teilentrahmter Milch). Ein Produkt, das sich »zuckerarm« nennt, darf nach dieser Verordnung nicht mehr als 5 g Zucker je 100 g beziehungsweise bei Flüssigkeiten wie Limonade oder Saft 2,5 g Zucker je 100 ml enthalten. Ab 2010 soll es auch eigene Regeln für nährwert- und gesundheitsbezogene Werbung auf Kinderlebensmitteln geben. Es ist vorgesehen, dass sich dann jedes einzelne solcherart beworbene Produkt einem Zulassungsverfahren unterziehen muss. Bis dahin dürfen aber beispielsweise ernährungsphysiologisch völlig ungeeignete Frühstückscerealien mit dem Hinweis auf zugesetztes Kalzium den Eindruck erwecken, dass sie gesund seien, obwohl ihr Zuckergehalt viel zu hoch ist.

? **Manche Bonbons werden als besonders vitaminreich angepriesen. Gibt es wirklich »gesunde Bonbons«?**

Nein! Ob Bonbons, Toffees, Lutscher oder Drops: Egal, was man ihnen zusetzt, es werden nie vollwertige Lebensmittel daraus! Grund dafür ist, dass die Zusammensetzung nicht stimmt. Nehmen wir als Beispiel die beliebten Bonbons, von denen die Werbung sagt, dass man nie nur eines nehmen sollte. Es mangelt ihnen nicht an Vitaminen. Ganz im Gegenteil: Mit 30 g Bonbons deckt ein 7- bis 10-jähriges Kind teilweise mehr als seinen Tagesbedarf an den Vitaminen C, B_2, B_6 oder B_{12}. Doch Vitamine allein sorgen noch lange nicht für eine vollwertige Ernährung. Und sekundäre Pflanzeninhaltsstoffe, Ballaststoffe oder Mineralstoffe wird man in den Drops vergeblich suchen, stattdessen enthalten sie aber leider sehr viel Zucker.

Essen mit Teenagern – das Ende der gemeinsamen Mahlzeit

❓ Jeder will zu einer anderen Zeit essen. Wie bekomme ich das organisiert?

Nun, wenn der Nachwuchs mehr und mehr seine eigenen Wege geht, dann ist es Zeit, dass Sie damit beginnen, ihm die Verantwortung für seine Mahlzeiten zu übertragen. Ihr Kind sollte nun schon fähig sein, sein Essen selbst aufzuwärmen oder kleine Speisen selbst zuzubereiten. Wenn Sie Gerichte vorbereiten, versuchen Sie, solche zu wählen, die auch dann noch lecker und ansehnlich sind, wenn sie aufgewärmt werden. Sorgen Sie dafür, dass im Gefrierschrank verschiedene vorgekochte und in Einzelportionen abgepackte Gerichte vorhanden sind und dass im Kühlschrank ausreichend Lebensmittel lagern. Allerdings ausschließlich solche, die Bestandteil einer hochwertigen, ausgewogenen Ernährung sind. Solange es in Ihrem Haushalt Lebensmittel gibt, die weniger empfehlenswert sind, können Sie sicher sein, dass Ihr Kind diese mit zielsicherem Instinkt findet und als Erste verzehrt, während der von Ihnen liebevoll vorbereitete Salat einsam und unbeachtet vor sich hinwelkt. Ungeachtet der individuellen Terminpläne sollten Sie versuchen, so oft wie möglich eine gemeinsame Familienmahlzeit zu organisieren. Denn die gemeinsame Mahlzeit erfüllt weit mehr Funktionen als die der reinen Ernährung. Sie gibt auch Teenagern noch Halt und Strukturen in dieser turbulenten Entwicklungsphase. Und selbst wenn die Jugendlichen die Mahlzeit im Kreis der Familie an einem Tag komplett ablehnen, so kann es ihnen schon am nächsten Tag wieder sehr guttun.

? Was ich vorbereitet habe, bleibt ungegessen, stattdessen ist der restliche Kühlschrank leer. Wie bekomme ich meinen Großen dazu, sich vernünftig zu ernähren?

Bereiten Sie zunächst einmal ausschließlich das vor, was Sie selbst gerne essen. Das reduziert Ihren Frust. Und beim Vertilgen der ungeplanten Reste genießen Sie wenigstens ein Gericht, das Ihnen wirklich schmeckt. Achten Sie aber vor allem auch darauf, was sich in Ihrem Kühlschrank befindet. Füllen Sie ihn mit Joghurt, Magerquark, Käse, Möhren und Paprika, magerem Schinken und Ähnlichem und auch ab und zu kommentarlos mit selbst Gekochtem zum Aufwärmen. Sprechen Sie mit Ihrem Sohn und überlegen Sie gemeinsam, welche Gerichte er gerne essen würde und wie er diese selbst zubereiten kann.

? Seit wir nicht mehr gemeinsam bei Tisch sitzen, habe ich das Gefühl, den Kontakt zu meinen Kindern zu verlieren. Soll ich feste Termine für gemeinsame Mahlzeiten festlegen?

Mit größeren Kindern ist es manchmal schwierig, Zeit für gemeinsame Mahlzeiten zu finden. Freunde, Schule oder Sport werden mit der Zeit wesentlich interessanter als die Familie. Dazu kommt, dass ein enger Kontakt mit den Eltern jetzt oft aktiv vermieden wird. Sorgenvolle Blicke des Vaters, Ermahnungen der Mutter, als indiskret empfundene Fragen nach »dem netten Mädchen, das neulich zu Besuch war«: All jenem möchte sich ein pubertierender junger Mensch, der gerade versucht, sein Leben selbst in den Griff zu bekommen, nicht unbedingt aussetzen.

Bevor Sie Druck machen, überlegen Sie besser, welche anderen Möglichkeiten es außer der gemeinsamen Mahlzeit gibt, etwas Zeit miteinander zu verbringen. Vielleicht können Sie zusammen einen Auflauf zubereiten, den sich jeder aufwärmt, wenn er Zeit hat? Vielleicht können Sie Ihre(n) Große(n) dazu bewegen, Ihnen beim Wocheneinkauf zu helfen? Gemeinsame Aktivitäten – und mögen sie noch so banal sein – können einen wesentlich entspannteren Umgang miteinander ermöglichen als ein zwanghaft angeordnetes Familienessen oder sonstige Situationen, die bereits mit einer Erwartungshaltung verbunden sind à la »Jetzt setzen wir uns mal hin und reden miteinander«. Die beste Möglichkeit, in dieser Zeit den Zugang zu Ihren Kindern aufrechtzuerhalten, ist, diskret zu sein und ihnen zu vermitteln, dass man daran glaubt, dass sie ihre Dinge selbstständig regeln können. Und wenn Sie das Gefühl haben, dass das gerade mal wieder gar nicht klappt, bieten Sie Hilfe an, aber drängen Sie sie nicht auf.

Keine Angst vor Fastfood

❓ Ich will nicht, dass meine Tochter Fastfood isst. Wie kann ich frühzeitig gegensteuern?

Bleiben Sie entspannt und sprechen Sie bitte keine Verbote aus. Verbote sind in jedem Fall kontraproduktiv und machen erst so richtig neugierig. Viel wichtiger ist Ihr Vorbild. Wenn ein Elternteil oder beide selbst öfter einmal einen Hamburger oder eine Currywurst essen, ist die Wahrscheinlichkeit groß, dass die Kinder dies mit großer Selbstverständlichkeit auch tun. Bei Kindern, deren Eltern nie auf die Idee kämen, zu fetten Würstchen oder einem Burger zu greifen und die von zu Hause anderes Essen gewöhnt sind, besteht durchaus die Chance, dass sich der Mythos Burger nach einmaligem Kosten auf »fette Buletten in labbrigen Brötchen« reduziert. Damit ist die Sache dann weitgehend erledigt.

❓ Ich habe das Gefühl, dass sich mein Kind außer Haus nur von Fastfood ernährt. Wie kann ich bewirken, dass es trotzdem alle Nährstoffe bekommt, die es braucht?

Das Essverhalten außer Haus werden Sie kaum ändern können. Schließlich geht es beim Essen im Kreis der Freunde ja nicht nur um Ernährung, sondern auch um Gruppenzugehörigkeit. Versuchen Sie, Ihrem Kind zu erklären, warum es die verschiedenen Nährstoffe braucht (siehe Seite 77 ff.), was Vitamine und Mineralstoffe für seinen Körper tun, und sorgen Sie dafür, dass in der häuslichen Brotlade Vollkornbrot statt Toastbrot liegt und dass im Kühl- beziehungsweise Gefrierschrank nicht auch noch fette Wurst, Pizza und süße Limo lagern.

Achten Sie auf ein vollwertiges Frühstück, das einen guten Start in den Tag gibt. Die Zwischenmahlzeit für die Schulpause können Sie zusammen mit Ihrem Kind zubereiten – damit steigen die Chancen, dass sie auch wirklich gegessen wird. Drücken Sie also Ihrem Kind nicht einfach Geld in die Hand, damit es sich seinen Imbiss selbst kauft, sondern geben Sie ihm stattdessen so viel wie möglich von den Lebensmitteln mit, die Sie gutheißen. Muss sich Ihr Kind sein Geld einteilen und zwischen Burger und Spielzeug beziehungsweise T-Shirt wählen, so haben Ihr Apfel oder Ihr Fruchtjoghurt gleich viel bessere Chancen.

❓ Ist ein Burger wirklich so schlecht für mein Kind?

Nein, selbstverständlich ist es nichts Schlechtes, ab und zu einen Hamburger zu essen. Frittiertes Fastfood ist allerdings eine häufige Ursache für eine hohe Zufuhr von schädlichen trans-Fetten (siehe Seite 133). Wichtig ist auch, dass Sie und Ihr Kind sich darüber im Klaren sind, dass ein großer Hamburger kein Häppchen für Zwischendurch ist, sondern mit rund 500 kcal bereits einer mittleren Hauptmahlzeit entspricht. Wenn Sie dann noch darauf achten, dass die Nährstoffbilanz über den Tag ausgeglichen ist – also dass etwa zum Abendessen kein Fleisch und so wenig Fett wie möglich, dafür besonders viel Obst oder Gemüse und ausreichend Kohlenhydrate (zum Beispiel aus Reis oder Vollkornnudeln) aufgenommen werden –, dann bekommt Ihr Kind trotzdem fast alles, was es braucht. Bereiten Sie zu Hause doch selbst einmal einen vergleichsweise gesunden klassischen Burger mit frischen Zutaten zu!

Möchte Ihr Kind mehrmals in der Woche Hamburger, sollten Sie sich überlegen, wieso. Liegt es daran, dass alle seine Freunde ins Fastfoodlokal gehen? Dann könnten Sie vielleicht vereinbaren, dass Ihr Kind dort auch einmal einen Salat isst oder einen Fruchtjoghurt. Besonders kleinere Kinder werden oft von den Geschenken, mit denen die einschlägigen Bulettenbratereien locken, mehr angezogen als von den Speisen. Aber eine schöne

Murmel, ein kleines Puzzle oder einen neuen Buntstift kann es ja zu Hause als kleine Überraschung auch einmal geben, oder?

[?] Mein Sohn ist zu einer Geburtstagsfeier ins Fastfoodlokal eingeladen. Soll ich ihn gehen lassen?

Lassen Sie ihn ruhig die Einladung annehmen. Es ist weit wichtiger, dass Ihr Sohn am sozialen Leben seiner Freunde teilnehmen kann, als dass er sich ausschließlich vollwertig ernährt (siehe Seite 107 ff.). Und die Gefahr, dass Ihr Sohn, auch wenn er ab und zu einen Hamburger verdrückt, nach Fastfood süchtig wird, ist nicht gegeben.

[?] Gibt es auch gesundes Fastfood?

Im Grunde heißt »Fastfood« ja nichts anderes als schnell zubereitetes Essen und nicht per se ungesundes Essen. Der Nachteil eines Dönersandwiches besteht in der großen Menge fetten Fleisches. Meist bekommt man auf Verlangen aber auch problemlos weniger Fleisch und mehr Gemüse. Mit einem Schuss Joghurtsoße dazu hat man auf diese Weise bereits eine durchaus akzeptable Mahlzeit. Falafel wiederum sind zwar ebenfalls eine fette Angelegenheit, punkten aber mit vielen Ballaststoffen und einem relativ hohen Gehalt an Eiweiß und B-Vitaminen. Weniger geläufig und trendig bei Kindern sind Sushi und Maki. Wer sein Kind jedoch dafür begeistern kann, verschafft ihm eine aus ernährungswissenschaftlicher Sicht höchst empfehlenswerte Art von Fastfood. Die Zubereitung kommt gänzlich ohne Fett aus, dafür enthält der Fisch hohe Werte an essenziellen Fettsäuren, der Reis liefert leicht verdauliche Kohlenhydrate und die Algen jede Menge Mineralstoffe. Auch das Angebot an fertig geschnippelten Obst- und Gemüsesalaten oder frisch gepressten Säften nimmt mehr und mehr zu – eine weitere Alternative für die gesunde Zwischenmahlzeit unterwegs.

Was ist denn nun gesund?

Viele Eltern kennen das: Da steht man vor dem Lebensmittel-regal, möchte seine Kinder und sich selbst optimal versorgen, doch man blickt angesichts der Vielfalt des Angebots überhaupt nicht mehr durch. Hier werden Vitamine zugesetzt – das muss ja wohl besonders gesund sein? –, dort prangt groß »fettredu-ziert« auf der Packung. Super, denken die Schlemmer, davon kann ich ja gleich mehr nehmen. Eine Aufschrift »Nach tradi-tionellem Rezept hergestellt« möchte glauben machen, dass hier nach Omas Art und Weise produziert wurde. Mhhh, gerät der Käufer ins Schwärmen, bei Oma hat es ja immer besonders gut geschmeckt! Und dann hatte sie auch noch das Gemüse aus dem eigenen Garten, den sie liebevoll und mit viel Handarbeit gepflegt hat. Und schwupp, landet das entsprechende Produkt im Einkaufswagen. Gleich daneben lacht ein kräftiger Landwirt von der Packung und verkündet, dass das Produkt frisch vom Bauernhof sei. Reflexartig entstehen beim Konsumenten Bilder von Kühen, die in unberührter Natur auf grünen Almen wei-den, von Hühnern, die in der Wiese picken, von fröhlich rüs-selnden Schweinen.

Eines steht fest: In allen diesen Fällen haben vor allem die Mar-ketingstrategen ganze Arbeit geleistet. Nimmt man sich dagegen einmal die Zeit, das Kleingedruckte auf der Packung zu lesen, stellt man oft genug fest, dass die Quarkspeise zwar im Vergleich mit dem Nachbarprodukt fettreduziert ist, aber dafür ganz schön viel Zucker enthält. Und hätte man in der hektischen Einkaufssituation die Zeit, in Ruhe über die Packungsgestaltung nachzudenken, würde man darauf kommen, dass der auf dem Foto abgebildete Bauernhof eigentlich sehr, sehr groß sein muss und gar nicht so idyllisch sein kann, wenn er alle Filialen der betreffenden Supermarktkette beliefert. Und Oma hatte eigent-lich auch keine Emulgatoren, Stabilisatoren und Sojalecithin in der Küche, oder? Traurige Tatsache ist, dass beim Einkauf nur das Kleingedruckte Auskunft über die tatsächliche Beschaffen-heit der Lebensmittel gibt. Es lohnt sich, genau hinzusehen.

 **TIPP**

Frisches, Bio und Vollkorn kaufen

- Je frischer die Zutaten für Ihr Essen sind, desto mehr an wertvollen Inhaltsstoffen sind generell enthalten. Kaufen Sie daher regionale und saisonale Produkte.
- Je weniger ein Produkt verarbeitet ist, desto weniger unerwünschte Zutaten wie Salz, Zucker, Fett, künstliche Aromen, Farbstoffe oder Produktionshilfsstoffe sind üblicherweise enthalten. Kaufen Sie lieber Magerquark und rühren selbst ein paar frische Früchte ein, anstatt einer fertigen Quarkspeise mit ungesunder Zusammensetzung.
- Kaufen Sie möglichst Produkte aus biologischer Landwirtschaft. Diese sind fast immer weniger schadstoffbelastet als solche aus konventionellem Anbau.
- Geben Sie Vollkornprodukten den Vorzug vor solchen aus weißem Mehl.
- Verzichten Sie auf Produkte mit einer Reihe von Vitamin- und sonstigen Nährstoffzusätzen. Bei ausgewogener Ernährung sind die Zusätze nicht nötig und sie können den Zusatznutzen von Obst und Gemüse nicht bieten. Ausnahmen sind Folsäurezusätze und jodiertes Speisesalz.

Voller Wert mit Vollwert

? Man hört immer wieder, wie gesund vollwertige Ernährung sei. Was genau ist das denn eigentlich?

Vollwertige Ernährung hat zum Ziel, dass der Körper durch die geeignete Zusammenstellung der Nahrungsmittel über den Tag mit allen Stoffen versorgt wird, die er braucht. Dass er also nicht nur Energie und Eiweiß bekommt, sondern dass gleichzeitig auch ausreichend Vitamine, Mineralstoffe und sekundäre Pflanzeninhaltsstoffe aufgenommen werden. Dazu braucht man nicht mit der Briefwaage zu kochen, es genügt, wenn man sich an zehn einfache Regeln hält. Dann entwickeln Sie bald das richtige Gefühl dafür, wie Sie Ihre Kinder und sich selbst optimal ernähren.

1 Vielseitig essen: Ausgewogene Ernährung bedeutet abwechslungsreiche Auswahl, geeignete Kombination und angemessene Menge nährstoffreicher und energiearmer Lebensmittel.

2 Reichlich Getreideprodukte und Kartoffeln: Brot, Nudeln, Reis, Getreideflocken (am besten aus Vollkorn) sowie Kartoffeln enthalten kaum Fett, aber reichlich Vitamine, Mineralstoffe, Spurenelemente sowie Ballaststoffe und sekundäre Pflanzeninhaltsstoffe (z. B. Carotinoide, Flavonoide).

3 Gemüse und Obst: Fünfmal täglich eine Handvoll Obst oder Gemüse oder auch ein Glas Fruchtsaft sollen die ausreichende Versorgung mit Vitaminen, Mineral- und Ballaststoffen sowie sekundären Pflanzeninhaltsstoffen gewährleisten. Je bunter dabei die Auswahl, desto besser.

4 Täglich Milch und Milchprodukte (ab dem vollendeten zweiten Lebensjahr vorzugsweise fettarm), ein- bis zweimal in der Woche Fisch, zwei- bis dreimal wöchentlich mageres Fleisch oder Wurstwaren sowie Eier in Maßen (zwei bis drei Stück pro Woche). Milch und Milchprodukte liefern Kalzium, der Seefisch Jod, Selen und Omega-3-Fettsäuren. Fleisch und Wurst enthalten leicht verfügbares Eisen und viele Vitamine der B-Gruppe. Eier sind nicht nur hervorragende Eiweißlieferanten, sie enthalten auch reichlich Vitamine (insbesondere Vitamin A, E, K, B_2, B_{12}), Folsäure sowie Mineralstoffe.

5 Wenig Fett: Hochwertige Pflanzenöle wie Raps- und Olivenöl liefern lebensnotwendige (essenzielle) Fettsäuren und fetthaltige Lebensmittel enthalten auch fettlösliche Vitamine. Zu viel Fett kann aber Übergewicht fördern. Meiden Sie daher unsichtbares Fett, das in Fleischerzeugnissen wie Wurst und Pasteten, sahnehaltigen Milchprodukten, Gebäck und Süßwaren sowie in Fastfood- und Fertiggerichten meist enthalten ist. Tierische Fette wie Butter, Schmalz und fettreiche Wurst (Mortadella, Salami) sollten eher selten verzehrt werden.

6 Zucker und Salz in Maßen: Mit Salz und Zucker sollten Sie sparsam umgehen, Getränke und Kuchen nicht nachsüßen, Speisen nicht nachsalzen. Achtung: Auch Sojasoße und Suppenwürze sind sehr salzhaltig. Wenn Sie damit würzen, können Sie beim Kochen entsprechend Salz einsparen.

7 Reichlich Flüssigkeit: Geben Sie Ihren Kindern reichlich Wasser oder stark verdünnte Obstsäfte zu trinken. Kinder zwi-

schen einem und drei Jahren sollten etwa einen Liter pro Tag trinken und einen weiteren viertel Liter Flüssigkeit über die Nahrung aufnehmen, Erwachsene täglich rund 1,5 bis 2 Liter als Getränk und 0,5 bis 0,75 Liter über die Nahrung.

8 Schmackhafte und schonende Zubereitung: Garen Sie die jeweiligen Speisen bei möglichst niedrigen Temperaturen so kurz wie möglich mit wenig Wasser und Fett. Somit ist der durch die Zubereitung entstehende Verlust von Vitaminen und Mineralstoffen am geringsten.

9 Nehmen Sie sich Zeit, genießen Sie Ihr Essen gemeinsam. Bewusstes Essen hilft, richtig zu essen, und es fördert das Sättigungsempfinden.

10 Achten Sie auf Ihr Gewicht und bleiben Sie in Bewegung, denn Übergewicht geht in den meisten Fällen mit Begleiterscheinungen einher, die sich negativ auf die Gesundheit auswirken. Und auch wenn es nicht immer leichtfallen mag: Das optimale Körpergewicht halten ist allemal einfacher, als überschüssige Pfunde loszuwerden.

Quellen: DGE und Österr. Akademisches Institut für Ernährungsmedizin

❓ Sind Vollwertkost und vollwertige Ernährung das Gleiche?

Leider gibt es keine genaue Definition des Begriffs »Vollwertkost«. Häufig wird sie mit vollwertiger Ernährung gleichgesetzt. Diese setzt auf Vielfalt, enthält alle Nähr- und Inhaltsstoffe, die der Körper braucht, und ist zudem durch wissenschaftliche Studien untermauert. Vollwertige Ernährung wird von den Ernährungsgesellschaften Deutschlands, Österreichs und der Schweiz (D-A-CH) empfohlen.

Bisweilen werden unter dem Begriff »Vollwertkost« aber auch spezielle Ernährungsformen wie Rohkost verstanden, die als ausschließliche Form der Nahrungsaufnahme nicht für alle Personengruppen empfehlenswert sind und die langfristig zu Mangelernährung mit bestimmten Stoffen, insbesondere Vitamin B_{12}, führen können (siehe Seite 141 ff.). Diese Kostform, bisweilen auch »Urkost« oder »Sonnenkost« genannt, lehnt Fleisch, aber auch Gekochtes und je nach Erfinder manchmal auch Milch und Eier ab.

❓ Kann ich mein Kind auch vollwertig ernähren, wenn es nur wenige Lebensmittel akzeptiert?

Ja, das geht. Wichtig dabei ist jedoch die Zusammensetzung. Reichlich sollten Sie Getreide und Getreideprodukte, Hülsenfrüchte und Kartoffeln, Obst und Gemüse sowie Milch und Milchprodukte – wenn auch in geringerem Ausmaß – anbieten. Fleisch, Wurst und Eier gehören in Maßen auf den Tisch, im Idealfall auch ein- bis zweimal mal in der Woche Fisch. Fett gehört ebenfalls zu einer ausgewogenen Ernährung. Bevorzugt sollten Sie dabei hochwertiges Speiseöl verwenden (siehe Seite 130).

Ob Ihr Kind nun am liebsten Brot, Nudeln, Reis oder Getreideflocken mag, ist nicht so wichtig. Hauptsache, der tägliche Speiseplan enthält mindestens ein Getreideprodukt. Gleiches gilt für Obst, Gemüse und Milch. Mag Ihr Kind keine Milch, so schmecken ihm vielleicht Käse, Quark oder Fruchtjoghurt. Und aus der unendlichen Sortenvielfalt an Obst und Gemüse lässt sich sicherlich je eine Handvoll zusammenstellen, die Ihr Kind akzeptiert. Wichtig ist aber auch, dass Sie nicht aufgeben und Ihrem Kind immer wieder neue Lebensmittel anbieten. Es kann sein, dass etwas Neues 10-, 20-mal unberührt auf dem Tisch steht. Besonders kleine Kinder greifen sehr zögerlich zu Neuem (siehe auch Seite 66). Doch irgendwann, vermutlich dann, wenn Sie innerlich schon resigniert haben, wird das Kind ganz selbstverständlich davon kosten.

Mit vollem Schrot und Korn

❓ Warum sind Vollkornprodukte gesünder?

In der Mitte eines Getreidekorns befindet sich der Keimling, darüber der Mehlkörper und rundherum die Nährschicht. Während für herkömmliches Mehl nur der Mehlkörper vermahlen wird, sind im Vollkornmehl (und daraus hergestellten Produkten) auch Keimling und Nährschicht enthalten. Und die haben es in sich: Sie enthalten Vitamin E, zahlreiche Vitamine der B-Gruppe sowie Eisen, Magnesium und Zink. Der Mehlkörper dagegen besteht hauptsächlich aus Stärke und Eiweiß.

Vom herkömmlichen Mehl der Type 405 bei Weizenmehl (in Österreich Type W 480, in der Schweiz »Weißmehl«) bis hin zum echten Vollkornmehl gibt es verschiedene Abstufungen. Faustregel ist: Je höher die Type, desto mehr Inhaltsstoffe sind im Mehl. (In der Schweiz heißen die einzelnen Stufen Halbweiß-, Ruch- und Vollkornmehl.)

Dass Vollkornmehl einen vergleichsweise geringen Marktanteil hat, liegt vor allem an der geringeren Haltbarkeit: Im Gegensatz zum Mehlkörper enthalten Keimling und Nährschicht auch Fett und dieses beeinträchtigt die Lagerfähigkeit des Mehls. Achten Sie für den Hausgebrauch also darauf, Vollkornmehl immer möglichst frisch gemahlen zu kaufen, es kühl zu lagern und innerhalb von etwa sechs Wochen zu verbrauchen.

❓ Woran erkenne ich, was ein Vollkornprodukt ist und was nicht?

Es gibt kein Logo, anhand dessen man Vollkornprodukte einfach erkennen kann. Vieles erscheint wie Vollkorn, ist es aber nicht. Im Folgenden ein paar Hinweise auf gängige Täuschungsmanöver:

- Sonnenblumenkörner, Nüsse und Ähnliches allein machen noch kein Vollkornbrot. Vollkornprodukte müssen aus vollem Korn beziehungsweise daraus hergestelltem Mehl sein.
- Hat das Gebäck eine dunkle Farbe, heißt das nicht unbedingt, dass es sich um ein Vollkornprodukt handelt. Roggenmehl ist von Natur aus dunkel, auch das der niedersten Type 610. Bei manchen Gebäckstücken wird der Teig auch mit Malz oder Rübensirup dunkel eingefärbt.
- Körniges Mehl ist nicht immer ein Vollkornmehl. Auch Vollkornmehl gibt es in den Mahlstufen »glatt«, »griffig« und »doppelgriffig«. Beim Backen in der eigenen Küche gilt es allerdings zu beachten, dass sich je nach Mahlstufe der für die Teigqualität wichtige Klebergehalt verändert und so unterschiedliche Backeigenschaften entstehen.
- Vollkorn ist nicht immer gleich bio. Ein Bioprodukt muss, wenn es im Handel verkauft wird, immer als solches gekennzeichnet sein! Wo nicht Bio draufsteht, ist auch nicht Bio drin (siehe Seite 115 ff.).

Vollkornmehl ist als solches gekennzeichnet. Brot und Gebäck, das als »Vollkorn« verkauft wird, muss einen Vollkornmehlanteil von 90 Prozent enthalten.

? Meine Familie verweigert Vollkornbrot. Wie kann ich versuchen, es ihr schmackhaft zu machen?

Sie könnten es einmal mit einer anderen Sorte versuchen. Vielleicht ist es nicht das volle Korn, sondern die ungewohnte Brotsorte, die bei Ihren Lieben nicht ankommt. Auch Brötchen oder Toastbrot gibt es aus Vollkornmehl. Vielleicht liegt es aber auch daran, dass Vollkornprodukte nicht so gut vertragen werden. Roggenbrot aus Vollkorn ist leichter verdaulich als Weizenbrot. Sauerteig wiederum schließt das Getreide besser auf und nimmt damit dem Darm mehr Arbeit ab als moderne Backtriebmittel. Und: Es muss ja nicht unbedingt Brot sein. Vollkornmehl kann man auch in Nudeln, Klößen, Kuchen oder Spätzle verwenden. Besonders gut macht es sich in allen Arten von Mürbeteigen, von süßen Keksen bis zur pikanten Quiche, da es die krümelige, knusprige Struktur des Teigs unterstützt.

? Müsliriegel sind angeblich gesund. Ich habe aber den Eindruck, dass sie sehr viel Zucker enthalten. Kann ich sie meinem Kind ohne Bedenken geben?

Sie haben mit Ihrem Zweifel vollkommen recht. Ein Test der österreichischen Verbraucherzeitschrift »Konsument« vom November 2007 kam zum Ergebnis: Mit zu viel Zucker, zu viel Fett und mit bis zu 140 kcal pro Riegel beziehungsweise über 400 kcal pro 100 g sind sie wahre Kalorienbomben. Sie können Ihrem Kind ruhig ab und zu einen Müsliriegel geben, aber nicht als gesunden Snack, sondern als süße Nascherei. Dies gilt übrigens auch für Fruchtschnitten: Beim erwähnten Test enthielten sie teilweise bis zu 50 Prozent Zucker. Dieser stammte zwar aus Trockenfrüchten, doch für die Zähne und die Energiebilanz bleibt Zucker gleich Zucker – egal, ob er aus der Zuckerrübe stammt, ob es sich um Honig, Frucht- oder

Rohrzucker handelt. Allerdings haben Trockenfrüchte einen sehr hohen Gehalt an Vitaminen und Mineralstoffen (siehe Seite 124). Die – mehr oder weniger großen – Anteile an Trockenfrüchten in den Fruchtschnitten machen diese Nascherei daher etwas empfehlenswerter als die Müsliriegel.

❓ Mein Kind verträgt kein Getreide. Welche Alternativen gibt es?

Das hängt davon ab, warum es kein Getreide verträgt (siehe Seite 198). Bei Zöliakie stören die Gluten im Weizen die Funktionsfähigkeit des Darms. Hier kann man auf Reis, Mais, Buchweizen oder Hirse ausweichen. Im Lebensmittelhandel gibt es auch zunehmend glutenfreie Nudeln und andere Produkte, die ohne Gluten auskommen. Liegt eine Allergie gegen ein bestimmtes Getreide vor, muss von Fall zu Fall entschieden werden, welche Nahrungsmittel geeignet sind. In beiden Fällen ist jedenfalls eine gesicherte medizinische Diagnose und anschließend die Beratung durch den Arzt und ausgebildete Ernährungsberater unbedingt vonnöten.

❓ Frühstückscerealien werden in der Werbung oft als vollwertige Getreideprodukte dargestellt. Sind sie wirklich gesund?

Sie sind beliebt bei den Kindern, die Pops, Crisps, Loops und Flakes – nicht zuletzt aufgrund der kleinen Beigaben in der Packung. Auch Eltern schätzen Frühstückscerealien: Sie sind schnell zubereitet und es gibt kaum ein Kind, das sie nicht gerne isst. Dazu vermitteln sie noch ein gutes Gewissen, erwecken doch Verpackung und Werbung gekonnt den Eindruck, dass die Produkte ein wertvoller Beitrag zur Kinderernährung seien. Weniger positiv sehen Ernährungswissenschaftler das, was morgens in so manchem Kinderschälchen herumschwimmt. Bei einer Untersuchung der Stiftung Warentest vom Juli 2004 bekamen von den acht getesteten Produkten bis auf ungezuckerte Cornflakes alle ein »nicht geeignet«. »Viel Zucker, wenig Ballaststoffe, Vitaminzusätze üppig bis sehr hoch«, lautete der trockene Kommentar der Konsumentenschützer. Dabei sei Letzteres besonders heimtückisch, denn »Vitaminisierung ist in stark gezuckerten Produkten grundsätzlich nicht sinnvoll: Sie suggeriert trotz intensiver Süße eine gesunde Ernährung und kann so den Zuckerverzehr erhöhen«.

Fazit: Das Gesündeste an den allermeisten Frühstückscerealien ist die Milch, mit der sie zubereitet werden.

 **TIPP**

Kleingedrucktes richtig lesen

Wenn Sie wissen wollen, wie viel Zucker das Frühstücksmüsli enthält, suchen Sie auch nach Begriffen wie Saccharose, Fructose, Maltose, Dextrose oder Glucosesirup. Manche Hersteller sind ehrlich bei der Produktdeklaration und schreiben »Zucker 28 Prozent« oder auch »33 Prozent«. Andere wiederum kommen bei vergleichbaren Produkten mit 6 oder 8 Prozent Zucker aus und verstecken den süßen Glucosesirup weiter hinten in der Zutatenliste.

❓ Mein Kleiner liebt sein ungesundes Schokomüsli. Wie kann ich den Konsum reduzieren?

Frühstückscerealien gänzlich zu verbannen, ist schwierig. Da sind die beigepackten Spiele, die gezielt die Kinder ansprechende Werbung und nicht zuletzt die Tatsache, dass Ihr Kind auch gerne das haben möchte, was seine Klassenkameraden und Kindergartenfreunde ebenfalls bekommen. Man kann den Verzehr aber einschränken:

- Behandeln Sie die Cerealien als Nascherei und geben Sie entsprechend kleine Portionen davon aus.
- Sie könnten auch versuchen, einen Trick anzuwenden, mit dem (leider) auch viele Müslihersteller arbeiten: Bereiten Sie Ihrem Kind ein Flockenmüsli und streuen Sie nur einen Löffel der süßen Knusperdinger darüber.
- Versuchen Sie, das Angebot auf ungezuckerte Cornflakes zu beschränken. Servieren Sie diese ausschließlich mit Milch oder Joghurt, also ohne die Zugabe von Zucker, Honig oder Marmelade.

- Reduzieren Sie den Zuckeranteil, indem Sie süße Cerealien mit Cornflakes mischen, und bessern Sie das Ganze mit frischen Früchten auf.

Bio – alles Schwindel oder was?

❓ Sind Biolebensmittel wirklich so viel gesünder?

Verschiedene Studien, darunter die groß angelegte, von der EU finanzierte QLIF Studie (Quality Low Input Food), an der 31 europäische Institutionen teilnahmen, ergaben, dass Biolebensmittel einige Vorteile haben. Getreide, Obst und Gemüse aus biologischem Anbau enthalten weniger Nitrat und Pestizidrückstände als konventionelle Ware. Die Rückstände sind auf Eintrag von benachbarten Feldern, Verunreinigung durch Vermischung mit konventioneller Ware und selten, aber doch vorhanden, missbräuchliche Verwendung verbotener Pflanzenschutz- und Düngemittel zurückzuführen. Beim Schwermetallgehalt konnten keine Unterschiede festgestellt werden. Biologisches Obst und Gemüse zeichnet sich durch einen hohen Anteil an Trockenmasse, mehr Vitamin C und mehr B-Vitamine, Eisen, Phosphor, Magnesium und andere Spurenelemente aus. Bedingt durch die höhere Trockenmasse sind Bioprodukte zudem lagerbar und sie verzeichnen einen geringeren Nährstoffverlust. Schließlich weisen Tiere, die mit Futter aus biologischer Produktion ernährt werden, einen besseren Gesundheitszustand auf als konventionell ernährte. Zu ihrer Aufzucht werden also weniger Medikamente, insbesondere weniger Antibiotika benötigt. Letztere dürfen ausschließlich im Krankheitsfall und nicht vorbeugend verabreicht werden. Somit gelangen weniger Antibiotikarückstände in Grundwasser und Boden. Für den Menschen konnte bislang wissenschaftlich noch nicht bewiesen werden, dass biologische Ernährung gesünder ist. Trotzdem gibt es einen ganz wichtigen Grund, biologische Produkte den konventionell erzeugten Lebensmitteln vorzuziehen: Der Kauf von Biolebensmitteln ist aktiver Umweltschutz. Durch das Verbot von mineralischem Stickstoffdünger und chemisch-synthetischen Pflanzenschutzmitteln gelangen weniger

116

Rückstände in Luft, Boden und Grundwasser. Der Biolandbau ist auch weniger energieaufwändig und damit klimafreundlicher als die konventionelle Bewirtschaftung. Also selbst wenn nicht eindeutig erwiesen ist, dass Ihr Kind vom Verzehr von Biolebensmitteln unmittelbar profitiert, tragen Sie mit dem Griff ins Bioregal doch dazu bei, ihm eine lebenswerte Natur zu erhalten. Bei Weitgereistem wie sizilianischen Tomaten, ägyptischen Frühkartoffeln oder gar Bananen aus Costa Rica wird der Vorteil des biologischen Anbaus durch die mit dem Transport verbundene Umweltbelastung aber wieder mehr als aufgehoben. Es empfiehlt sich daher, möglichst saisonale und regionale Bioware zu kaufen.

❓ Ist in Bioprodukten wirklich nur »Bio« drin?

Rohprodukte wie Milch, Fleisch oder Gemüse müssen zu 100 Prozent nach den Richtlinien für biologische Landwirtschaft erzeugt sein. Bei verarbeiteten Produkten wie etwa Leberaufstrich, Gebäck oder Fertiggerichten dürfen bis zu 5 Prozent Zutaten aus konventionellem Anbau verwendet werden. Welche Zutaten jeweils erlaubt sind, definiert die EU-Bioverordnung im Detail. Dazu gehören etwa Geschmacksstoffe wie Kakaobutter oder Muskatnuss, Pektin als Geliermittel oder Guarkernmehl als Verdickungsmittel. Absolut verboten sind Geschmacksverstärker oder synthetische Farbstoffe.

❓ Stimmt es, dass Bioobst auch gegen Schädlinge gespritzt wird?

In erster Linie setzen biologisch arbeitende Landwirte im Pflanzenanbau auf vorbeugende Maßnahmen. Dazu gehört etwa, klimatisch und den Böden angepasste Sorten zu verwenden, die mit einem Minimum an menschlicher Hilfe gedeihen. Das tut der Biobauer nicht nur, weil er so ökologisch bewegt ist, sondern weil es ihm auch Arbeit und Kosten spart. Unkraut wird nicht mit Chemie, sondern mit Maschinen oder mit der Hand entfernt und gegen tierische Pflanzenschädlinge werden vielfach natürliche Feinde, die sogenannten Nützlinge eingesetzt, etwa Raubmilben oder die Larven von Marienkäfern gegen Blattläuse. Auch Nistplätze und Rückzugsgebiete, in denen sich die Nützlinge vermehren können, werden bewahrt und gefördert. Doch gegen Viren, Bakterien oder durch zu viel Regen bedingten Pilzbefall auf den Pflanzen muss auch der Biobauer spritzen. Viele dieser Spritzmittel haben pflanzliche oder mineralische Wirkstoffe, auch Schwefel, natürliches Pyrethrum und Öle sind erlaubt. Da diese Mittel vielfach weniger intensiv oder weniger lang wirken als die chemisch-synthetischen Pflanzenschutzmittel, die der konventionellen Landwirtschaft zur Verfügung stehen, kann es bei hohem Befallsdruck sogar vorkommen, dass der Biobauer häufiger spritzen muss als sein Kollege aus der Intensivlandwirtschaft. Doch die Mittel sind schonender für Vögel und Insekten, für das Grundwasser und für den Menschen.

❓ Ist in Bio wirklich keine Gentechnik drin?

Seit dem 1.1.2009 gilt eine neue EU-Verordnung. Sie besagt, dass die gezielte Verwendung gentechnisch veränderter Organismen verboten bleibt. Unbeabsichtigt vorhandene gentechnisch veränderte Organismen werden allerdings bis zu einem Anteil von 0,9 Prozent toleriert. Ab einer Verunreinigung von 0,2 Prozent muss jedoch der Nachweis erbracht werden, dass es sich tatsächlich um eine technisch unvermeidbare Kontamination handelt. Bei Überschreiten des Grenzwertes von 0,9 Prozent darf das Produkt nicht mehr als »Bio« vermarktet werden und ist außerdem nach der Gentechnikverordnung kennzeichnungspflichtig.

❓ Wieso ist Bio teurer?

Dass viele Bioprodukte teurer sind als konventionell erzeugte, hat mehrere Gründe. Durch den Verzicht auf chemisch-synthetische Dünge- und Pflanzenschutzmittel ist der Ertrag im Schnitt um 20 Prozent geringer als in der konventionellen Landwirtschaft. Gegen manche Bedrohungen der Pflanzen gibt es gar keine für die Biolandwirtschaft zugelassenen wirksamen Mittel. In extremen Fällen kann es so zur Vernichtung ganzer Kulturen kommen. Dadurch, dass keine Unkrautvernichtungsmittel eingesetzt werden dürfen, ist zudem sehr viel kostenintensive Handarbeit nötig.

In der Tierzucht ist das Fleischwachstum langsamer und der Milchertrag geringer. Den Tieren muss darüber hinaus mehr Fläche zur Verfügung gestellt werden und sie dürfen ausschließlich mit Futter aus biologischem Landbau gefüttert werden. Nicht zuletzt unterliegen Biolebensmittel besonders strikten Kontrollen. Gemäß der EU-Verordnung 2092/91 müssen alle biologisch produzierenden Betriebe und deren Erzeugnisse mindestens einmal jährlich überprüft werden. Auch die Kosten hierfür schlagen sich im Preis nieder.

? Woran erkenne ich, ob etwas Bio ist oder Schwindel?

Zunächst ist nur da wirklich »Bio« drin, wo auch »Bio« draufsteht. Lassen Sie sich nicht von Fotos von idyllischen Landschaften oder glücklichen Hühnern, Aussagen wie »aus naturnahem Anbau« oder »vom Bauernhof« in die Irre führen. Der Betreiber einer Schweinefarm mit mehreren 1000 Ferkeln gilt vor dem Gesetz genauso als Landwirt wie der Kollege, der vielleicht nur zehn Muttersauen hat.

Echte Bioware muss drei Kennzeichnungselemente enthalten:
1 den Wortlaut
   aus (kontrolliert) biologischem (ökologischem) Anbau oder
   aus (kontrolliert) biologischem (ökologischem) Landbau
   oder
   aus (kontrolliert) biologischer (ökologischer) Landwirtschaft
2 die Nummer der Kontrollstelle
3 das EU-Bio-Logo (siehe www.bio-siegel.de).

Wie biologische Produktion abzulaufen hat, ist in der EU-Verordnung 2092/91 detailliert geregelt. Dass sich die Landwirte an die in der Verordnung definierten Vorschriften halten, muss darüber hinaus mindestens einmal jährlich von einer unabhängigen, staatlich zugelassenen Kontrollstelle überprüft werden. Kontrolliert werden aber nicht nur die Landwirte, sondern auch verarbeitende Betriebe wie Molkereien, Bäckereien oder Metzgereien, die aus den biologisch erzeugten Rohstoffen dann als »Bio« deklarierte Produkte wie Käse, Fruchtjoghurt, Brot,

Kuchen, Schinken, Würste oder Pasteten herstellen. Fazit: Wenn Sie Produkte mit der genannten Kennzeichnung erwerben, können Sie sicher sein, dass Sie keinem Schwindel aufsitzen.

❓ Was ist von Biofertiggerichten zu halten?

Nicht nur die Erzeuger, auch die Verarbeiter von Bioprodukten unterliegen strengen Richtlinien. In der Produktion sind etwa Geschmacksverstärker oder Farbstoffe verboten, es dürfen maximal 5 Prozent Zutaten verwendet werden, die nicht aus biologischem Anbau stammen. Zusätzlich müssen sich auch die Verarbeitungsbetriebe mindestens einmal jährlich einer externen Kontrolle unterziehen. Dabei wird nicht nur der Betrieb an sich geprüft, sondern es werden anhand der schriftlichen Unterlagen auch sogenannte Mengenflusskontrollen vorgenommen. Es wird also beispielsweise überprüft, ob die angekaufte Menge an Biofleisch mit der verkauften Menge an daraus hergestellter Biowurst zusammenpasst oder ob sich mit der durch Rechnungen belegten Menge an Bioeiern wirklich so viel Biokuchen herstellen lässt, wie verkauft wurde.

Wie bei allen Fertigprodukten kann aber auch der Bioschinken, die Biofertigpizza oder das Biospeiseeis in der Nährwertzusammensetzung Schwächen aufweisen, sprich zu viel Fett, Zucker oder Salz enthalten. Die Aufschrift »Bio« auf einem solchen Convenience-Produkt ist also keine Garantie dafür, dass Sie in jedem Fall ein uneingeschränkt empfehlenswertes Lebensmittel in Händen halten.

❓ Sind Biotomaten im Februar noch »Bio«?

Nun, wenn sie entsprechend deklariert sind, kann man davon ausgehen, dass sie mit größter Wahrscheinlichkeit den gesetzlichen Vorschriften bei der Erzeugung entsprechen. Aber auch, wenn die im europäischen Winter angebotenen Tomaten aus Spanien, die Erdbeeren aus Marokko oder die Äpfel aus Argentinien das Biosiegel tragen, sind sie doch mit Vorsicht zu genießen. Denn mit der Philosophie der Kreislaufwirtschaft, die der ursprüngliche Gedanke hinter der Biolandwirtschaft ist, und der des Arbeitens im Einklang mit der Natur, anstelle der

Unterwerfung der Natur, lassen sich Tomaten mitten im Winter nicht vereinbaren. Und wenn Ihnen Klimaschutz ein Anliegen ist, dann lassen sie sich weder bei Tomaten im Februar noch bei Hawaii-Ananas vom Biosiegel blenden: Der »biologische« beziehungsweise umweltfreundliche Transport für diese Güter wurde noch nicht erfunden!

Gemüse und Obst mit gesunden Inhaltsstoffen

? Ich habe gehört, dass in Obst und Gemüse heutzutage weniger an wertvollen Inhaltsstoffen enthalten ist als früher. Ist da was dran?

Ab und zu geistern Meldungen durch die Medien über ausgelaugte Böden, die unseren Nahrungsmitteln nicht mehr alle Inhaltsstoffe geben können, die der Körper braucht. Die Bundesforschungsanstalt für Ernährung und Lebensmittel in Karlsruhe untersucht seit vielen Jahren die Inhaltsstoffe von Obst und Gemüse. Und sie gibt Entwarnung: Tatsache ist, dass es keinerlei Hinweise darauf gibt, dass der Gehalt an Vitaminen und Mineralstoffen in den Lebensmitteln zurückgeht.
Was aber sehr wohl vorkommt, sind starke Schwankungen bei den einzelnen Früchten. Der unterschiedliche Nährstoffgehalt hängt unter anderem von der Sorte ab, beispielsweise ob die Birnensorte Williams, Alexander oder Gute Luise heißt. Es macht auch einen Unterschied, ob der Pfirsich auf einem lehmigeren oder einem sandigeren Boden wuchs. Nicht zuletzt schafft das zur Reifezeit herrschende Klima mehr oder weniger gute Bedingungen. Ja, selbst ob ein Apfel an der Ost- oder an der Südseite eines Baumes hing, bewirkt einen Unterschied hinsichtlich des Gehalts an Nährstoffen. Trotzdem sind sich die Wissenschaftler einig: Mit einer ausgewogenen Ernährung ist es unter normalen Umständen problemlos möglich, den Körper mit allen Nährstoffen zu versorgen, die er braucht. Vielfach mangelt es aber genau an jener ausgewogenen Ernährung, denn die Menschen nehmen allzu oft schon von Kindheit an zu wenig Obst und Gemüse zu sich. Obst und Gemüse können niemals durch Nahrungsergänzungsmittel ersetzt werden, denn die

Früchte bieten außer Nährstoffen noch eine Reihe anderer wichtiger Inhaltsstoffe wie etwa Ballaststoffe oder die sekundären Pflanzeninhaltsstoffe wie Saponine, Gerbstoffe, Phytoöstrogene und Glukosinolate, die zum Teil noch gar nicht alle identifiziert und untersucht sind und die daher auch noch nicht industriell erzeugt werden können.

❓ Stimmt es, dass Tiefkühlgemüse besser ist als frisches?

Nicht, wenn Sie im Sommer inmitten der Fülle Ihres eigenen Gartens stehen, denn die größte Menge an Nährstoffen ist in gut ausgereiftem, frischem Obst und Gemüse zu finden. Je weiter das Gemüse reist, bis es in den Handel gelangt, je länger es im Supermarkt auf Käufer wartet, je wärmer es dabei gelagert wird und je länger es vom Kühlschrank auf die Teller braucht, desto größer ist der Verlust an Vitaminen. Demgegenüber hat industriell verarbeitetes Tiefkühlgemüse den Vorteil, dass es meist innerhalb weniger Stunden vom Feld ins Kühlhaus kommt. Allerdings nimmt bei Unterbrechung der Kühlkette und bei langer Lagerung im Gefrierschrank die Qualität des Gemüses langsam ab.

 **TIPP**

So frieren Sie Sensibles ein
Manches, wie Kartoffeln oder Pfifferlinge, eignet sich weniger zum Einfrieren, da sich dabei Geschmack und Konsistenz verändern. Bei wasserreichem Obst und Gemüse (Erdbeeren, Tomaten und Ähnlichem) werden durch das Tiefkühlen die Zellwände zerstört. Die aufgetaute Frucht ist dann matschig. Besser ist es, sie vor dem Einfrieren zu pürieren und dann die Soße zu verwenden. Das spart auch Platz im Gefrierschrank.
Wenn Sie fertigen Gemüseeintopf oder selbst gemachte Fruchtklöße (Marillenknödel, Zwetschgenknödel) einfrieren wollen, so verringert sich die Haltbarkeit auf etwa vier Monate. Das Fett, das Sie zum Kochen beziehungsweise für den Teig verwendet haben, oxidiert nämlich auch im Gefrierschrank – es wird ranzig.

? Ich habe gehört, dass gekochte Karotten gesünder sind als rohe. Stimmt das?

In Möhren steckt viel Betacarotin, eine Vorstufe des Vitamin A. Für den Körper ist das Betacarotin leichter aufnehmbar, wenn die Karotten gekocht oder gedünstet sind. Hinsichtlich Betacarotin sind also gekochte Karotten tatsächlich gesünder. Betacarotin ist nicht nur in Möhren, sondern in den meisten roten oder dunkelgrünen Früchten wie Aprikosen, Tomaten, Brokkoli oder Spinat enthalten. Geben Sie beim Dünsten ein wenig Fett dazu, also ein paar Tropfen Öl oder etwas Butter, unterstützt dies die Verwertbarkeit des Betacarotins aus Gemüse generell (siehe Seite 229).

? Ist es wahr, dass im Winter Dosentomaten besser sind als frische?

Vollreif geerntete und eingedoste Tomaten enthalten im Winter mehr Vitamine als frische, aber blässliche und weit gereiste Treibhausware. Darüber hinaus wird durch das Erhitzen beim Eindosen auch das Lycopin in den Tomaten aufgeschlossen und somit für den Körper leichter verfügbar. Lycopin ist ein sekundärer Pflanzeninhaltsstoff (siehe Seite 245), der als Antioxidans fungiert und übrigens auch in Wassermelonen und Hagebutten vorkommt. Fett unterstützt die Aufnahme des Lycopins im Körper. Das Öl im Tomatensalat oder ein kleines Löffelchen in der Soße für die Pasta haben daher mehr als nur geschmacklichen Nutzen.

? Stimmt es, dass Ketchup neben gesunden Tomaten auch sehr viel Zucker enthält?

Kinder lieben die rote Soße. Nicht zuletzt deshalb, weil sie so schön süß ist: Je nach Hersteller und Produkt besteht Ketchup bis zu einem Drittel aus Zucker. Doch auch sonst ist die Qualität recht unterschiedlich. Manche Produzenten kochen die Tomaten zu dicklichem Brei ein, andere sparen an den Tomaten und helfen lieber mit Verdickungsmitteln nach. Einige Hersteller kommen ohne Konservierungsmittel aus, andere setzen sie ein. Gewürzt wird mit – manchmal recht viel – Salz, mit meist nicht näher bezeichneten »Gewürzen« und mit Essig. Spezielle Kinderketchups werben besonders heftig um das Geld der Eltern, doch einen speziellen Nutzen bieten sie nicht und auch in der Zusammensetzung sind meist keine Unterschiede festzustellen. Was diese Produkte vor allem auszeichnet, ist, dass sie teurer sind als das normale Ketchup. Auch der Marktführer bei den Fastfoodketten stellt seine eigene, besonders energiereiche Tomatensoße in die Supermarktregale. Während die meisten Ketchups zwischen 85 und 105 kcal pro 100 g enthalten, kommt dieses Produkt auf klebrig süße 133 kcal pro 100 g. Zum Vergleich: 100 g Ketchup entsprechen etwa vier Esslöffeln, also einer Menge, die etwas größere Kinder locker in einer Portion Spaghetti unterbringen.

Fazit: Ketchup enthält zwar noch einige der wertvollen Inhaltsstoffe von Tomaten, ist aber aufgrund des Zuckergehalts, der unterschiedlichen Konzentration an Gemüse und der diversen Gewürze im Grunde nicht als gesundes Lebensmittel zu betrachten.

 **TIPP**

Rote Soße selbst gemacht

Versuchen Sie einmal, anstelle von Ketchup selbst gerührte Tomatensoßen zu verwenden. Wenn es ganz schnell gehen soll, können Sie ein wenig Tomatenmark mit Wasser verdünnen und nach Belieben würzen. Auch passierte Tomaten aus der Packung sind leicht und rasch zu verarbeiten. Egal ob Tomatenmark, passierte Tomaten oder solche aus der Dose: All diese Produkte bestehen in der Regel ausschließlich aus Tomaten und Salz. Sie können also steuern, ob und wie viel Zucker Sie zusetzen möchten und wie viel an Gewürzen oder Kräutern hinzukommen. Da der Salzgehalt je nach Marke recht unterschiedlich ist, kosten Sie sicherheitshalber, bevor Sie nachsalzen. Ist die Sauce aus vollreifen Tomaten hergestellt, müssen Sie meist nicht mehr zuckern, da das Rohprodukt süß genug ist. Wenn Sie unbedingt nachsüßen wollen: Geben Sie ein wenig Zucker zu.

❓ Es heißt, dass Obst umso gesünder ist, je frischer es ist. Wieso gelten Trockenfrüchte dann als gesund?

Zweifelsohne haben eine Aprikose oder ein Apfel auf dem Weg von der frischen zur getrockneten Frucht etwas an bestimmten Vitaminen verloren. Durch den Wasserverlust ist aber die Nährstoffdichte (siehe Seite 232), also der Gehalt an Vitaminen und Mineralstoffen je 100 g rasant gestiegen, ebenso der Anteil an Ballaststoffen. Wie die »inneren Werte« von Äpfeln und Aprikosen beim Trocknen zunehmen, können Sie anhand der folgenden Tabelle ersehen.

Je 100 g	Apfel		Aprikose	
	roh	getrocknet	roh	getrocknet
kcal	54	255	43	240
Vitamin C in mg	12	11	10	12
Vitamin A in µg	6	32	280	5800
Vitamin B_1 in mg	0,04	0,1	0,04	0,01
Vitamin B_2 in mg	0,03	0,11	0,05	0,11
Natrium in mg	3	10	2	11
Kalium in mg	122	622	280	1370
Kalzium in mg	7	31	17	82
Phosphor in mg	12	51	22	111
Magnesium in mg	6	32	9	50
Eisen in mg	0,5	1,2	0,6	4,4

Quelle: Die große GU Nährwert Kalorien Tabelle 2010/2011

Doch Achtung: Auch der Zuckergehalt und damit auch der Energiegehalt je 100 g haben sich erheblich erhöht! Dörrobst ist also aufgrund des hohen Energiegehalts eindeutig eine Nascherei, wenn auch eine durchaus empfehlenswerte.
Der hohe Anteil an Zucker macht aus Trockenobst aber auch ein gutes Süßungsmittel. Selbst hartnäckige Naschkatzen brauchen im Müsli keinen Zucker mehr, wenn Sie eine getrocknete Aprikose hineinschnippeln oder einen kleinen Löffel Sultaninen zugeben. Wenn Sie Trockenobst in den Kuchenteig rühren, etwa in Sand- oder Hefegebäck, dann können Sie bei der Teigzubereitung etwas weniger Zucker verwenden, als im Rezept angegeben.

 **TIPP**

Zucker vermeiden

Zucker ist ein hervorragendes Konservierungsmittel. Viele Früchte werden daher nicht nur getrocknet, sondern zwecks Konservierung auch in Zuckerlösung gebadet oder in Zucker getaucht. Das erhöht den Energiegehalt zusätzlich. Achten Sie daher darauf, dass Sie Ihrem Kind Trockenobst ohne zusätzlichen Zucker geben.

❓ Sind Obst- und Gemüsesäfte genauso gesund wie frisches Obst?

Frisch gepresste Obst- und Gemüsesäfte sind leider kein vollwertiger Ersatz für die ganze Frucht. Zum einen kommt es bei gepressten Säften (genauso wie bei aufgeschnittenem Obst oder Gemüse) zu recht raschem Verlust von Vitamin C. Lassen Sie frisch gepressten Saft daher nicht lange stehen, sondern achten Sie darauf, dass er bald getrunken wird. Zum anderen aber enthalten die gepressten Früchte weniger Ballaststoffe als ganze Äpfel oder Möhren, denn die Ballaststoffe werden meist ausgesiebt oder kommen als Pressrückstände in den Kompost beziehungsweise die Mülltonne. Im Rahmen des Programms »5 am Tag« ist es Ernährungswissenschaftlern zufolge jedoch zulässig, ein bis zwei der täglich empfohlenen fünf Obst- oder Gemüseportionen durch ein Glas Saft zu ersetzen. Achten Sie bei gekauftem Saft aber genau auf den Inhalt (siehe Seite 151).

❓ Wieso soll man eigentlich fünfmal am Tag Obst und Gemüse essen? Wie setze ich mit meiner Familie diese Regel korrekt um?

Mit der Kampagne »5 am Tag« soll die Bevölkerung dazu animiert werden, fünfmal täglich eine kleine Portion Obst oder Gemüse zu sich zu nehmen. Es reicht jeweils eine Handvoll, wichtig ist, dass die Portionen gut über den Tag verteilt sind. Eine Obst- oder Gemüseportion kann jeweils durch ein Glas Saft (Frucht- oder Gemüsesaft) ersetzt werden.

Keine Angst, das ist leichter umzusetzen, als es auf den ersten Blick erscheinen mag. Sie und Ihre Familie müssen dazu nicht den ganzen Tag an einer Karotte oder an einem Salatblatt mümmeln. Sie können Ihrem Kind bereits zum Frühstück etwas Obst ins Müsli schnippeln oder ein Glas Saft geben. Als Zwischenmahlzeiten in der Schule (oder im Büro!) eignen sich beispielsweise jeweils eine Handvoll Erdbeeren, Trauben, Karotten oder grüne Paprika und zu den Hauptmahlzeiten gibt es dann Salat oder gedünstetes Gemüse.

❓ Mein Sohn isst kaum Obst und Gemüse. Soll ich ihm Vitaminpräparate geben?

Nein. Vitaminpräparate sind kein geeigneter Ersatz für Obst und Gemüse. Bananen, Äpfel, Paprika, Brokkoli, Spinat & Co. enthalten nämlich nicht nur Vitamine, sondern auch Mineralstoffe, sekundäre Pflanzeninhaltsstoffe und Ballaststoffe (siehe Seite 107 ff.). Darüber hinaus sind Vitaminpräparate meist so zusammengesetzt, dass gerade jene Vitamine zugesetzt sind, die man mit der Nahrung am ehesten aufnimmt. Sie sind also vielfach sinnlos. Doch bevor Sie sich Sorgen machen: Beobachten Sie zunächst einmal das Essverhalten Ihres Sohnes. Vielleicht gleicht er das fehlende Obst ja aus, indem er dafür mehr Fruchtsaft trinkt, bei Gemüsecremesuppe besonders gern zulangt oder Apfelmus liebt?

 **TIPP**

Seien Sie Vorbild

Wenn Sie Ihr Kind dazu animieren wollen, mehr Obst und Gemüse zu essen, dann ist die sicherste Methode, dass Sie selbst mit gutem Beispiel vorangehen. Greifen Sie als Eltern (beide!) regelmäßig zu Äpfeln oder Karotten statt zu Schnitten und Wurstbrot! Bieten Sie dem Kind regelmäßig bereits vorgeschnittenes Obst und Gemüse als Fingerfood zum Naschen an. Und schließlich: Nehmen Sie gemeinsam mit Ihrem Kind eine Portion Erdbeeren, einen Fruchtsalat oder einen Salat als Zwischenmahlzeit.

? **Man hört immer davon, dass Obst und Gemüse mit Pestiziden belastet sind oder zu viel Nitrat enthalten. Kann ich das meinem Kind überhaupt noch bedenkenlos geben?**

Auch wenn in den Medien immer wieder Meldungen von Schadstoffen in Obst und Gemüse auftauchen: Lassen Sie sich davon nicht abhalten, Ihren Kindern regelmäßig Salat, Früchte, Knollen, Wurzeln und Beeren anzubieten. Obst und Gemüse sollen aufgrund ihrer hohen Nährstoffdichte und ihres Gehalts an Vitaminen (B-Vitamine, Vitamin C, Betacarotin), Mineralstoffen, sekundären Pflanzeninhaltsstoffen und Ballaststoffen unbedingt Teil einer ausgewogenen Ernährung sein. Um das Risiko unerwünschter Belastungen zu minimieren, beachten Sie die folgenden Punkte:

- Kaufen Sie saisonale Produkte. Da Sonnenlicht den Nitratabbau fördert, enthalten Freilandprodukte weniger Nitrat als Treibhauserzeugnisse.
- Entfernen Sie bei Salat und anderem Blattgemüse den Strunk, die Blattrippen und die Außenblätter: In ihnen wird das meiste Nitrat gespeichert.
- Geben Sie Bioprodukten den Vorzug. Sie enthalten in der Regel weniger Rückstände.

? **Ich würde gerne heimisches Gemüse verarbeiten. Wann hat welches Gemüse bei uns Saison?**

Saisonales Gemüse ist am gesündesten, weil es frisch und vergleichsweise wenig schadstoffbelastet ist. Durch lange Transport- und Lagerzeiten gehen Vitalstoffe verloren. Auch ist Freilandgemüse jenem aus dem Treibhaus vorzuziehen. Es ist meist nicht nur gesünder, sondern aufgrund der Wirkung von Sonne, Wind und Wetter auch um einiges schmackhafter. Überdies wird für die Produktion im Treibhaus auch sehr viel Heizenergie benötigt, was sich nicht so gut mit dem Umweltschutzgedanken verträgt. Welche Sorten wann reif sind, zeigt Ihnen die folgende Tabelle. Achten Sie beim Einkauf auch auf die Herkunftsangaben der Händler.

	Jan	Feb	Mär	Apr	Mai	Juni	Juli	Aug	Sep	Okt	Nov	Dez
Blumenkohl						■■	■■	■■	■■	■■		
Brokkoli						■	■■	■■	■■	■■	■	■
Champignons	■	■	■	■	■	■	■	■	■	■	■	■
Chinakohl	■	■	■							■■	■■	■
Eisbergsalat				■	■	■■	■■	■■	■■	■	■	
Erbsen						■■	■■	■■				
Feldsalat	■	■	■	■■	■■							■
Frühlingszwiebeln						■	■■	■■	■■	■■		
Grüne Bohnen						■■	■■	■■	■■			
Gurken				■	■	■	■■	■■	■			
Karotten	■	■	■	■	■	■■	■■	■■	■■	■■	■	■
Kartoffeln	■	■	■	■	■	■	■	■	■	■	■	■
Kohl/Wirsing					■	■■	■■	■■	■■	■■	■■	■■
Kohlrabi				■	■	■■	■■	■■	■■	■	■	
Kohlsprossen	■■	■■									■■	■■
Kürbis								■■	■■	■■	■■	
Mangold					■■	■■	■■	■■	■■	■■	■	
Paprika						■■	■■	■■	■■			
Porree/Lauch	■	■	■	■	■		■■	■■	■■	■	■	■
Radieschen			■	■	■	■■	■■	■■	■	■		
Sellerie (Knolle)	■	■	■	■	■	■	■	■■	■■	■■	■	■
Spargel					■■	■■						
Spinat			■	■	■■	■■	■■	■■	■■	■■	■	
Tomaten				■	■	■■	■■	■■	■■	■		
Weißkraut	■	■				■■	■■	■■	■■	■■	■	■
Zucchini					■■	■■	■■	■■	■■	■		

❓ Importiertes Obst ist teurer und oft weniger schmackhaft als heimisches. Wann hat welches Obst bei uns Saison?

Auch Obst ist am gesündesten, wenn es frisch vom Baum, vom Strauch oder vom Beet kommt. Je kürzer es gereist ist, je weniger lang es gelagert wurde, desto geringer sind die Vitaminverluste. Wann Sie welches Obst aus heimischer Produktion erhalten können, sehen Sie in der folgenden Tabelle. Je nach Standort und Sorte kann ein und dieselbe Obstsorte sehr unterschiedliche Reifezeiten haben. Es gibt etwa bei Kirschen Sorten, die am optimalen Standort bereits Ende Mai, Anfang Juni reif sind, und solche, die erst im Juli süß und rot sind. In höheren Lagen verzögert sich die Reife oft um mehrere Wochen. Auch hier gilt zusätzlich: Herkunftsangaben des Handels beachten.

	Jan	Feb	Mär	Apr	Mai	Juni	Juli	Aug	Sep	Okt	Nov	Dez
Äpfel	■	■	■	■			■	■■	■■	■■	■	■
Aprikosen							■■	■■				
Birnen	■	■						■■	■■	■■	■	■
Erdbeeren					■■	■■	■■	■■	■■			
Himbeeren							■■	■■	■■			
Johannisbeeren						■■	■■	■■				
Kirschen, Weichseln						■■	■■					
Kiwi							■■	■■	■■	■■		
Melone							■■	■■				
Pfirsiche							■■	■■	■■			
Pflaumen							■■	■■	■■			
Quitte									■■	■■		
Weintrauben								■■	■■	■■		

■ Inländische Lagerware oder Treibhausware

■■ Inländisches Obst oder Gemüse aus dem Folientunnel oder Freiland. Die Erntezeiten können je nach Region, Höhenlage und Jahr etwas unterschiedlich sein.

Gute Fette – böse Fette

❓ Zu viel tierisches Fett ist schädlich, heißt es. Soll ich deshalb ganz darauf verzichten?

Grob unterteilt man in Fette, die aus gesättigten, einfach ungesättigten und mehrfach ungesättigten Fettsäuren bestehen.
Über die Nahrung sollten diese Fettsäuren zu je einem Drittel
aufgenommen werden. Es ist also keineswegs nötig, eine Fett-
gruppe gänzlich aus der Nahrung zu streichen. Vielmehr ist im
Rahmen einer vollwertigen Ernährung die richtige Mischung
entscheidend.
Gesättigte Fettsäuren finden sich vor allem in tierischen Fetten
wie Butter oder Schweineschmalz und in Kokosfett. Einen
hohen Anteil an einfach ungesättigten Fettsäuren haben etwa
Oliven- oder Rapsöl. Zahlreiche Pflanzenöle wie Maiskeim-,
Sonnenblumen- oder Sojaöl, vor allem aber fetter Meeresfisch,
gehören zu den Hauptquellen mehrfach ungesättigter Fettsäuren. Zu Letzteren zählen auch die lebenswichtigen (»essenziellen«) Omega-3- und Omega-6-Fettsäuren, die nicht nur Kraft
geben, sondern die der Körper auch zur Ausübung verschiede-
ner Funktionen benötigt (siehe auch Seite 229).
Zahlreiche Untersuchungen belegen, dass die meisten Menschen zu viele tierische Fette essen. Das bedeutet, dass sie mit
diesen Fetten sehr viel Energie zu sich nehmen, jedoch ohne
gesundheitlichen Mehrwert. Somit besteht die Gefahr von
Übergewicht und – hauptsächlich bei Erwachsenen – einer
negativen Auswirkung auf die Blutfette. Achten Sie daher darauf, fette Wurst, Frikadellen oder Fleischkäse seltener oder in
kleineren Portionen anzubieten, und stellen Sie dafür öfter
Thunfisch, Makrele oder Lachs auf den Tisch. Verwenden Sie
mehr Leinsamen-, Raps-, Sojaöl und bieten Sie Ihren Lieben
auch öfter einmal eine Handvoll Walnüsse zum Knabbern an.

❓ Ist Butter nun gut oder schlecht?

Wenn Sie gesättigte, einfach und mehrfach ungesättigte Fettsäuren insgesamt im Verhältnis 1:1:1 verwenden, dann ist gegen
Butter nichts einzuwenden. Butter ist reich an gesättigten Fettsäuren, doch sie ist leicht verdaulich. Und vor allem: Butter

schmeckt vielen Menschen einfach besser als Margarine. Butter ist allerdings kein Klebstoff für Wurst oder Käse, sondern ein eigener Belag. Als Grundlage für ein Wurst- oder Käsebrot eignen sich zum Beispiel besser Senf oder Tomatenmark.

❓ Soll ich meinen Kindern besser Margarine als Butter aufs Brot streichen?

Da Margarine aus pflanzlichen Ölen hergestellt wird, hat sie einen größeren Anteil an ungesättigten Fettsäuren als Butter. Wenn Ihre Kinder unbedingt fette Wurst aufs Brot wollen, verwenden Sie im Sinne der ausgewogenen Fettsäureverteilung besser Margarine. Achten Sie jedoch darauf, eine Sorte zu verwenden, die möglichst frei von trans-Fettsäuren ist (siehe Seite 133). Egal, welches Fett Sie einsetzen: Vergessen Sie nie, die Gesamtmenge im Auge zu behalten. Gerade wenn fette Wurst aufs Brot kommt, sollten Sie das fette Darunter nur hauchdünn aufstreichen. Wenn Sie Butter oder Margarine als Brotaufstrich einsparen möchten, versuchen Sie, Ihren Kindern die folgenden Alternativen anzubieten:

- Quark
- Frischkäse
- Senf
- saure Sahne
- Schmand

❓ Es hieß immer »Fett macht fett« und je weniger desto besser. Gilt das auch für die »guten« Fette?

Fett ist ein mächtiger Energielieferant: 100 g Speiseöl enthalten rund 900 kcal, Schweineschmalz 898 kcal, Butter 754 kcal und selbst Diätmargarine kommt noch auf stolze 722 kcal. Doch zur Aufnahme der fettlöslichen Vitamine A, D, E und K sowie vieler sekundärer Pflanzeninhaltsstoffe benötigt der Körper Fett. Nicht zuletzt sind die in manchen Fetten enthaltenen essenziellen Fettsäuren für das Funktionieren des Organismus genauso wichtig wie Vitamine oder Mineralstoffe.

Fett ist also für unseren Körper unverzichtbar. Doch was in früheren Zeiten lebensnotwendige Mangelware war, kann in unserer heutigen Überflussgesellschaft rasch zu viel werden, sodass der Organismus das überschüssige Fett als Fettpolster am Körper lagert. Daher gilt auch bei den empfehlenswerten Fetten wie Rapsöl, Olivenöl oder fettem Fisch: Zu viel bei zu wenig Bewegung kann auch hier dick machen!

❓ Was sind eigentlich versteckte Fette?

In vielen Lebensmitteln ist Fett enthalten, ohne dass man es auf Anhieb bemerkt. Lässt man ihnen die Wahl, so greifen Kinder und Jugendliche sehr gerne und sehr zielsicher zu fetthaltigen Produkten wie Bratwürsten, Salami, Croissants oder Keksen mit Schokocreme. Kartoffelchips enthalten nach Berechnungen des Instituts für Chemie und Physik der Fette in Münster fast 40 Prozent an Fett, Pommes frites mehr als 13 Prozent. Viele Kinderprodukte wie Milchschnitten oder Nuss-Nougat-Creme enthalten ebenfalls reichlich Fett. Bei dem beliebten Brotaufstrich ist ein Fettanteil von rund einem Drittel der Grund dafür, dass er sich im Mund so angenehm mollig anfühlt. Milchprodukte für Kinder werden bisweilen extra mit Sahne angereichert, damit sie schön cremig flutschen.

Versuchen Sie, versteckte Fette im Speiseplan zu reduzieren: Schinken enthält weniger Fett als Salami oder Mortadella, die Tiefkühlpizza ist häufig fetter als die selbst gemachte, Pudding kann man auch selbst kochen und ohne Sahne essen, Kuchen aus Biskuitteig ist fettärmer als solcher aus Mürbteig, die Marmeladefüllung im Kuchen oder in Keksen hat weniger Fett als eine Cremefüllung.

❓ Ich habe gehört, dass Pommes frites und Croissants gesundheitsschädliche Fette enthalten. Stimmt das?

Vor allem in Frittiertem und Backwaren aus Blätterteig finden sich sogenannte trans-Fettsäuren. Diese entstehen beim industriellen Härten und bei der Erhitzung von Pflanzenfetten. Sie finden sich häufig in der Ziehmargarine, einer Spezialmargarine, die sich deutlich von der Haushaltsmargarine unterscheidet. Sie wird bei der industriellen Herstellung von Blätterteig verwendet, da sie bewirkt, dass sich der Teig leichter bearbeiten lässt. Leider sind trans-Fette in einer Vielzahl von Lebensmitteln enthalten, die vor allem bei Kindern und Jugendlichen beliebt sind: so zum Beispiel sehr oft in Blätterteiggebäck, Pommes frites und anderen frittierten Lebensmitteln, in Knabbergebäck, Croissants, Mikrowellen-Popcorn, Instantsuppen, Fertiggerichten oder Burgern. Ob überhaupt und, wenn ja, wie viel an trans-Fettsäuren in einem Produkt vorkommen, ist aber weniger vom Produkt an sich als vielmehr vom Problembewusstsein des einzelnen Herstellers abhängig und davon, wie sorgfältig er bei der Auswahl und Verwendung seiner Speisefette vorgeht. Denn es gibt mittlerweile auch ein reiches Angebot an Industriefetten, in denen der Anteil an trans-Fettsäuren stark reduziert ist beziehungsweise die überhaupt keine trans-Fettsäuren mehr enthalten. Doch so lange kein EU-weiter Grenzwert für trans-Fettsäuren existiert, kann man leider nur versuchen, über die Produktdeklaration Näheres zu erfahren. Im Zweifelsfall sollte man Lebensmittel aus jenen Produktgruppen, in denen trans-Fettsäuren vermehrt vorkommen, eher selten im Speiseplan aufnehmen.

trans-Fettsäuren entstehen übrigens auch auf natürliche Weise: im Magen von Wiederkäuern. Sie kommen daher in geringen Mengen auch in Milchprodukten sowie in Rind- oder Lammfleisch vor.

 **INFO**

trans-Fettsäuren

Beim Erhitzen und künstlichen Härten von Pflanzenfetten entstehen sogenannte trans-Fettsäuren (Fettsäuren mit trans-figurierten Kohlenstoff-Doppelbindungen). Diese sind gesundheitlich bedenklich, da sie den Anteil am ungünstigen LDL-Cholesterin im Blut erhöhen und jenen des »guten« HDL-Cholesterins senken. Dies fördert Entzündungen der Blutgefäße und Atherosklerose und erhöht langfristig das Risiko für Herzinfarkt und Schlaganfall. Darüber hinaus stehen trans-Fettsäuren in Verdacht, bei der Entstehung von Diabetes und Übergewicht mitzuwirken und eine ungünstige Wirkung auf Föten zu haben.

? **Meine Bekannte behauptet, dass es schädlich sei, mit Olivenöl zu kochen. Soll ich es daher nur für Salat verwenden?**

Das kann man so pauschal nicht sagen. Olivenöl kann je nach Qualität auf Temperaturen zwischen 130 und 170 °C erhitzt werden, ohne dass wertvolle Eigenschaften verloren gehen. Das heißt, Sie können Olivenöl nicht nur für Salate und zum Abrunden fertig gekochter Speisen verwenden, sondern durchaus auch für Eintöpfe oder Schmorgerichte. Für Kochvorgänge, die mehr Hitze benötigen wie Frittieren oder Braten, ist es jedoch sicherer, hitzestabile Fette wie etwa Raps- oder Erdnussöl zu verwenden. Generell sind raffinierte Öle fürs Braten geeignet, native und unbehandelte Öle für die kalte Küche. Die höchste Qualitätsstufe beim Olivenöl, »nativ extra«, setzen Sie am sinnvollsten bei Gerichten ein, die nur leicht bis gar nicht erwärmt werden.

? **Welche Fette und Öle sind zum Braten und Frittieren geeignet?**

Beim Braten und Frittieren liegen Sie mit raffinierten Pflanzenölen oder Butterschmalz richtig. Der Rauchpunkt dieser Fette liegt bei etwa 200 °C. Bei höheren Temperaturen beginnt das Fett zu rauchen und es entstehen chemische Prozesse, die das Fett ungünstig verändern. Das beginnt bei Geschmacksveränderungen und reicht bis zum Verbrennen. Die optimale Frittiertemperatur liegt bei 160 bis 170 °C; zum Kurzbraten von Fleisch benötigt man etwa 160 bis 200 °C. Abgesehen von der Hitzestabilität sollten Sie aber auch auf die Zusammensetzung der Fettsäuren achten. Die Deutsche Gesellschaft für Ernährung sowie das Österreichische Akademische Institut für Ernährungsmedizin empfehlen daher, vor allem raffiniertes Rapsöl zu verwenden. Es zeichnet sich besonders durch das günstige Verhältnis von Linolsäure zu α-Linolensäure aus, das die verstärkte Aufnahme der essenziellen Omega-3-Fettsäuren unterstützt. Kalt gepresste Pflanzenöle wie Weizenkeimöl, Maiskeimöl, Leinöl oder Distelöl sind am besten in der kalten Küche aufgehoben oder zum Verfeinern fertig zubereiteter Gerichte.

❓ Überall steht, dass zweimal pro Woche Seefisch auf den Tisch gehört. Meine Familie mag aber keinen Fisch. Was soll ich tun?

Was Fisch in der Ernährung so wichtig macht, ist der hohe Anteil an Jod und Omega-3-Fettsäuren und innerhalb dieser insbesondere der beiden langkettigen Fettsäuren Eicosapentaensäure (EPA) und Docosahexaensäure (DHA). Diese Omega-3-Fettsäuren kommen in relevanten Mengen nur in Fischen vor. Es gibt aber auch pflanzliche Öle, die besonders reich an α-Linolensäure sind, die in kleinen Mengen vom Körper in EPA und DHA umgewandelt werden kann. An erster Stelle ist hier das Leinöl zu nennen, dessen Fettsäureanteil zu mehr als der Hälfte aus α-Linolensäure besteht. Auch Walnuss- und Rapsöl haben mit rund 10 Prozent einen signifikanten Anteil von α-Linolensäure am gesamten Fett. Wenn Fisch also nicht gewünscht wird, erzielen Sie einen annähernd vergleichbaren Effekt, indem Sie Ihrer Familie verstärkt Walnüsse zum Knabbern anbieten und in Kuchen, Müsli und anderen Gerichten immer wieder ein Löffelchen Leinsamen einarbeiten.

❓ Seefisch ist gesund, doch welchen kann ich angesichts der Überfischung der Meere noch mit gutem Gewissen kaufen?

Die Überfischung der Meere bedroht immer mehr Arten. Nach Angaben der Welternährungsorganisation FAO gelten 77 Prozent der wirtschaftlich wichtigen Fischbestände als überfischt. Zusätzlich weicht die Fischereiindustrie zunehmend auf Tiefseefische aus. Da diese sehr langsam wachsen, ist der Eingriff ins Ökosystem dabei besonders gravierend. Ein Rotbarsch, ein neuseeländischer Petersfisch (Allocyttus spp.; nicht verwandt mit dem Namensvetter aus dem Mittelmeer) oder der neu den Markt erobernde Alfonsino werden bis zu 100 Jahre alt. Wenn man einen Fisch dieser Sorten als Filet genießt, sollte man bedenken, dass er zuvor schon mindestens 35 Jahre in den Tiefen der Meere herumgeschwommen ist. Damit dürfte er wohl mehr Jahre auf dem Buckel haben als so mancher, der ihn verzehrt!

Wer ökologische Fehlgriffe in der Tiefkühltruhe vermeiden möchte, kann sich am Siegel des Marine Stewardship Council (MSC) orientieren. Es findet sich auf Fischen und Fischprodukten maritimer Herkunft, bei deren Produktion auf die Nachhaltigkeit der Fischbestände Rücksicht genommen wurde (siehe www.msc.org). Bei Fischen aus Wildfang müssen Schutzzeiten, Fangquoten, Größe und Lebensalter beachtet werden, sodass die Erholung der Bestände gewährleistet ist. Die Art der Fischerei muss auf bestehende Ökosysteme Rücksicht nehmen. Dazu gehört, dass die Meeresböden nicht zerstört werden und der Beifang minimiert wird. Die Einhaltung dieser Bestimmungen wird von zertifizierten unabhängigen Kontrollstellen überwacht. Fische aus Aquakulturen sind leider auch nicht immer eine gute Alternative. Sorglos angelegte Fischfarmen führen dazu, dass sensible Ökosysteme zerstört werden. Der hohe Wasserverbrauch kann den Grundwasserspiegel verändern. Bisweilen werden natürliche Gewässer umgeleitet, was andernorts zu Wassermangel führt. Die Fütterung mit Fischen, Fischmehl oder Fischöl führt dazu, dass anderen Fischen die Nahrungsgrundlage entzogen wird. Nicht zuletzt macht die hohe Besatzdichte in den Farmen den Einsatz von Medikamenten, vor allem von Antibiotika nötig. Beim immer wieder auftretenden unachtsamen Gebrauch der Medikamente kommt es zur Verseuchung offener Gewässer sowie des Grundwassers. Achten Sie daher bei Fischen aus Aquakultur darauf, dass diese aus biologischer Zucht kommen. So ist gewährleistet, dass die Besatzdichte reduziert ist, dass keine Arzneimittel routinemäßig verfüttert werden und dass die zur Fütterung verwendeten Fischmehle und -öle aus Wildfang oder einer Zucht kommen, die der Nachhaltigkeit verpflichtet ist.

 **TIPP**

Fisch bewusst einkaufen

Umweltschutzorganisationen wie WWF und Greenpeace bieten handliche Einkaufsführer an, die helfen, beim Fischeinkauf auf einen Blick zu erkennen, wo man unbedenklich zugreifen kann und wovon man die Finger lassen sollte (siehe Seite 247).

Kalzium: der Stoff, der Knochen stark macht

❓ Es ist bekannt, dass Milch die Knochen kräftigt. In welchen Lebensmitteln ist ebenfalls besonders viel Kalzium enthalten?

Die besten Kalziumquellen in der Ernährung sind Milch und Milchprodukte. 100 g Milch enthalten etwa 120 mg Kalzium. Dabei ist es egal, ob es sich um Voll- oder Magermilch handelt. Milch ist übrigens auch deshalb besonders wertvoll für die Knochen, weil sie noch weitere für den Knochenaufbau wichtige Spurenelemente wie Phosphor, Magnesium und Zink enthält. Auch Joghurt kommt auf etwa 124 mg Kalzium pro 100 g. Käse hat's ebenfalls in sich: 100 g Gouda enthalten 800 mg Kalzium, Hartkäse wie Emmentaler oder Bergkäse kommen auf über 1000 mg pro 100 g. Die Kalziumversorgung eines Kindes im Grundschulalter kann beispielsweise mit zwei Gläsern Milch, einem Joghurt und einem Käsebrot pro Tag sichergestellt werden.

❓ Mein Kind mag keine Milch. Was soll ich tun?

Nachdem alle Milchprodukte eine gute Kalziumquelle darstellen, ist das zunächst einmal nicht weiter tragisch. Vielleicht mag Ihr Kind Quarkspeisen, Fruchtjoghurt oder Käse? Für den Kalziumgehalt ist es übrigens egal, ob Sie Produkte aus Vollmilch verwenden oder fettreduzierte. Vielleicht lehnt Ihr Kind zwar Milch ab, lässt sich aber für Kakao sehr wohl begeistern? Oder für einen leckeren, frisch zubereiteten Milchshake als Zwischenmahlzeit? Gerade bei kleineren Kindern kann allein die Zubereitung eines Milchshakes eine so große Faszination ausüben, dass es Milch zwar weiterhin eigentlich nicht mag, aber Milchshakes am liebsten täglich haben möchte. Lassen Sie das Kind das Obst selbst schnippeln, lassen Sie es den Mixer einschalten, lassen Sie es zusehen, wie das Obst in der Milch püriert wird. Und bereiten Sie den Milchshake zunächst nicht für das Kind zu, sondern erst mal für sich selbst und lassen Sie Ihr Kind davon kosten. So erhöhen Sie die Chance, dass es nach einigen Tagen ganz selbstverständlich ein eigenes Glas davon trinkt. Wichtig ist jedenfalls, dass Sie Ihrem Kind immer wieder Milch und Milchprodukte anbieten. Vor allem kleinere Kinder brauchen oft länger, bis sie ein neues Nahrungsmittel akzeptieren (siehe Seite 66).

❓ Wie kann ich mein Kind mit ausreichend Kalzium versorgen, wenn es keine Milch verträgt?

Zunächst einmal sollten Sie den Grund für die Milchunverträglichkeit ärztlich abklären lassen (siehe Seite 195). Bei Lactoseintoleranz (Milchzuckerunverträglichkeit) werden Joghurt, Quark oder Käse oft trotzdem gut vertragen. Alternativ gibt es auch lactosefreie Milch und Milchprodukte. Bei diesen ist die Lactose bereits aufgespalten, sodass sie besser vertragen werden. Bei einer Allergie gegen Kuhmilcheiweiß (siehe Seite 191 ff.) sollten Sie Ihrem Kind kalziumreiches Mineralwasser zu trinken geben und weitere Möglichkeiten mit dem Kinderarzt abstimmen. Manche Gemüse wie Brunnenkresse, Fenchel, Grünkohl, Spinat, Lauch und Kohl enthalten mit Werten zwischen 100 und 200 mg pro 100 g ebenfalls relativ viel Kalzium. Spitzenreiter unter den Gemüsesorten ist allerdings die Brennnessel mit 700 mg Kalzium pro 100 g. Diese ausgezeichnete Kalziumquelle lässt sich wie Blattspinat zubereiten und blanchiert auch problemlos einfrieren. Verwenden Sie dabei vor allem die zarten Blätter an der Spitze der Pflanze. Zum Pflücken empfiehlt es sich, dicke Gummihandschuhe anzuziehen. Doch keine Angst: Beim Kochen brechen jene Brennhaare, in denen die »brennende« Säure enthalten ist, auf und die Säure verflüchtigt sich.

 **TIPP**

Produktverpackung genau lesen

Hat der Arzt eine Unverträglichkeit oder Allergie festgestellt, vermeiden Sie alle Produkte, bei denen in der Produktdeklaration Begriffe wie »Milcheiweiß«, »Molke« oder »Lacto-« vorkommen. Gebäck oder Wurst kann Milchbestandteile enthalten. Erkundigen Sie sich daher auch bei unverpackten Lebensmitteln nach den Inhaltsstoffen.

Vegetarische und vegane Ernährung

❓ Was muss ich beachten, wenn ich für mein Kind vegetarisch koche?

Die Deutsche Gesellschaft für Ernährung (DGE) hat die folgenden Tipps für Eltern bereitgestellt, deren Kinder sich (ovo-)lacto-vegetabil ernähren wollen oder sollen:

- Geben Sie Ihrem Kind eisenreiche pflanzliche Lebensmittel wie etwa Hirse oder Vollkorngetreide immer in Kombination mit Vitamin-C-reichem Obst (zum Beispiel Erdbeeren, Orangen), Obstsäften oder Gemüse (zum Beispiel Paprika, Brokkoli, verschiedene Kohlgemüse). Das verbessert die Verfügbarkeit von Eisen aus pflanzlichen Lebensmitteln. Seien Sie sparsam mit Sahnesoßen oder Käse zu eisenhaltigen Lebensmitteln, da Kalzium die Eisenaufnahme im Körper hemmt. Milch sollte Ihr Kind erst zwei Stunden nach der Mahlzeit trinken.
- Verwenden Sie ausschließlich Jodsalz und damit hergestellte Produkte.
- Kombinieren Sie verschiedene proteinreiche Lebensmittel in einer Mahlzeit, wie beispielsweise Milch und Kartoffeln, Kartoffeln und Hülsenfrüchte oder Kartoffeln und Eier. Dadurch können Sie die ausreichende Proteinversorgung Ihres Kindes gewährleisten.
- Wenn Sie industriell hergestellte Babynahrung bevorzugen, achten Sie dabei auf die Zutatenliste. Enthalten die angebotenen Gemüse-Vollkorngetreide-Breie kein Vitamin C, geben Sie einige Esslöffel Orangensaft zu.

❓ Sind bei vegetarischer bzw. veganer Ernährung Nahrungsmittelzusätze erforderlich?

Eine sorgfältig zusammengestellte vegetarische Ernährung bietet dem Körper alle Nährstoffe, die er braucht. Nahrungsmittelzusätze sind daher nicht zwingend nötig. Bei veganer Kost ist die ausreichende Nährstoffversorgung mit der Nahrung allein jedoch nicht gegeben. In diesem Fall sind Nahrungsmittelzusätze unerlässlich. Daher lehnen die Ernährungsgesellschaften Deutschlands, Österreichs und der Schweiz (D-A-CH) vegane Ernährung auch als Dauerkost ab.

 **INFO**

Was essen Vegetarier und Veganer?

In der fleischlosen Ernährung unterscheidet man in der Regel drei Ernährungsformen:

- **Ovo-lacto-Vegetarier:** Kein Fleisch oder Fisch, aber Eier, Milch und Milchprodukte.
- **Lacto-Vegetarier:** Kein Fleisch, keine Eier, aber Milch und Milchprodukte.
- **Veganer:** Ausschließlich pflanzliche Ernährung, kein Fleisch, keine Eier, keine Milch oder Milchprodukte, kein Honig.

? Mein Sohn möchte Vegetarier werden. Wie soll ich reagieren?

Bleiben Sie vor allem einmal gelassen und versuchen Sie zu ergründen, wie es zu diesem Entschluss kam. Hat Ihr Sohn im Unterricht etwas über das Tierleid in der landwirtschaftlichen Intensivhaltung gelernt, so braucht er vor allem einmal Ihre Unterstützung beim Verarbeiten der Fakten, aber ebenso der Tatsache, dass diese Art der Tierhaltung weit verbreitet ist und weitgehend auch nicht hinterfragt wird. Vielleicht hilft es Ihrem Sohn, wenn Sie für Ihren Haushalt ab sofort nur noch Fleisch aus biologischer Haltung kaufen. Landwirte, die biologisch wirtschaften, unterliegen auch in der Tierhaltung besonderen Vorschriften. Diese betreffen nicht nur die Fütterung der Tiere, sondern beinhalten auch Regelungen für eine artgerechte Haltung mit regelmäßigem Freilauf, tiergerecht ausgestatteten Ställen und der Möglichkeit, dass die Tiere ihr natürliches Sozialverhalten ausleben können (siehe Seite 115).

Erklärt ein pubertierendes Kind, dass es ab sofort kein Fleisch mehr essen wird, kann auch der Wunsch nach Abgrenzung, nach Eigenständigkeit dahinterstecken. Machen Sie Ihren Sohn darauf aufmerksam, dass er die Nährstoffe des Fleisches nun anderweitig zu sich nehmen muss. Lassen Sie sich erklären, wie er das bewerkstelligen will. Bitten Sie Ihren Sohn, Vorschläge für entsprechende Gerichte und Menüpläne zu machen. Übertragen Sie ihm dabei weitgehend die Verantwortung und greifen

Sie nur ein, wenn der Ihnen präsentierte Speiseplan keine ausreichende Versorgung mit Eiweiß, Eisen und Vitamin B_{12} gewährleistet. Entsteht durch die vegetarische Kost Ihres Sohnes zusätzliche Arbeit – etwa beim Einkaufen oder bei der Zubereitung –, so lassen Sie ihn diese ruhig ab und zu selbst erledigen. Wenn Ihr Sohn auf fleischloser Kost besteht, Sie selbst oder Ihre Familie auf Fleisch aber nicht verzichten wollen, so versuchen Sie zumindest ab und zu, Gerichte zu kochen, die alle gemeinsam essen. Gemeinsame Mahlzeiten sind wichtig für das Gemeinschaftsgefühl in der Familie.

Will Ihr Sohn sich vegan ernähren, also nicht nur fleischlos, sondern unter Verzicht auf Milch, Milchprodukte und Eier, sollten Sie jedoch klarmachen, dass Sie das nicht akzeptieren können. Die Deutsche Gesellschaft für Ernährung (DGE) rät von rein pflanzlicher, veganer Ernährung entschieden ab, da die Versorgung mit allen lebensnotwendigen Nährstoffen damit nicht gewährleistet ist. Bei milchfreier Ernährung kann es etwa zu einer Unterversorgung mit Eiweiß, Kalzium, Phosphor, Vitamin A und D kommen. Es steht Ihnen durchaus zu, darauf hinzuweisen, dass Sie von Gesetzes wegen für Ihren Sohn verantwortlich sind und daher zwar einer fleischlosen Kost zustimmen können, nicht jedoch einer veganen.

Makrobiotische Ernährung

❓ Kann ich mein Kind makrobiotisch ernähren?

Die makrobiotische Ernährung hat ihren Ursprung im antiken Griechenland, die moderne Variante wurde in Japan entwickelt. Sie setzt auf eine weitgehend vegane Ernährung und darüber hinaus möglichst rohe, unverarbeitete Lebensmittel, kaum Fett und wenig Flüssigkeit zum Trinken. Wichtigstes Lebensmittel bei diesem Ernährungskonzept ist das Getreide. Aufgrund dieser eingeschränkten Kostwahl und der Verabreichungsform kann es besonders bei Kindern zu gesundheitlichen Problemen kommen. Es können Wachstumsstörungen auftreten, Probleme in der Entwicklung von Sprache und Grobmotorik sowie Anzeichen von Rachitis. Besonders problematisch ist die ausreichende Versorgung mit Energie, Eiweiß, Vitamin D, Vitamin B_2,

Vitamin B$_{12}$, Eisen und Kalzium. Wer seine Kinder unbedingt makrobiotisch ernähren möchte, sollte daher mit dem Arzt über die zusätzliche Gabe von Nährstoffen sprechen. Besser wäre allerdings eine ausgewogene Ernährung.

❓ Ich habe gehört, dass es am gesündesten ist, wenn man nur Rohkost zu sich nimmt. Stimmt das?

Nein, das kann man so nicht sagen! Es stimmt zwar, dass bei der Zubereitung von Lebensmitteln durch Erhitzen manche Stoffe vermindert oder zerstört werden; manche Lebensmittel wie Hülsenfrüchte werden durch Erhitzen jedoch für den Menschen überhaupt erst genießbar oder ihre Inhaltsstoffe (insbesondere das Vitamin A) werden dadurch besser verwertbar.

Die Forderung nach ausschließlicher Rohkosternährung wird immer wieder von selbst ernannten Fachleuten aufgestellt und hat mehr mit esoterischem Gedankengut als mit wissenschaftlich fundierter Ernährungslehre zu tun. Manche schwören dabei auf ausschließliche Rohkost, andere lehnen Fleisch ab, wieder andere auch Eier und Milchprodukte. Das hat allerdings zur Folge, dass – entgegen der in diesem Zusammenhang auch immer wieder geäußerten heilsversprechenden Bezeichnung vom »vollen Wert« – der Körper mit diesen Kostformen nicht vollständig versorgt wird. Vielmehr kann es zu einer Unterversorgung unter anderem mit Eiweiß, Vitamin B$_{12}$, Vitamin D, Kalzium, Zink, Jod und Eisen kommen. Da der Körper manches, wie etwa Vitamin B$_{12}$, speichert, treten bei Erwachsenen Mangelerscheinungen manchmal erst nach Jahren auf. Bei Kindern ist es noch gefährlicher, da sie noch keine entsprechenden Speicher aufgebaut haben. Anderes, wie zum Beispiel Eisen, wird zwar schon im Mutterleib gespeichert, diese Speicher sind aber nach der Stillzeit geleert. Kinder müssen ihre Speicher also erst durch entsprechende Ernährung füllen und haben nur geringe Reserven, um temporäre Mangelernährung auszugleichen. Diese Kostarten werden daher von Ernährungswissenschaftlern dezidiert abgelehnt. Ganz besonders wird Schwangeren, Stillenden, Kindern und alten Menschen von dieser Ernährungsform abgeraten.

Günstig ist es dagegen, seine Ernährung etwa zur Hälfte mit nicht erhitzten Lebensmitteln wie rohem Obst oder Gemüse, Milch und Milchprodukten oder Getreideflocken zu bestreiten. Die andere Hälfte sollte so schonend wie möglich (möglichst kurz, mit wenig Wasser, nicht zu heiß) gegart werden.

Diät- und Lightprodukte

? **Ist es sinnvoll, meinem Kind vorsorglich Lightprodukte zu geben, damit es nicht dick wird?**

Das Lebensmittelrecht sieht keine Definition dazu vor, wie »Light«-Produkte beschaffen sein müssen. Je nachdem, welche Zielgruppe der Hersteller ansprechen möchte, kann »light« daher bedeuten, dass das Produkt im Vergleich zu herkömmlichen Erzeugnissen weniger Zucker, weniger Salz oder weniger Fett enthält. Lightprodukte stehen oft im Gegensatz zu einer bewussten Ernährung. Das hat mehrere Gründe:

- Ein Lightprodukt ist nicht unbedingt kalorienarm. Weniger Zucker kann etwa durch mehr Fett ausgeglichen werden. Weniger Salz hat überhaupt keinen Einfluss auf den Energiegehalt.
- Oft gibt es kalorienärmere Produkte aus dem normalen Lebensmittelsortiment. Eine Lightsalami beispielsweise ist immer noch energiereicher als magerer Kochschinken.
- Lightprodukte sind kein Freibrief für ungezügeltes Schlemmen. Sie können bewusstes Essen, das Wahrnehmen des eigenen Sättigungsgefühls nicht ersetzen.

Die Ernährung mit Lightprodukten kann also nicht gewährleisten, dass Ihr Kind rank und schlank wird oder bleibt. Die beste Methode zur Vermeidung von Übergewicht ist noch immer ein Mix aus ausgewogener Ernährung, den bedarfsgerechten Mengen und körperlicher Bewegung.

? **Sind Diätprodukte zum Abnehmen geeignet?**

Nicht jede Diät dient dem Abnehmen. Viele Menschen müssen aufgrund einer Krankheit wie etwa Diabetes oder einer Nahrungsmittelintoleranz (siehe Seite 195 ff.) eine bestimmte Diät einhalten. Meist ist der Zucker durch Süßstoff ersetzt oder die Zusammensetzung der Fette verändert (wenn der Cholesterinspiegel positiv beeinflusst werden soll).

Grundsätzlich, nicht nur zum Abnehmen, ist eine fettoptimierte und zuckerarme Kost hilfreich. Dies sollte jedoch weniger durch Diätprodukte bewirkt werden, die diesen Kriterien entsprechen, als vielmehr durch die Umstellung der gesamten Ernährung in diese Richtung. Und: Nicht nur die richtige Ernährung hilft beim Abnehmen. Mindestens ebenso wichtig im Rahmen eines vernünftigen Programms zum Abnehmen ist Bewegung! Auch in dieser Hinsicht können Diätprodukte keine Hilfe bieten …

❓ Es heißt, Zucker macht dick und verursacht Karies. Ist es gesünder, meinem Kind mit Süßstoff Gesüßtes zu geben?

Egal, ob es darum geht, eine Gewichtszunahme zu vermeiden, oder ob die Zähne geschützt werden sollen: Süßstoffe sind keine empfehlenswerte Alternative zu Zucker. Aufgrund ihres intensiven Süßgeschmacks führen sie nicht zum wünschenswerten sensibleren Süßempfinden, sondern sie können im Gegenteil dazu beitragen, die Geschmacksprägung auf »süß« zu fördern. Darüber hinaus können Kinder, die nun einmal Süßes lieben, durch den übermäßigen Verzehr von mit Süßstoffen gesüßten Produkten schnell jenen Wert überschreiten, bis zu dem keine gesundheitlichen Beeinträchtigungen zu erwarten sind. Besonders der Süßstoff Cyclamat, mit dem vielfach zuckerfreie Limonaden gesüßt werden, gilt in dieser Hinsicht als bedenklich.

Naschen – ja, aber richtig

❓ Kinder haben solchen Spaß daran. Was ist eigentlich so schlimm am Naschen?

Nun, Naschen an sich ist nicht schlimm. Wie schon Paracelsus sagte: »Allein die Dosis macht das Gift.« Naschereien zeichnen sich meist dadurch aus, dass sie einen hohen Energiegehalt aus Zucker und Fett haben, aber eine geringe Nährstoffdichte, also wenig Vitamine, Mineralstoffe oder Ballaststoffe. Zu viel Zuckerzeug kann Übergewicht fördern, ohne dem Körper wertvolle Inhaltsstoffe zu bieten.

Darüber hinaus sättigen Naschereien natürlich auch. Und wer schon von Schnitten und Drops satt ist, der greift seltener zu nährstoffreichen Nahrungsmitteln, hat keinen Appetit mehr auf Äpfel oder Karotten, isst kein Brot mit Käse. Von einer ausgewogenen Ernährung (siehe Seite 107 ff.) kann somit nicht mehr die Rede sein.

❓ Oma bringt immer Süßigkeiten mit. Was soll ich tun, wenn ich das nicht will?

Wenn Oma nicht allzu oft zu Besuch kommt, sollten Sie einfach versuchen, gelassen zu bleiben, anstatt Verbote auszusprechen. Erstens wird für Kinder alles, was verboten ist, doppelt interessant. Kämpfe wären also vorprogrammiert. Zum Zweiten ist es auch für das soziale Leben Ihres Kindes wichtig zu wissen, wie die aus der Werbung bekannten Süßigkeiten schmecken. Nur wenn es sie selbst kostet, kann es sich ein Urteil bilden und mit Freunden darüber austauschen. Und zum Dritten: Oma und ihre Gaben können auch eine Chance für Sie sein und Ihnen helfen, Ihren Überzeugungen und Ihrer pädagogischen Linie treu zu bleiben. Denn wenn sie das süße Zeug kauft, das Sie ablehnen, laufen Sie viel weniger Gefahr, sich im Supermarkt doch einmal weichklopfen zu lassen. Das ist wichtig, denn auf eines können Sie sich hundertprozentig verlassen: Hat Ihr Kind Sie einmal rumgekriegt, hat es bei Ihnen eine Schwachstelle entdeckt, so wird es beim nächsten Mal garantiert wieder versuchen, Ihnen an der Kasse noch rasch etwas Süßes abzuschmeicheln. Inklusive entsprechendem Theater bei einem konsequenten Nein.

Kommt Oma sehr oft oder bringt Unmengen, so könnten Sie versuchen, sich mit ihr auf für Sie akzeptablere Süßigkeiten und geringere Mengen zu einigen. Vielleicht lässt sie sich auch überzeugen, dass sie dem Enkelkind nicht nur mit Essbarem, sondern auch mit einem Malbuch, mit neuen Stiften, einem kleinen Bilderbuch oder Ähnlichem eine Freude bereiten kann. Und das Bilderbuch wird die Kinder viel länger an Oma erinnern als die rasch verzehrten Naschereien.

? Ist Kaugummi eine gute Alternative zu Naschereien?

Ja und nein. Grundsätzlich sollten sich Kinder nicht daran gewöhnen, pausenlos etwas im Mund zu haben. Es regt den Appetit an und verleitet zum Dauernaschen. Ständiges Naschen ist aus zwei Gründen schlecht: Einerseits kann es zur Entstehung von Übergewicht beitragen, andererseits leiden die Zähne, weil sich der Säurehaushalt im Mund nie erholen kann und auf diese Weise Zahnschäden begünstigt werden (siehe Seite 54 f.). Darüber hinaus enthalten Kaugummis häufig viele künstliche Aromen und Süßstoffe – und Erdbeeraroma ist nun einmal nicht so gesund wie eine Handvoll Erdbeeren.

Als positiv zu bewerten ist, dass durch das Kaugummikauen die Kaumuskulatur gestärkt und der Speichelfluss angeregt werden, was gut für die Zähne ist. Allerdings ist das nur so lange von Vorteil, als nicht alle zehn Minuten ein frischer Kaugummi in den Mund wandert. Gerade dies kommt jedoch in der Praxis häufig vor, denn der Kaugummi schmeckt vielen Kindern nicht mehr, wenn die Zuckerschicht und die meisten Geschmacksstoffe weggelutscht sind.

? Die Werbung verspricht immer wieder »gesundes Naschen«. Was ist da dran?

Hier steckt vor allem professionell ausgeklügeltes, sehr, sehr teures Marketing dahinter. So können etwa Drops aus purem Zucker mit Vitamin-C-Zusatz einen Apfel mit seinen Mineral- und Ballaststoffen, den Vitaminen und den sekundären Pflanzeninhaltsstoffen einfach nicht ersetzen. Denn all das ist in den Drops nicht enthalten und lässt sich auch nicht hineinpacken. Was diese Drops vor allem bewirken, ist, dass sie den Zahnschmelz angreifen, was in letzter Konsequenz zu Karies führt. Auch spezielle Kindermilchprodukte sind in der Regel zu fett und zu süß. Manche Produkte verkünden stolz, dass sie etwa »fettfrei« seien, verschweigen aber gleichzeitig einen besonders hohen Zuckeranteil (siehe Seite 100).

Doch egal, was Sie Ihrem Kind geben: Naschen bleibt immer Naschen, da der Energiegehalt von Süßigkeiten immer hoch ist.

Lassen Sie sich also nicht dazu verleiten, von einer Nascherei – egal ob Trockenobst, Nüsse oder industriell hergestellte Süßigkeiten – größere Mengen anzubieten, nur weil sie angeblich »gesund« sein soll oder dieser Eindruck von der Werbung erweckt wird.

❓ Welche Naschereien kann ich meiner Tochter guten Gewissens geben?

Empfehlenswert sind Fruchtgummis aus dem Bioladen. Sie enthalten zwar auch reichlich Zucker, sind aber zumindest fettfrei und kommen ohne künstliche Aromen und Farbstoffe aus. Bei Eis empfehlen sich vor allem Wassereis oder auch Fruchteis. Letzteres besteht zwar ebenfalls aus reichlich Zucker, dafür ist der Fettgehalt geringer als bei Milchspeiseeis. Verlangt der süße Hunger nach Keksen, so sollten trockene Kekse die erste Wahl sein, da sie weniger Fett enthalten als gefüllte Waffeln. Vollkornkekse sättigen rascher und sind daher Keksen aus weißem Auszugsmehl vorzuziehen. Bedenken Sie aber: Süß bleibt süß. Geben Sie stets kleine Mengen, denn gesunde Süßigkeiten gibt es nicht.

❓ Ist es bedenklich, wenn ich meinem Kind Schokolade zum Trost gebe?

Wenn Ihr Kind Trost braucht, dann braucht es vor allem Sie und Ihre liebevolle Zuwendung. Diese sollte an allererster Stelle stehen. Nehmen Sie Ihr Kind in den Arm, lassen Sie es ausweinen. Hat es sich beruhigt, können Sie mit ihm ein Bilderbuch anschauen oder ein kleines Spiel spielen. Wenn es immer Süßes als Trost gibt, prägen Sie damit das Essverhalten Ihres Kindes. Die Wahrscheinlichkeit, dass es dann auch als Erwachsener keine anderen Mittel kennt, als Schmerz und unangenehme Gefühle durch Essen zu kompensieren, ist sehr groß.

❓ Ist ein wenig Naschen schlimm?

Keine Angst: Auch wenn Sie Ihrem Kind ab und zu etwas zu naschen geben, wird es nicht sofort seine ganze Ernährung auf Süßigkeiten umstellen wollen. Außerdem hat Ihr Kind eine natürliche Vorliebe für Süßes. Die hat sich ihm nämlich schon beim Stillen durch den Geschmack der Muttermilch eingeprägt. Als aus ernährungswissenschaftlicher Sicht akzeptabel gelten etwa 50 g Süßigkeiten pro Tag. Das entspricht beispielsweise einer kleinen Portion Kuchen oder einer kleinen Portion Speiseeis (siehe Seite 86 f.). Zusätzlich zu den Naschereien muss auch der generelle Zuckerkonsum in Anschlag gebracht werden. Wer nascht, sollte darauf achten, dass er anderweitig möglichst wenig Zucker zu sich nimmt. Behalten Sie daher auch unbedingt im Auge, wie viel Süßes Ihr Kind in Form von Kindermüslis, Limos oder Ähnlichem konsumiert.

❓ Mein Sohn verlangt pausenlos nach Süßem. Wie kann ich den Süßigkeitenkonsum einschränken?

Gewöhnen Sie den Geschmackssinn Ihres Kindes erst gar nicht an stark Gesüßtes. Beginnen Sie möglichst von klein an, Ihrem Kind wenig bis gar nicht gesüßte Speisen anzubieten. Keine süßen Frühstückscerealien, Bitterschokolade anstelle von Milchschokolade, selbst gemachte Quarkspeise oder Kuchen, bei denen Sie den Zuckeranteil bestimmen können, Wasser anstelle von Limo. Bieten Sie Ihrem Kind für den kleinen Hunger zwischendurch klein geschnittenes Obst oder Gemüse als Fingerfood an. Horten Sie zu Hause keine größeren Mengen an Süßigkeiten, dann brauchen Sie auch keine Verbote auszusprechen. Besser ist es, Tagesrationen auszugeben, die Ihr Kind sich einteilen kann. Bei größeren Kindern können es auch Rationen für zwei, drei Tage sein. Der Umgang mit Wochenrationen überfordert die meisten Kinder. Bei Jugendlichen ist es aber durchaus sinnvoll, sie zu Planung und Eigenverantwortung zu ermuntern. So können im geschützten Rahmen wertvolle soziale Fähigkeiten eingeübt werden, die auch abseits der Ernährung nötig sind. Und schließlich: Überprüfen Sie als Eltern (beide!) Ihr eigenes Essverhalten. Wie sieht Ihre Zwischenmahlzeit aus? Was trinken Sie bei Tisch? Wenn Sie selbst zwischendurch ins Süßigkeitenfach greifen, um Hunger oder Frust zu kompensieren, wenn Sie anstatt Wasser lieber Colagetränke oder Limonade trinken, wird Ihr Kind sich an diesem Verhalten orientieren.

Wasser, marsch – richtig trinken

❓ Wie viel Flüssigkeit braucht mein Kind?

Die Ernährungsgesellschaften Deutschlands, Österreichs und der Schweiz (D-A-CH) empfehlen die folgenden Richtwerte für die Zufuhr von Wasser durch Getränke in ml pro Tag:

Lebensalter	Flüssigkeit
0 bis unter 4 Monate	620 ml[1]
4 bis unter 12 Monate	400 ml
1 bis unter 4 Jahre	820 ml
4 bis unter 7 Jahre	940 ml
7 bis unter 10 Jahre	970 ml
10 bis unter 13 Jahre	1170 ml
13 bis unter 15 Jahre	1330 ml
15 bis unter 19 Jahre	1530 ml

[1] Die Aufnahme erfolgt über die Muttermilch

Bei Sport und Spiel und an heißen Tagen kann sich der Flüssigkeitsbedarf von Kindern verdoppeln. Es ist daher wichtig, den Kindern über den ganzen Tag verteilt immer wieder zu trinken anzubieten oder flüssigkeitsreiche Nahrung wie Suppe, Kompott oder wasserreiches Obst und Gemüse wie Melone oder Gurke bereitzustellen. Sorgen Sie dafür, dass Ihr Kind auch in der Schule regelmäßig trinkt. Stimmt die Flüssigkeitsversorgung nicht, lässt auch die Konzentration zu wünschen übrig.

❓ Was sind gute Durstlöscher?

Gegen den Durst helfen am besten energiefreie Getränke, also solche ohne Zucker. An erster Stelle sollte Leitungswasser stehen. Auch kohlensäurearmes oder -freies Mineralwasser und ungezuckerte Früchtetees sind empfehlenswert. Fruchtsäfte wie etwa Apfelsaft enthalten durch das Obst rund 10 Prozent Zucker. Sie sollten mit Wasser zumindest im Verhältnis 2:1, besser noch 3:1 (drei Teile Wasser, ein Teil Saft) verdünnt werden. Süße Getränke wie Limonade oder Eistee sind aufgrund ihres hohen Energiegehalts und der geringen Nährstoffe abzulehnen.

❓ Ich soll meinem Kind Milch zu trinken geben, weil sie gesund ist. Andererseits ist Milch aber kein Durstlöscher. Wann soll ich die Milch denn nun geben?

Beides ist richtig. Milch hat wertvolle Inhaltsstoffe, insbesondere Kalzium. Normale Kuhmilch mit 3,5 Prozent Fett enthält aber 64 kcal pro 100 ml und ist damit auch sehr energiereich. Ein Liter Milch hat einen höheren Energiegehalt als ein großer Hamburger. Es ist daher günstig, Milch nicht als Durstlöscher einzuführen und sie vorwiegend zum Frühstück und zu Zwischenmahlzeiten wie etwa in der Schulpause zu genießen.

❓ Ist Magermilch eigentlich genauso wertvoll wie Vollmilch?

Fast. Egal ob entrahmte Milch, fettarme Milch mit 1,5 Prozent Fettgehalt, Buttermilch oder Dickmilch (Sauermilch): Der Gehalt an Mineralstoffen und Vitaminen ist fast gleich. Lediglich der Anteil des fettlöslichen Vitamin A sinkt mit dem Fettgehalt der Milch. Aufgrund dieses geringeren Gehalts an Energie und fettlöslichen Vitaminen sollte Kindern, die jünger als 2 Jahre sind, keine fettarme oder entrahmte Milch gegeben werden.

❓ Macht Limo wirklich dick?

Limonaden und Softdrinks sollten aufgrund ihres Zuckergehalts als Nascherei betrachtet und so konsumiert werden. Eine kleine Flasche (0,33 l) Colagetränk oder Limo enthält rund 34 g Gesamtzucker beziehungsweise knapp sieben Stück Würfelzucker zu je 5 g. Das entspricht dem Dreifachen der aus ernährungswissenschaftlicher Sicht tolerablen Zuckermenge pro Tag. Verschiedene Studien räumen dem Konsum von Softdrinks einen erheblichen Anteil bei der Entstehung von Übergewicht im Kindes- und Jugendalter ein (siehe Seite 198 ff.).
Achtung: Viele dieser Getränke werden inzwischen damit beworben, dass sie weniger Zucker enthalten. Damit die Brause dennoch süß genug schmeckt, werden entweder andere Zuckerarten (siehe Seite 56) oder Süßstoff (siehe Seite 144) beigefügt.

Beides wertet das Getränk nicht auf. Dazu kommt, dass der Genuss von Limo häufig dazu führt, dass weniger Milch und Fruchtsäfte konsumiert werden, sodass der Körper weniger Kalzium oder Vitamine bekommt. Softdrinks und Colagetränke haben daher am heimischen Esstisch nichts verloren. Versuchen Sie, diese Getränke auf besondere Anlässe wie Urlaub, Restaurantbesuch oder Kindergeburtstag zu beschränken.

❓ Im Supermarkt werden Fruchtnektar und Fruchtsaft angeboten. Stimmt es, dass Nektar weniger gesund ist?

Man möchte es so gerne glauben, dass Fruchtnektar besonders gesund ist. Schließlich lässt das Wort »Nektar« Assoziationen zu besonders Feinem und Wertvollem aufkommen. Doch leider: Fruchtnektar ist nicht unbedingt besser als Fruchtsaft. Dort wo Fruchtsaft draufsteht, darf auch nur Fruchtsaft drin sein. Der Gesetzgeber verlangt, dass als »Fruchtsaft« deklarierte Getränke zu 100 Prozent aus Fruchtsaft bestehen müssen, je nach Fruchtsorte dürfen aber auch pro Liter bis zu 150 g Zucker zugesetzt werden. »Nektar« braucht je nach Fruchtsorte nur zu 25 bis 50 Prozent aus Fruchtsaft bestehen und darf dafür bis zu 300 g an zusätzlichem Zucker enthalten. Auch der Zusatz von Wasser ist erlaubt. Trotzdem wäre es voreilig, Fruchtnektar generell als minderwertig einzustufen, denn bei manchen Fruchtsorten wie Aprikose oder Pfirsich muss Wasser zugesetzt werden, damit der dicke Fruchtbrei überhaupt erst trinkbar wird. Es bleibt Ihnen also nicht erspart, jeweils auch das Kleingedruckte auf dem Etikett zu lesen.

❓ Säfte, bei denen »100 Prozent Direktsaft« auf der Packung steht, sind meist teurer als die anderen. Ist Direktsaft genauso gesund wie frisch gepresster Saft?

Die Bezeichnung »Direktsaft« bedeutet zunächst, dass der Saft so, wie er aus der Frucht gepresst wurde, in die Packung kommt. Normalen Fruchtsäften wird dagegen zunächst einmal das Wasser entzogen, um ein Konzentrat zu bekommen. Dieses kann kostengünstiger – und aufgrund der geringeren Volumina auch umweltschonender – transportiert und gelagert werden. Der lokale Abfüller in Europa mischt das Konzentrat dann wieder mit Wasser zu einer trinkbaren Flüssigkeit zusammen. Doch auch Direktsaft wird unter industriellen Bedingungen produziert. Er ist pasteurisiert und wurde bereits mehr oder weniger lange gelagert, bevor er in Ihrem Glas oder im Glas Ihres Kindes landet. Hitze und lange Lagerung können zudem dazu führen, dass der Gehalt an wasserlöslichen Vitaminen wie zum Beispiel Vitamin C sinkt.

Trotzdem kann es sein, dass ein Apfelsaft aus der Packung, der aus frischen Äpfeln gepresst und unter optimalen Bedingungen gelagert wurde, noch mehr Vitamine enthält als von Ihnen selbst frisch gepresster Saft aus lange und schlecht gelagerten Äpfeln. Selbst gepresstem Saft ist dann eindeutig der Vorzug zu geben, wenn er aus frischen Früchten gewonnen und unmittelbar getrunken wird.

? Was sind eigentlich Smoothies?

Im Kühlregal haben sie sich in den letzten Jahren rasch einen festen Platz erobert, die sogenannten Smoothies. Doch woraus sie eigentlich bestehen, weiß niemand genau, solange er nicht das Kleingedruckte auf der jeweiligen Packung liest. Das liegt daran, dass es bislang keine lebensmittelrechtlichen Vorschriften gibt, wie »Smoothies« beschaffen zu sein haben. Allgemein versteht man darunter eher dickflüssige Obst- oder Gemüsesäfte. Die cremige Konsistenz kommt dadurch zustande, dass die Früchte nicht einfach gepresst werden, sondern dass direkt auch pürierte Frucht beigefügt wird. Im Idealfall sind Smoothies also fast so wertvoll für den Körper wie die frische Frucht selbst. Aufgrund des natürlichen Fruchtzuckergehalts können Smoothies durchaus energiereich sein. Wenn man sie in größeren Mengen als Durstlöscher konsumiert, besteht deshalb die Gefahr, dass sie die Entstehung von Übergewicht mit begünstigen. Sollen sie als Durstlöscher dienen, so sollten sie daher unbedingt mit reichlich Wasser verdünnt werden – worunter allerdings der »smoothe«, also der weiche Eindruck beim Trinken, leidet.

Gute Smoothies zeichnen sich durch die folgenden Eigenschaften aus:

- Sie enthalten keinerlei Zusätze wie etwa Zucker, Farbstoffe, Aromen, Konservierungsstoffe oder Vitaminanreicherungen.
- Sie bestehen maximal zur Hälfte aus Saft, der Rest ist pürierte Frucht.
- Sie sind frisch gepresst.
- Sie sind kühl und möglichst lichtgeschützt gelagert.

? Kinder lieben Eistee. Jetzt habe ich gehört, dass Eistee für Kinder gar nicht geeignet ist. Ist das richtig?

Ganz so pauschal kann man es nicht sagen. Eistee gibt es aus Schwarztee, Grüntee und Früchtetee. Meist ist der Tee, auf dessen Basis das Getränk gebraut wurde, auf der Packung angeführt. Schwarztee und Grüntee enthalten Koffein, das in diesem Zusammenhang vielfach auch als Teein bezeichnet wird. Zwar enthalten die Eistees, wie ein Test der Zeitschrift »Öko-Test« im Juni 2005 ergab, durchweg weniger Koffein als Colagetränke, für Kinder sind sie dennoch nur bedingt empfehlenswert. Einmal weil Koffein für Kinder wegen seiner aufputschenden Wirkung grundsätzlich vermieden werden sollte. Zum anderen enthalten die Tees bis zu 9 Prozent Zucker, was umgerechnet 30 Stück Würfelzucker pro Liter entspricht. Bei Eistees mit wenig Zucker wird bisweilen Süßstoff zugesetzt, was ebenfalls nicht ideal ist. Ähnlich wie bei vielen zuckerfreien Limonaden kommt hier der Süßstoff Cyclamat zum Einsatz, für den in Europa eine Mengenbegrenzung gilt (maximal 7 mg pro kg Körpergewicht). Die als unbedenklich geltende Tagesdosis erreichen besonders kleinere Kinder schneller als gedacht: Für sie sollte schon nach 700 ml Limo oder Eistee Schluss sein. Darüber hinaus fanden die Tester in allen untersuchten Eistees Zitronensäure, die den empfindlichen Zahnschmelz von Kindern angreifen kann.

Eistee auf Basis von schwarzem und grünem Tee ist also kein geeignetes Getränk für kleine Kinder. Auch für größere ist er als Durstlöscher nicht empfehlenswert, sondern sollte, wenn überhaupt, dann als Süßigkeit genossen werden. Wenn Ihre

Kinder Eistee lieben, dann bereiten Sie ihn besser selbst und aus Früchtetee zu. Sie können dann auch den Zuckergehalt selbst steuern. Wenn der Tee ohne Pfirsicharoma gar nicht schmeckt, so können Sie versuchen, ihn mit etwas Pfirsichsaft für Kinder attraktiver zu machen. Alternativ, quasi als Profitrick, bietet es sich an, mit Pfirsichöl aus der Apotheke nachzuhelfen. Nach einer Weile können Sie die Dosis langsam reduzieren, bis die Kinder auch den natürlichen Geschmack des Tees wieder akzeptieren.

? Stimmt es, dass Colagetränke aufputschende Wirkung haben?

Colagetränke enthalten Koffein, das eine anregende und durchaus auch aufputschende Wirkung hat. Bei erwachsenen Menschen tritt diese ab einer Dosis von 150 bis 200 mg auf, was etwa 150 bis 200 ml Colagetränk entspricht. Bei Kindern reichen je nach Alter und Körpergewicht weit geringere Mengen. Colagetränke sind daher für kleine Kinder nicht geeignet und auch Teenager sollten sie nur in Maßen zu sich nehmen.

? Mein Großer kauft sich immer wieder Energy-Drinks. Soll ich dagegen einschreiten?

Eine Dose eines Energiegetränks enthält etwa so viel Koffein, wie in einer Tasse Kaffee enthalten ist. Kinder, Jugendliche und empfindliche Erwachsene können auf hohe Dosen von Koffein mit Unruhe, Schwindel, Herz- und Pulsrasen, Erbrechen sowie Schlafstörungen reagieren. Energy-Drinks sind für Kinder absolut nicht geeignet, für Teenager nur bedingt. Trotzdem wird ein Verbot vermutlich wenig bringen, geht es doch beim Konsum dieser Getränke oftmals viel eher um das Image des Getränks als um die Wirkung. Ungeachtet der Akzeptanz durch die Freunde kann es eine Erfolg versprechende Lösung sein, wenn Sie Ihrem Kind ein Getränk Ihrer Wahl mitgeben. Das ist dann zwar nicht »cool« – aber ein kostenloser Durstlöscher hat gegenüber einem mit dem eigenen Taschengeld zu finanzierenden Energy-Drink selbst für statusbewusste Teenager sehr, sehr einfach zu erkennende Vorteile.

❓ Unser Leitungswasser hat einen hohen Nitratgehalt. Hilft abkochen?

Nein, abkochen hilft nur gegen Keime, nicht aber gegen Nitrat im Wasser. Der Grenzwert für Nitrat im Trinkwasser liegt in Deutschland und Österreich bei 50 mg je Liter, in der Schweiz bei 25 mg. Diese Werte sind auch für Babynahrung ungefährlich. Die Deutsche Gesellschaft für Ernährung empfiehlt jedoch aus Sicherheitsgründen, für die Zubereitung von Säuglingsnahrung Wasser mit einem maximalen Nitratgehalt von 10 mg je Liter zu verwenden. Greifen Sie daher im Zweifelsfall für die Zubereitung des Babyfläschchens zu Mineralwasser mit der Aufschrift »Geeignet für die Zubereitung von Säuglingsnahrung« (siehe Seite 32).

❓ Ist die Kohlensäure im Mineralwasser für Kinder gefährlich?

Kohlensäure ist nicht gefährlich für Kinder. Sie kann lediglich bei besonders empfindlichen Menschen ein Gefühl von Völle oder Unwohlsein sowie Blähungen verursachen. Egal welches Wasser Sie verwenden, ob mit Kohlensäure oder ohne, ob aus der Leitung oder der Designerflasche: Wichtig ist, dass die Kinder viel Wasser trinken. Wasser ist der beste Durstlöscher und die beste Möglichkeit, dem Körper jene Flüssigkeit zuzuführen, die er benötigt. Ermuntern Sie Ihre Kinder also regelmäßig dazu, Wasser zu trinken!

❓ Ist Mineralwasser gesünder als Leitungswasser?

Nicht unbedingt. Trinkwasser aus der Leitung ist in der Regel einwandfrei und hat in manchen Regionen auch einen hohen Gehalt an Mineralstoffen. Wie viel an Mineralstoffen und welche das Leitungswasser enthält, ist von Region zu Region verschieden. Die genauen Werte können Sie bei Ihrem Wasserversorger erfragen. Mineralwasser mit speziellen Eigenschaften, wie etwa einem hohen Anteil an Kalzium oder Eisen, ist nur in seltenen Fällen und bei speziellen Diäten nötig.

Konfliktzone Esstisch

Der Esstisch: Die gesamte Familie ist friedlich versammelt. Alle unterhalten sich fröhlich miteinander, während sie mit großem Appetit die aufgetischten Speisen verzehren. So kennen wir die Bilder aus dem Fernsehen. Die Realität sieht vielfach anders aus: Die Kinder streiten. Der Partner verkriecht sich hinter der Zeitung. Der Fernseher blubbert nebenbei. Das Essen, für dessen Zubereitung Sie lange in der Küche standen, bleibt fast unberührt – nur der Kleine hat es weiträumig rund um seinen Essplatz verteilt. Und am Ende stürmen alle kommentarlos in ihre Zimmer und lassen Sie mit dem Chaos alleine.

Tatsache ist: Am Esstisch versammelt sich nicht nur die Familie, am Esstisch versammeln sich auch sämtliche Reibungspunkte, Ängste, Erwartungen und Sorgen der Anwesenden. Da ist es dann oft nur ein kleiner Schritt, dass gleich auch alle Pannen und Fehlentwicklungen im familiären Gefüge offen auf dem Tisch liegen. Befürchtungen, dass das Kind zu wenig isst, Partner, die nicht kooperieren, eifersüchtige Geschwister, eine Person, die täglich kocht und die Wertschätzung dafür vermisst – diese und ähnliche Situationen verderben manchen den Appetit. Dazu kommen persönliche Sorgen. Die Enttäuschung über die ausgebliebene Anerkennung für das Projekt, in das man so viel Arbeit gesteckt hat, der Kollege, der schon wieder krank ist und dessen Arbeit sich nun zusätzlich zur eigenen auf dem Schreibtisch stapelt, die Lehrerin, die zwar die Arbeit des Freundes, nicht aber die eigene gelobt hat, der erste Liebeskummer bringen das fragile Gefüge leicht zum Überkochen.

All das setzt, steuert man nicht bewusst dagegen, leicht eine unheilvolle Spirale aus Druck und Gegendruck in Gang. Doch es gibt Auswege aus diesem Teufelskreis. Selbstverständlich sind auch diese Wege gewöhnungsbedürftig für Sie und für den Rest der Familie. Doch wenn alles gut geht, erwarten Sie am Ende Kinder, die selbstverantwortliche Esser sind, und Familienmahlzeiten, die wieder Freude machen.

Essen als Druckmittel

? In meiner Kindheit hieß es »Ein Löffel für die Mama« oder »Iss, damit du groß und stark wirst«. Darf ich mein Kind mit solchen Sprüchen zum Essen animieren?

Manche Eltern leben in beständiger Angst, dass ihr Kind zu wenig isst. Zu tief sitzen in uns Brutpflegeinstinkt und archaische Sorgen vor Hungersnöten, als dass wir unsere Kinder einfach essen ließen. Und auch wenn sich heutzutage bei uns niemand mehr vor Hungersnöten zu fürchten braucht, so können die meisten Eltern jene Instinkte, die sich die Menschheit über Jahrtausende angeeignet hat, nicht so leicht unterdrücken. Doch genau das ist es, was wir tun müssen: Den Kindern zutrauen, dass sie spüren, wie viel sie brauchen und wann sie genug haben. Wer krampfhaft versucht, Kindern Nahrung einzuflößen, ob mit dem »Löffel für die Mama« oder anderen Tricks, wird zweifelsohne manchmal bewirken, dass das Kind den Mund aufsperrt. Gleichzeitig nimmt man ihm aber die Chance, das eigene Gefühl für Hunger und für Sattheit erkennen zu lernen. Und wenn Hänschen das nicht lernen durfte, wird auch Hans sich schwertun zu wissen, wann es denn nun genug ist. So klein er sein mag: Der »Löffel für die Mama« kann der Grundstein für Übergewicht in späteren Jahren sein. Also Mama, Papa, Opa: Esst eure Löffelchen bitte selbst und lasst nicht eure Kinder und Enkelkinder ein Leben lang an den vielen aufgezwungenen Löffelchen tragen!

Abgesehen davon, dass es nicht sinnvoll ist, Kinder zum Essen zu überreden, sind die meisten Strategien von vornherein nutzlos: So stark wie Onkel Otto oder wie der Baggerfahrer aus dem Bilderbuch soll Ihr Kleines also werden? Nun, begeistert wird es versuchen, »Otto« nachzusagen oder mit »brumm, brumm« den Bagger zu imitieren. Nur: Was »groß und stark« bedeutet, das kann ein kleines Kind noch nicht verstehen, denn sich selbst erlebt es als Ganzes im Hier und Jetzt. Abstrakte Zukunftsvorstellungen sind ihm unbegreiflich. Also versuchen Sie einfach, Ihr Kind entscheiden zu lassen, wie viel es braucht. Das kann an manchen Tagen mehr sein und an anderen Tagen weniger. Doch seien Sie versichert: Ihr Kind holt sich, was es braucht!

❓ Bei uns gilt die Regel: »Wer nicht aufisst, bekommt auch keine Nachspeise.« Was ist von dieser Abmachung zu halten?

Das haben wir so gelernt und tausendmal gehört. Leider ist es trotzdem ein ganz, ganz schlechter Ansatz. Sie signalisieren damit, dass die Nachspeise eine Belohnung für das Essen davor ist. Damit öffnen Sie gleich zwei Schienen, die direkt in die Ernährungssackgasse führen. Zum einen könnte man daraus den Schluss ziehen, dass der Hauptgang so grässlich ist, dass er – ähnlich einem gefürchteten Arztbesuch – ohne Belohnung gar nicht zu bewältigen ist. Zum anderen sollte Essen nie als Strafe, Trost oder Belohnung eingesetzt werden. Denn damit bewirken Sie, dass Ihre Kinder daraus lernen, dass man Ernährung nicht nur zu sich nimmt, um satt zu werden und weil es gut schmeckt, sondern weil man mit dem Essen oder Nicht-Essen auch etwas bewirken kann, das mit Sättigung überhaupt nichts mehr zu tun hat. Gemeinsam mit anderen ungünstigen Umständen kann das zu mehr oder weniger ausgeprägtem Frustessen führen, in ganz schlimmen Fällen zu massiven Essstörungen wie Magersucht, Essattacken oder Ess-Brech-Sucht (siehe Seite 203 ff.). Darüber hinaus ist die Nachspeise nicht völlig losgelöst vom Menü zu sehen. Als informierter und ernährungsbewusster Elternteil stellen Sie ja nicht irgendeine Nachspeise auf den Tisch. Sie haben das Dessert so ausgewählt, dass es Teil der ausgewogenen Mahlzeit ist und damit einen wichtigen Beitrag zur Versorgung Ihres Kindes bildet, mit allen Nährstoffen, die es benötigt. Lassen Sie Ihr Kind entscheiden, wie viel es isst. Viele Kinder essen den Rest der Hauptspeise auch, nachdem sie den Nachtisch verzehrt haben, weil sie noch Hunger haben.

❓ Hilfe, mein Kind isst zu den Mahlzeiten nichts und bekommt zwischendurch immer Hunger. Wie soll ich mich verhalten?

Verweigert Ihr Kind das zu den Mahlzeiten Angebotene und klagt gleich danach über »Hunger«, so gilt es, einmal abzuschätzen, ob es wirklich Hunger hat. Oft ist in so einem Fall der Hunger gar nicht so groß, sondern es geht vielmehr darum, dass das Kind austesten möchte, ob und wie es Sie manipulieren kann. Nehmen Sie das aber bitte nicht persönlich. Ihr Kind probiert gerade soziale Techniken an Ihnen aus, quasi unter Laborbedingungen, bevor es sich damit in die Welt hinauswagt. Sie sind nicht deshalb das Opfer dieser Bemühungen, weil das Kind im Speziellen Sie ärgern möchte oder weil ihm Ihr Essen nicht schmeckt, sondern weil es Ihnen vertraut und weiß, dass Sie trotzdem zu ihm stehen werden, dass jeder Streit mit Ihnen irgendwann einmal wieder »gut« wird. Das kann sich bei weniger sicheren Kindern bis in die Pubertät hineinziehen. Haben Sie den Eindruck, dass Ihr Kind wirklich hungrig ist, bieten Sie ihm einen Apfel oder ein Stück Brot an. Vermeiden Sie es aber, besonders attraktive Nahrungsmittel anzubieten wie Gummibärchen, Schokolade, Pizza etc. Manchmal ist der Ausruf »Ich hab so Hunger« auch nur ein Ausdruck von Langeweile und das Kind hungert in Wirklichkeit nach Beschäftigung und Zuwendung. Vermeiden Sie dann bitte Vorschläge wie »Vielleicht kannst du mit deiner Eisenbahn spielen?«, sondern versuchen Sie, sich Zeit für Ihr Kind zu nehmen.

 **TIPP**

Behalten Sie die Hosen an

Hier einige Grundregeln für die Bereitstellung von Essen:

- Sie bestimmen, was auf den Tisch kommt, und achten dabei auf eine ausgewogene Zusammenstellung.
- Sie versuchen, die Zutaten möglichst einzeln anzubieten. Also beispielsweise gedünstetes Gemüse, Fleisch und Reis jeweils in separaten Schüsseln bzw. Tellern, anstelle eines Reiseintopfs. So kann Ihr Kind besser bestimmen, was es möchte, was es weglässt und wie viel es sich jeweils nimmt.
- Sie stellen erwünschte Zutaten auf den Tisch wie Kartoffeln, Gemüse oder Nudeln. Von diesen Zutaten kann Ihr Kind sich nehmen, so viel es möchte.
- Gewisse Zutaten wie Fleisch, Fisch oder süße Desserts portionieren Sie. Ihr Kind kann entscheiden, ob es die ihm zugeteilte Portion aufessen möchte oder nicht.
- Respektieren Sie die Entscheidung Ihres Kindes.

Nahrungsverweigerung und Vorlieben

? Sobald das Essen auf dem Tisch steht, fängt mein Kind an, »mag nicht« zu schreien. Wie gehe ich damit um, dass es nicht geschätzt wird, wenn ich koche?

Ihre Aufgabe als Mutter oder Vater ist es, Ihrem Kind eine ausgewogene Mahlzeit anzubieten, die alle erforderlichen Nährstoffe enthält. Es ist Ihr gutes Recht, bei der Ablehnung der Speisen anstelle eines »Iiihh, das ist grausig, das mag ich nicht« Höflichkeit einzufordern. Doch Sie können von Ihrem Kind keine Dankbarkeit dafür verlangen, dass Sie Ihrer Verantwortung als Eltern nachkommen, die Sie als erwachsener, selbstverantwortlicher Mensch eingegangen sind. Und die eigenen Kinder mit ausreichender und vernünftiger Nahrung zu versorgen, gehört nun einmal zu den Aufgaben, zu denen sich Menschen ab dem Moment verpflichten, in dem sie beschließen, Eltern werden zu wollen.

? Meine Tochter kann Karotten überhaupt nicht leiden. Soll ich ihr wirklich trotzdem immer wieder welche vorsetzen?

Natürlich können und sollen Sie bei der Menüplanung auch auf die Vorlieben und Abneigungen Ihrer Familie Rücksicht nehmen. Auch Kinder sollten die Möglichkeit haben, einzelne Lebensmittel abzulehnen, denn wir Erwachsene mögen ja auch nicht alles. Einigen Sie sich auf maximal drei Gemüsesorten, die Ihre Tochter nicht mag und die sie auch nicht jedes Mal probieren muss. Doch diese Vorlieben dürfen den Menüplan nicht diktieren, sonst dauert es nicht lange und es gibt nur noch Pizza, Pasta und Hähnchen. Im Bezug auf die Karotten bedeutet das: Sie kochen nicht etwa gezielt täglich Gerichte mit Karotten als Beilage und packen diese Ihrem Kind auch nicht zum Pausenbrot dazu. Aber es spricht überhaupt nichts dagegen, dass alle zwei Wochen einmal Karotten als Beilage oder Salat auf dem Tisch stehen. Dosieren Sie so, dass Ihr Kind die Möglichkeit hat, die Karotten zu vermeiden – bis es sich irgendwann vielleicht doch einmal entschließt, davon zu nehmen.

❓ Weil mein Kind immer so wenig isst, koche ich ihm regelmäßig sein Wunschgericht. Besteht so die Gefahr einseitiger Ernährung?

Wenn Eltern Angst haben, dass ihr Kind zu wenig isst, kommt es immer wieder zur Situation, dass das »Hotel Mama« oder die »Pension Papa« kocht, was der Nachwuchs ordert. Das ist aus mehreren Gründen nicht günstig. Kinder, egal welchen Alters, achten bei ihren Bestellungen garantiert nicht darauf, dass ihre Ernährung so zusammengestellt ist, dass sie mit allen wichtigen Nährstoffen versorgt werden. Wenn Sie Ihre Kinder bestimmen lassen, dann wird sich deren Diät blitzschnell auf die drei großen »P« beschränken: Pommes, Pasta und Pizza. Und nein, ganz sicher nicht auf Gemüsepizza! Auf den Instinkt der Kinder bezüglich einer ausgewogenen Nährstoffversorgung sollte man sich nur so lange verlassen, wie diese ausschließlich aus einem Angebot erwünschter Lebensmittel wählen können.

Kinder leben auch noch sehr im Hier und Jetzt. Je kleiner sie sind, desto weniger können sie über den aktuellen Moment hinaus empfinden. Mit der Frage, was sie denn am Abend essen möchten, sind sie daher schlicht überfordert. Mit den Jahren lernen sie zwar ein wenig, sich selbst und Zeiträume besser einzuschätzen, doch dann kommt die Pubertät. Jetzt können sie sich dann zwar schon die Schnürsenkel selbst binden (auch wenn sie es nun partout nicht tun), der Zeitbegriff und die Beständigkeit mancher Wünsche ähneln aber zwischendurch immer wieder jenen kleiner Kinder – auch wenn die Großen in solchen Situationen schon einmal Konrad Adenauer zitieren: »Was kümmert mich mein Geschwätz von gestern!«

Wenn Ihr Kind zu den Mahlzeiten nie isst, dann legt das den Verdacht nahe, dass es zwischen den Mahlzeiten für Ausgleich sorgt. Überprüfen Sie, ob es viel nascht oder ob es viel von sehr energiereichen Getränken wie Eistee, Limo, Fruchtsaft oder Milch zu sich nimmt. Schränken Sie das gegebenenfalls ein. Befindet sich Ihr Kind in der Pubertät, kann dies in seltenen Fällen auch auf eine Essstörung hinweisen (siehe Seite 203 ff.). Wenn Sie abwechslungsreich kochen, eine Auswahl auf den Tisch stellen, von der das Kind sich nehmen kann, soviel es braucht, dann wird es immer genug finden, um satt zu werden.

Wenn Geschwister mit am Tisch sitzen

❓ Bei Tisch entsteht unter den Kindern immer wieder ein regelrechter Kampf um die größte Portion. Wie kann ich das vermeiden?

Hier geht es nicht um Hunger, sondern um ganz archaische Revierkämpfe. Der Stärkste, der Häuptling, erhält die größten Bissen. Halten Sie sich an die Regel »Sättigungsbeilagen so viele, wie die Kinder möchten, Fleisch, Wurst, Fisch, Süßspeisen in Portionen« (vgl. Seite 159): Sie kann am Esstisch bereits zur Entschärfung beitragen. Schließlich manifestierte sich der Rang von Häuptlingen meist eher an der Größe des Bratenstücks und weniger an der Anzahl der ergatterten Kartoffeln. Vor allem aber liegt es an Ihnen, innerhalb der Familie dafür zu sorgen, dass auch abseits des Esstischs kein Kind das Gefühl hat, zu kurz zu kommen. Versuchen Sie immer wieder, jedem einzelnen Kind Zeit und Aufmerksamkeit zu widmen. Vermitteln Sie jedem einzelnen Kind, dass Sie es schätzen, seine speziellen Fähigkeiten, seine einzigartige Persönlichkeit.

❓ Die Kinder streiten immer bei Tisch. Wie lässt sich das dauerhaft abstellen?

Bei Tisch ist die ganze Familie versammelt. Reichlich Publikum also, um sich in Szene zu setzen. Der Logenplatz wird dabei den Eltern zugeteilt und das Stück, das gegeben wird, heißt: »Beachte mich!« Gerade wenn es in einer Familie allgemein eher turbulent zugeht, ist ein Streit für Kinder oft die einzige Möglichkeit, sich Gehör zu verschaffen.

Also: Nehmen Sie Tempo aus Ihrem Alltag. Sorgen Sie für Ruhepausen, in denen einmal ein Nachmittag verbummelt, ein Buch gelesen oder gemalt wird. Versuchen Sie, jedem Kind Zeiten einzuräumen, in denen Sie nur für dieses eine da sind. Das kann ruhig auch einmal beim Einkaufen, im Bus oder im Wartezimmer des Zahnarztes sein. Wenn Sie dabei nicht den Einkaufszettel memorieren, sondern sich tatsächlich Zeit nehmen, sich mit Ihrem Kind unterhalten, auf es eingehen und es ernst nehmen, kann auch in solchen Alltagssituationen Gemeinsamkeit entstehen. Manchmal sogar leichter als zu Hause, wo bisweilen sofort ein Geschwisterkind dasteht und meint: »Ich auch!«

Lassen Sie die Kinder ab und zu streiten. Das gehört zu einer gesunden Entwicklung dazu. Auch streiten muss erst einmal gelernt werden. Greifen Sie nur dann ein, wenn Sie das Gefühl haben, die Kinder können den Konflikt nicht alleine bewältigen. Bieten Sie Lösungsmöglichkeiten an. Moderieren Sie, aber ergreifen Sie möglichst nicht die Rolle des Schiedsrichters. Manchmal ist das »Streitsuchen« auch nur Mittel, um Dampf abzulassen, weil es in der Schule, mit dem besten Freund oder beim Basteln des Flugzeugs Probleme gab. Zeigen Sie Ihren Kindern andere Wege auf, den Frust loszuwerden: Singen, Sport, ein Mittagsschlaf.

❓ Mein Sohn hat eine Unverträglichkeit, daher müssen ihm bestimmte Lebensmittel verwehrt werden, die die Geschwister bekommen. Wie schafft man hier Ausgleich?

Versuchen Sie vor allem, die Situation nicht zu dramatisieren, sondern einen Alltag zu schaffen, der von allen Familienmitgliedern als selbstverständlich und normal erlebt wird: »Wir sind unterschiedlich und es gelten unterschiedliche, individuell angepasste Regeln, doch wir sind im Alltag gleich.« Die Geschwister dürfen also weiter essen und trinken wie bisher und auch die häuslichen Aufgaben bleiben unter allen Kindern gleich verteilt, egal ob Spülmaschine ausräumen, Müll wegbringen oder staubsaugen. Spannungen tauchen dann auf, wenn die Krankheit in den Mittelpunkt des Familienlebens rückt, das kranke Kind dadurch eine Sonderstellung erhält, sich die anderen Geschwister zurückgesetzt fühlen.

Sprechen Sie mit den gesunden Geschwistern. Erklären Sie ihnen, dass es dem betroffenen Kind hilft, wenn alle ein wenig Rücksicht nehmen, doch dass sie trotzdem nicht auf die betreffenden Lebensmittel verzichten müssen und dass es völlig in Ordnung ist, wenn sie diese essen. Erklären Sie ihnen immer wieder, dass es schön ist, wenn sie als Geschwister helfen, mit der Situation gut umzugehen, dass sie aber nicht für das kranke Kind verantwortlich sind. Für das kranke Kind ist es hilfreicher, ihm gegenüber immer wieder herauszustreichen, welche Lebensmittel es problemlos essen kann, als zu betonen, was es alles nicht essen darf.

Essen als Wert

❓ Was ist denn so schlimm daran, wenn ich ein Eis auch mal als Belohnung einsetze?

Ihr Großer hat in Mathe eine schlechte Note bekommen? Die Kleine sich beim Radfahren das Knie aufgeschürft? Sie haben im Büro Lob für Ihr Projekt bekommen? Erster Gedanke ist da vielfach, dem Großen zum Trost eine Pizza zu spendieren, der Kleinen ein Eis und den eigenen Erfolg vielleicht mit dem Partner bei einem richtig schönen Abendessen zu feiern. Ja, ab und zu hat man das Bedürfnis, sich so richtig zu verwöhnen – um sich zu belohnen oder vielleicht auch zum Trost. Selbstverständlich darf und soll man sich ab und zu verwöhnen. Und es ist auch gut, eine solche Strategie selbst zu praktizieren, denn wir werden nicht immer von anderen verwöhnt – so sehr wir uns das vielleicht auch wünschen. Aber: Seien Sie dabei fantasievoll! Wechseln Sie ab! Leben Sie Ihren Kindern vor: Es braucht nicht immer Essen zu sein, wenn man sich selbst eine Freude bereiten will. Mit dem T-Shirt, das Sie neulich in der Auslage gesehen haben, werden Sie länger Freude haben als mit einer Tafel Schokolade. Auch mit einer CD, einem Spaziergang in der Sonne mitten unter der Woche, einem Sonntag im Bett kann man sich selbst sehr gut beschenken.

❓ Essen soll ein normaler Bestandteil des Familienlebens sein. Darf man es dann überhaupt zum Höhepunkt eines Festes machen?

Es ist in der Tat schwer zu verstehen: Da hört man immer wieder, dass Essen als Trost oder als Belohnung abzulehnen ist, da man damit für seine Ernährung ungünstige Verhaltensmuster prägt, und dann ist es doch ganz selbstverständlich, dass der Höhepunkt jedes Festes – das ja an sich auch oftmals eine Belohnung ist (religiöse Feste, Firmenfeiern etc.) – ganz selbstverständlich ein üppiges Mahl ist. Doch diese Tradition kommt aus Zeiten, in denen das Essen knapper war als heute. Üppiges Schlemmen war nur zu besonderen Anlässen möglich. Andererseits: Auch heute gibt es nicht jede Woche ein Fest. Also genießen Sie es. Genießen Sie die Gemeinschaft und das Essen unbeschwert, schließlich feiern Sie ja nicht jeden Tag.

❓ Meine Tochter schiebt alles gedankenlos in sich hinein. Ich möchte aber, dass sie ihr Essen bewusst wahrnimmt. Wie kann ich ihr das beibringen?

Wer sein Essen genießt, der nimmt es bewusst wahr. Leider ist die Zeit oft knapp und es gibt auch immer wieder Störfaktoren, die die Konzentration aufs Essen, die Ruhe für das bewusste Genießen verhindern. Dann wird mal rasch im Bus ein Burger hinuntergewürgt, während des Telefonierens eine Tüte Pommes weggenascht oder beim Internetchat eine Pizza verdrückt. Diese mangelnde Aufmerksamkeit dem Essen gegenüber bewirkt jedoch, dass der Geschmack der Speisen gar nicht wirklich wahrgenommen wird. Also muss entsprechend kräftiger gewürzt werden, es braucht größere Mengen von Zucker oder Salz sowie künstliche Aromen und Geschmacksverstärker, die aber leider allesamt den Körper belasten können. Dazu kommt, dass man sich selbst um eine ganz, ganz wichtige Erkenntnis bringt, wenn man dem Vorgang des Essens keine Aufmerksamkeit widmet: die Erkenntnis, wann man satt ist. Dem Übergewicht sind damit Tür und Tor geöffnet.

Sorgen Sie daher für eine ruhige Atmosphäre beim Essen. Störquellen wie Handys, Fernseher und Ähnliches haben jetzt Pause. Das Essen sollte nicht nur physisch im Mittelpunkt der Tafel stehen. Sie sollten auch den Geruch, das Aussehen, die Konsistenz der Speisen bewusst wahrnehmen.

Versuchen Sie immer wieder, Gerichte so zuzubereiten, dass der Geschmack der einzelnen Zutaten möglichst unverfälscht zur Geltung kommt. Gemüsecurry ist eine feine Sache, deren ureigene Charakteristik die üppige Würzmischung ist. Doch in wenig Wasser gedünsteter Brokkoli, mit einem Hauch Pfeffer und einem kleinen Stückchen Butter verfeinert, kann ebenfalls köstlich sein. Ein Stückchen kurz gebratenes Fleisch oder Fisch dazu und Sie haben eine Mahlzeit, die fast nur vom Eigengeschmack der Zutaten lebt.

Es ist ein wenig so wie mit dem Schreibenlernen: Zuerst müssen die Kinder die Buchstaben malen können, bevor sie sich daranmachen können, wunderbare Aufsätze zu schreiben. Genauso sollte Ihre Tochter zunächst einmal wissen, wie die einzelnen Zutaten schmecken, bevor damit komplexe Gerichte zubereitet werden. Ob sie süß oder sauer schmecken, hart oder weich zu beißen sind, sich im Mund glatt oder körnig anfühlen. Ihre Tochter sollte erfahren dürfen, wie unterschiedlich grünes Gemüse schmecken kann, dass Spinat etwas anderes ist als Wirsing und dieser wiederum etwas anderes als Salat.

Wenn der Teller zur Kampfzone wird

? Was kann ich tun, wenn meine Tochter nicht essen mag?

Vermeiden Sie vor allem, in die Falle zu tappen und sich in einen Konflikt verwickeln zu lassen, der, wenn er einmal begonnen wird, nur sehr schwer wieder aus dem familiären Gefüge wegzubekommen ist. Halten Sie sich in diesem Fall am besten an die auf Seite 159 beschriebene Vorgehensweise:

- Sie stellen das Essen auf den Tisch.
- Das Kind darf einzelne Lebensmittel ablehnen.
- Gegessen wird zu den Mahlzeiten.
- Ihr Kind nimmt sich vom Angebotenen – oder nicht.
- Sie lassen sich zwischen den Mahlzeiten nicht von Kulleraugen und einem fast mit den letzten Kräften hingehauchten: »Ich hab aber soooo Hunger« kleinkriegen.

Manchmal haben kleine Kinder auch Phasen, in denen sie bestimmte Lebensmittel ablehnen. Oft wissen sie dann selbst nicht einmal warum – das Einzige, was sie ganz bestimmt wissen, ist: »Mag ich nicht!« Gehen Sie mit diesen Phasen entspannt um. Verwenden Sie das Lebensmittel vielleicht etwas seltener, aber stellen Sie es immer wieder auf den Tisch. Je unaufgeregter Sie dies tun, desto unauffälliger wird Ihre Tochter irgendwann wieder einmal zugreifen, als wäre nie etwas gewesen (siehe Seite 66).

❓ Mein Sohn verweigert hartnäckig sein Gemüse. Das möchte ich nicht zulassen. Was kann ich tun, damit er welches isst?

Das Verweigern von Nahrung, insbesondere Gemüse, ist vielfach nur eine weitere Variante des Spiels: »Wie kann ich die Aufmerksamkeit meiner Eltern erreichen?« Stilisieren Sie es daher nicht zum Kampfthema. Druck und mahnende Worte helfen hier ohnehin wenig. Nehmen Sie Ihren Sohn wahr, gehen Sie auf seine Gefühle ein, zeigen Sie ihm das auch deutlich und unternehmen Sie etwas mit ihm, bevor er beginnt, mit untauglichen Mitteln um Ihre Aufmerksamkeit zu kämpfen. Konzentrieren Sie sich nicht auf das Gemüseproblem, sondern leben Sie Ihrem Sohn stattdessen vor, dass Gemüse etwas Leckeres ist. Wenn Sie als Eltern – und zwar beide – Gemüse mögen und es in Ihrem eigenen Speiseplan seinen festen Platz hat, dann ist die wichtigste Voraussetzung, dass Ihr Sohn Gemüse akzeptiert, schon gegeben: nämlich Ihr Vorbild. Und dann müssen Sie auch keine Tricks anwenden, wie etwa Gemüse in anderen Lebensmitteln »verstecken«. Vielmehr ist es für Sie sowieso klar, dass ein Spaghettisugo ohne Zwiebeln, Karotten, Sellerie einfach nicht schmeckt. Und Ihr Sohn mag dann zwar vielleicht noch immer kein »Gemüse« – aber ein Sugo, in dem diese Zutaten fehlen, wird ihm gar nicht schmecken, da er schließlich von Anfang an nichts anderes kennt. Im Notfall können Sie auch Gerichte wählen, in denen Gemüse nicht vordergründig vorkommt, zum Beispiel Nudelsuppe mit Erbsen und Möhren, Risibisi oder eine Gemüselasagne.

 **TIPP**

Rohkost vorab
Stellen Sie immer, noch während Sie die Mahlzeit zubereiten, einen Salat oder klein geschnittenes Gemüse auf den Tisch. Manchmal wirkt der Hunger, zusätzlich angeregt durch die appetitfördernden Gerüche aus der Küche, wahre Wunder, und wenn Sie zehn Minuten später den Hauptgang auftragen, ist die Salatschüssel schon so gut wie leer.

❓ Wie erkenne ich, ob es meinem Kind wirklich nicht schmeckt oder ob es das Essen nur aus Trotz verweigert?

Es ist absolut nicht nötig, dass Sie diesen Unterschied erkennen. Sie wissen inzwischen: Sie bieten das Essen an, Ihr Kind entscheidet, was und wie viel es davon nimmt (siehe Seite 159). Sie akzeptieren diese Entscheidung. Egal, aus welchem Grund Ihr Kind sie trifft. So vermeiden Sie erst mal Machtkämpfe, aus welchem Grund auch immer Ihr Kind sie austragen möchte, und Sie nehmen zumindest das Essen dabei aus der Schusslinie.

❓ Warum mag meine Tochter nicht mehr bei uns am Tisch essen?

Manchmal könnte man verzweifeln. Da bemüht man sich, ein leckeres Mahl zu kochen, und dann wollen einige Familienmitglieder gar nicht gern als »Familie« an einem Tisch sitzen. Was läuft da schief? Nun, wenn ein Familienmitglied dieses Beisammensein nicht positiv erlebt, kann es sein, dass es versucht, dieser Situation zunächst mit Ausreden und dann sehr demonstrativ aus dem Weg zu gehen. Überlegen Sie mal, welche Konflikte es in der Familie geben könnte, die es einem schwer machen, an diesem familiären Zusammenkommen teilzunehmen. Gemeinsames Essen sollte nicht erzwungen werden, wenn sich nicht alle dabei wohlfühlen. Also: Zunächst die Schwierigkeiten ergründen (am besten mit professioneller psychologischer Hilfe) und dann wieder mit positiven Gefühlen gemeinsam an einem Tisch essen. Ziel sollte sein, zumindest einmal am Tag eine gemeinsame Mahlzeit als Familie zu erleben.

Ablenkung während des Essens

❓ Darf ich meinem Kind Fernsehen während des Essens erlauben?

Nein! Sie legen gemeinsam mit Ihrem Kind fest, wie viel, was und wann ferngesehen wird. Im Ausnahmefall können Sie gegebenenfalls das Essen um eine halbe Stunde verschieben oder die

Lieblingsserie, die gerade alle in der Klasse ansehen, aufzeichnen. Doch während des Essens setzen Sie sich gemeinsam an den Tisch und sehen besser dem Gericht zu, wie es dampft, wie die Tomaten glänzen, welch appetitliche Farbe das Rührei hat oder welch hübsche Muster sich mit einem Klecks Rahm in den Spinat ziehen lassen.

Setzen Sie sich immer gemeinsam zu Tisch. Lassen Sie Ihr Kind auch bei Zwischenmahlzeiten nicht alleine. Sie werden sehen: Noch lieber, als in den Fernseher zu starren, wird Ihr Kind Ihnen aus dem Kindergarten oder der Schule erzählen, wird berichten vom Sternchen für die Hausaufgabe oder dass Maxi heute schon wieder schlimm war. Wenn es sich bei diesen Gesprächen ernst genommen und wertgeschätzt fühlt, werden ihm diese meist auch wichtiger sein als die bunten Bilder aus der Flimmerkiste.

❓ Meine Große vergräbt sich bei Tisch immer hinter einem Buch. Wie kann ich bewirken, dass sie wieder am Geschehen bei Tisch teilnimmt?

Könnte es sein, dass es bei Ihnen ein erwachsenes Familienmitglied gibt, das sich gerne hinter der Zeitung versteckt? Oder sich anders den gemeinsamen Mahlzeiten entzieht? In einer Familie ist immer das Vorbild beider Partner maßgeblich. Halten sich Erwachsene nicht an die Regeln, so sehen Kinder – ganz zu Recht – nicht ein, wieso sie sich daran halten sollen. Leseratten können in die Welt, die Bücher ihnen erschließen, richtig abtauchen und das Geschehen rund um sich ausblenden. Vielleicht möchte Ihre Tochter aber auch genau das erreichen: die reale Welt rundherum nicht wahrnehmen. Hat das Kind Probleme? Gibt es Spannungen in der Familie? Überlegen Sie, welche Gründe es geben könnte, dass Ihre Tochter am Familienleben nicht teilnehmen möchte.

Einkaufen und Organisation

Eigentlich wollen Sie Ihren Lieben ja täglich frische, sorgfältig zusammengestellte Kost auf den Tisch stellen. Die besten Zutaten sollen es sein, sorgfältig verarbeitet, sodass Ihre Familie mit allen wichtigen Nährstoffen versorgt ist, damit sie gedeiht und gesund bleibt. Doch der Alltag kostet ganz schön viel Kraft. Zuerst raubt Ihnen Ihr Säugling den Schlaf und Sie sind tagsüber matt und antriebslos. Kaum klappt das Schlafen einigermaßen, hält Sie Ihr krabbelndes Kleinkind auf Trab. Haben Sie diese Phase hinter sich, geht es vielfach ohne Atempause zurück in den Beruf. In der »Freizeit« müssen nun sowohl die Hausarbeit als auch die Kinderbetreuung untergebracht werden. Da bleibt die Freude am Kochen mangels ausreichender Muße und Inspiration oft genug auf der Strecke und die Versuchung, rasch einmal etwas aus der Packung eins zu eins auf den Herd zu stellen oder ins Backrohr zu schieben, ist manchmal groß.

Vielfach beginnt der Stress bereits beim Einkaufen. Wer täglich kochen muss, stellt sich immer wieder jene Frage, die sich schon unsere Großmütter seufzend gestellt haben: »Was koche ich denn bloß heute?« Ist diese Frage mehr oder weniger befriedigend geklärt, gilt es noch, rasch, rasch den Einkauf zu bewältigen. Und letztendlich wartet dann in der Küche die eigentliche Arbeit des Kochens.

Die beste Hilfe ist natürlich ein Partner, der entweder ab und zu selbst kocht und einkauft oder zumindest anschließend die Küche aufräumt und sich um das Geschirr kümmert. Doch auch Planung und ein paar vernünftige Küchengeräte können dazu beitragen, dass die Arbeit etwas weniger wird und leichter von der Hand geht. Und wenn es Ihnen ab und zu einmal wirklich zu viel wird: Scheuen Sie sich nicht, gemeinsam mit den Kindern zum Asiaten um die Ecke zu gehen, einen Lieferservice anzurufen oder Ähnliches. Ihre Kinder werden die Abwechslung lieben, und vor allem: Die Kinder werden einen entspannten Elternteil, gegebenenfalls auch noch in einer Umgebung abseits der Routine, sehr genießen.

Vom Wert der Planung

? Ich weiß nicht, wie ich das tägliche Kochen auf die Reihe bekommen soll. Wie kann ich mir die Arbeit erleichtern?

Menüpläne sind eine praktische Sache, denn vieles, was Sie zu Hause kochen, lässt sich leicht und ohne großen Qualitätsverlust ein paar Tage im Kühlschrank lagern. Bei geschickter Planung müssen Sie so nicht täglich das komplette Menü zubereiten, sondern können sich bereits vorhandener Bausteine bedienen. Das spart nicht nur reine Kochzeit, sondern auch das Drumherum wird weniger aufwendig: Die Küche muss seltener aufgeräumt werden, einzelne Töpfe brauchen nicht so oft gespült werden. Zudem kann man mit so einem Plan auch einen gezielten Wocheneinkauf tätigen und muss somit an den anderen Tagen weniger Zeit für Einkäufe aufwenden.

Wie könnte so ein Wochenplan aussehen? Nun, am ersten Tag könnte es Hörnchennudeln mit Fleischsugo geben, denn Hackfleisch muss rasch verarbeitet werden. Sowohl von den Hörnchen wie auch von der Fleischsoße bereiten Sie die doppelte Menge zu. Am Tag zwei kochen Sie eine größere Menge Kartoffeln und servieren einen Teil davon in Form von Kartoffelpüree als Beilage zu einem Stückchen Fleisch oder Fisch Ihrer Wahl. Am Tag drei gibt es Crespelle, also das Fleischsugo von Tag eins in dünne Pfannkuchen gefüllt und mit Käse überbacken. Machen Sie gleich mehr Pfannkuchen und bewahren Sie sie gut abgedeckt, sodass sie nicht austrocknen können, im Kühlschrank auf. Tag vier bringt wieder die Hörnchennudeln. Diesmal als Nudelauflauf mit Gemüse. Am Tag fünf verarbeiten Sie die in Scheiben geschnittenen Kartoffeln zu einem leckeren Gratin mit Schinkenwürfelchen und Ei-Sahne-Soße. Als Dessert können Sie nun die von Tag drei übrigen Pfannkuchen in der Mikrowelle oder in einer heißen Pfanne einzeln kurz erwärmen und mit Konfitüre füllen.

Sie sehen, mit diesem Bausteinsystem können Sie eine Menge Zeit und Mühe sparen. Zeit, die Sie nutzen können, um gemeinsam mit Ihrem Kind ein Bilderbuch anzuschauen, oder aber auch, um einmal in Ruhe einen Kaffee zu trinken, bevor Sie das Kind aus der Tagesstätte abholen.

❓ Wie schaffe ich es, abwechslungsreich zu kochen?

Die sicherste Methode, Abwechslung in den Speiseplan zu bekommen, ist saisonal zu kochen. Wer sich jeweils von dem inspirieren lässt, was gerade draußen wächst, muss sich bei den Zutaten unwillkürlich dem Rhythmus der Natur unterordnen (siehe Seite 127 ff.). Das kann ein sehr hilfreiches Regulativ sein. Denn Erdbeeren, Spargel und junge Erbsen wachsen in unseren Breiten eben nur im Frühsommer. Im Sommer gibt es dann grüne Bohnen, Tomaten, Kirschen, im Herbst Trauben, Kürbisse und Kartoffeln und der Winter bietet lagerfähige Ware wie Äpfel, Kraut, Kohl oder Karotten sowie kälteresistentere Sorten wie Kohlsprossen oder Topinambur. Also freuen Sie sich im Frühsommer auf die ersten Frühkartoffeln (in Österreich »Heurige«) mit Frischkäse, knabbern Sie im Hochsommer zum Gegrillten knackige, saftig-milchige Maiskolben, genießen Sie im Herbst Auflauf mit Mangold, Kartoffeln, Eiern und Quark und wärmen Sie sich im Winter an dampfender, aromatischer Selleriecremesuppe. Wenn Sie möglichst viel saisonales Obst und Gemüse verwenden, haben Sie zudem den Vorteil, dass dieses dann meist aus der Region kommt, also noch eher frisch und damit besonders vitaminreich ist.

❓ Muss ich wirklich täglich frisch kochen?

Nein. Natürlich sind frisch Gekochtes und selbst Zubereitetes günstig, denn so können Sie bestimmen, wie wenig Fett, wie wenig Salz und welche Gewürze in den Gerichten enthalten sind. Wichtig ist aber die Zusammensetzung der Mahlzeit. Tiefkühlpizza gewinnt beispielsweise an wichtigen Nährstoffen, wenn man sie mit etwas Gemüse belegt, einen Salat dazu serviert und einen selbst gemachten Fruchtjoghurt als Nachspeise anbietet. Süße Gerichte wie Fruchtklöße oder Schmarren lassen sich mit Früchten, etwa gedünstet oder mit einer rasch mit dem Pürierstab gezauberten Fruchtsoße veredeln. Viele Fertiggerichte sind zu fett und zu süß oder zu salzig. In diesem Fall heißt es, besonders darauf achtzugeben, wie sich die übrige Nahrung des Tages zusammensetzt.

Im Supermarkt

❓ Wie schaffe ich es, nicht mehr zu kaufen als geplant?

Überlegen Sie vorher, was Sie brauchen. Fragen Sie auch Ihre Kinder. Erstellen Sie gemeinsam eine Einkaufsliste. Am allerwichtigsten aber: Gehen Sie nie mit leerem Magen einkaufen, sondern am besten nach einer Mahlzeit. Die Verkaufsstrategen im Handel arbeiten mittlerweile mit vielen raffiniert ausgeklügelten, verführerischen Signalen. Fleisch und Wurst sind appetitlich aufgeschnitten, Äpfel und Orangen glänzen in den Regalen und dort, wo es eigentlich nach Waschpulver und Katzenfutter riechen müsste, streicht einem der Duft frischen Brotes um die Nase.

Wenn Sie ganz auf Nummer sicher gehen wollen, bleibt nur eines: Überlegen Sie, wie viel das, was Sie einkaufen möchten, kostet, stecken Sie die zur Bezahlung erforderliche Menge Bargeld ein und lassen Sie das »Plastikgeld« zu Hause.

❓ Wie lotse ich mein Kind stressfrei vom Süßigkeitenregal weg?

Sofern die Zeit reicht: gar nicht. Lassen Sie Ihr Kind ruhig in diesem Schlaraffenland schwelgen. Und sollte es sich ein Produkt ganz dringend wünschen, so darf es das beim nächsten Einkauf auf die Liste setzen (siehe Seite 174). Doch Achtung: Dieser nächste Einkauf sollte in einem für das Kind überschaubaren Zeitraum liegen. Ein 3-jähriges Kind auf den nächsten Großeinkauf zu vertrösten, ist unfair, denn dieser erfolgt eventuell nur einmal im Monat und so einen langen Zeitraum kann das Kind nicht erfassen. In diesem Fall ist es besser, vor dem Einkauf zu Hause zu besprechen, dass sich Ihr Kind für die kommende Woche drei kleine Süßigkeiten aussuchen darf, und Sie notieren auf dem Einkaufszettel: »3 kleine Süßigkeiten«. Eine weitere Möglichkeit ist Ablenkung: Übertragen Sie Ihrem Kind »Erwachsenaufgaben«. Bitten Sie es etwa, die Milch zu holen, während Sie bei der Feinkost anstehen oder das Brot einsammeln. Im vertrauten Supermarkt nebenan sind das Aufgaben, die auch ein 3-jähriges Kind bewältigen kann. Bedenken

Sie dabei aber, dass Ihr Kind nur die unteren Regale erreicht. An erfüllbaren Aufgaben wird Ihr Kind wachsen, unerfüllbare hingegen schaffen Frustration.

❓ Wie vermeide ich das Drama mit meinem Kind an der Kasse?

Selbst Erwachsene, die über Marketingstrategien und ihre Absichten Bescheid wissen, können sich den bunten Bildern und den vielen anderen Verlockungen im Supermarkt oft nur schwer entziehen. Kinder jedoch nehmen Werbung noch für bare Münze. Die Frauenstimme im Fernsehen, die erklärt, dass die Bonbons gesund sind, wird genauso ernst genommen wie die Großeltern oder die Betreuungspersonen im Kindergarten. Kinder sind daher noch viel, viel empfänglicher für Werbung als Erwachsene. Wenn Sie mit Ihrem Kind einkaufen gehen, achten Sie daher zunächst einmal besonders darauf, dass nicht nur Sie selbst satt sind, sondern dass auch Ihr Kind nicht hungrig ist. Besprechen Sie bereits zu Hause, ob es sich etwas wünschen darf, und wenn ja, was genau. Schreiben Sie es auf die Einkaufsliste. Halten Sie sich dann in allen Punkten an die Liste und kaufen Sie auch für sich selbst nichts, was nicht drauf steht! Ihr Kind wird nicht verstehen, warum es für Sie Ausnahmen geben soll, für es selbst aber nicht.

Auch wenn es Erwachsene heute leider vielfach anders vorleben – stellen Sie folgende Regel auf: Weder der Supermarkt noch die Straße sind Orte, an denen gegessen wird. Ihr Kind wird weder verhungern noch verdursten, wenn es warten muss, bis es daheim am Tisch sitzt, um seinen Joghurt, seinen Pudding, seine Frühstücksflocken zu verzehren. Wenn Ihr Kind lernt, dass Sie seine Wünsche nicht sofort erfüllen, werden diese bisweilen gleich viel weniger dringlich.

Sollte Ihr Kind trotz der beschriebenen Maßnahmen und Regeln einen richtig heftigen, lauten und unangenehmen Trotzanfall bekommen: Lassen Sie sich von den Menschen rundum nicht aus der Ruhe bringen. Auch die hatten vielleicht einmal trotzige Kinder oder werden sie noch bekommen. Hämische Blicke und Kommentare von selbst ernannten Erziehungsexperten ignorieren Sie, so gut es geht. Bleiben Sie auch Ihrem Kind gegenüber ruhig. In diesem Moment leidet es an unendlicher Frustration. Trösten Sie es, zeigen Sie ihm, dass Sie seinen Zorn verstehen können. Bitten Sie es, dass es hilft, die Sachen einzupacken, damit Sie beide schneller zu Hause sein können. Aber sofern es Ihnen irgendwie möglich ist: Lassen Sie sich nicht rumkriegen. Nicht nur, dass Sie sich dann bei jedem Einkauf mit Kind an der Kasse freikaufen müssen, Sie nehmen Ihrem Kind damit auch die Möglichkeit, mit seinem Zorn umgehen zu lernen. Und diese Fähigkeit wird es in seinem Leben noch sehr oft brauchen.

❓ Beim Lesen der Inhaltsstoffe auf Lebensmittelverpackungen stoße ich immer wieder auf E-Nummern. Handelt es sich dabei um schädliche Chemie?

E-Nummern sind Kurzbezeichnungen für Lebensmittelzusatzstoffe, die von der EU zugelassen wurden. Kaum ein industriell hergestelltes Lebensmittel kommt heutzutage ohne Zusatzstoffe aus. Sie machen den Teig flaumig, bewirken, dass sich Flüssigkeiten gut vermischen, bringen Glanz auf die Gummibärchen und Farbe in den Pudding. Manche dieser Stoffe sind nötig, um die Haltbarkeit zu gewährleisten oder damit das Produkt überhaupt erst »funktioniert« – etwa damit eine Mayonnaise schön cremig bleibt und sich nicht in ihre Bestandteile zersetzt. Andere wie Aromen, Geschmacksverstärker und Farbstoffe dienen ausschließlich dazu, das Produkt optisch oder geschmacklich attraktiver zu machen als ein vergleichbares eines anderen Herstellers. Doch auch innerhalb der Produktgruppen existieren große Unterschiede. So gibt es unter den Farbstoffen solche, die sich besonders gut zum Färben fetthaltiger Lebensmittel eignen, andere wiederum sind optimal für Säfte und wieder andere sorgen für die bunte Farbe auf den Schokolinsen.

Manche dieser Farbstoffe sind bedenklich wie etwa E 102, Tatrazin, ein gelb färbender, synthetisch hergestellter Azofarbstoff, der allergische Reaktionen, insbesondere bei Asthmatikern und bei Aspirinunverträglichkeit, auslösen kann. Doch auch der in einem natürlichen Verfahren aus der Scharlachschildlaus hergestellte rote Farbstoff E 120, Cochenille, kann allergische Reaktionen hervorrufen. Und dann gibt es noch Stoffe wie E 163, Anthocyane, die für Laien gefährlich klingen, hinter denen sich aber in Wirklichkeit ein völlig harmloser, aus den Schalen roter Weintrauben, roten Beeren oder Rotkohl hergestellter Farbstoff für rot, blau und violett verbirgt.

 **TIPP**

Verlässliche Listen

Immer wieder kursieren Auflistungen von E-Nummern, hinter denen sich angeblich gesundheitsschädliche Stoffe verbergen. Vergessen Sie diese Listen. Sie entbehren meist jeder wissenschaftlichen Grundlage und ihre Aussagen sind leider immer wieder in den Bereich der Legenden einzureihen. Seriöse Informationen, welche Stoffe sich hinter welcher Nummer verbergen und wie diese zu bewerten sind, erhalten Sie bei anerkannten Verbraucherorganisationen wie der Verbraucher Initiative e. V. in Berlin oder den Arbeiterkammern in Österreich (siehe Seite 249).

Sie merken also: Es ist nicht leicht abzuschätzen, was bedenklich ist und was nicht. Dem Durchschnittskonsumenten bleibt als Faustregel nur, beim Einkauf darauf zu achten, dass die Liste der E-Nummern auf der Verpackung so kurz wie möglich ist. Produkte mit einer langen Liste an E-Nummern sollten möglichst gemieden werden. Allergiker erkundigen sich am besten bei ihrem Arzt oder im Allergieambulatorium, welche Zutaten sie strikt meiden sollten beziehungsweise hinter welchen Bezeichnungen und E-Nummern sich diese verbergen könnten. Und: Wer bei der Auswahl der Grundprodukte sorgfältig vorgeht und selbst kocht, nimmt verhältnismäßig wenig Lebensmittelzusatzstoffe zu sich. Ganz vermeiden lassen sie sich aber nicht immer, schließlich wird vielen Grundprodukten für die Küche das eine oder andere zugesetzt. Den meisten Buttersorten etwa wird farblich ein wenig auf die Sprünge geholfen, damit sie so schön voll und cremig gelb aussehen, Kochschinken wird konserviert, damit er nicht so schnell verdirbt, und Brot enthält oft Stoffe, die ein rasches Austrocknen verhindern sollen.

 **INFO**

Die wichtigsten Gruppen von E-Nummern

- **Farbstoffe** zur optischen Aufbesserung: E 100–180.
  Besonders unter jenen Farbstoffen, die rote und gelbe Töne
  bewirken, finden sich viele, die Allergien auslösen können.
  Auch golden oder silbern schimmernde Glasuren, etwa von
  Dragees, sollten Sie besser meiden.
- **Konservierungsmittel** zur Verlängerung der Haltbarkeit:
  E 200–297.
  Als unbedenklich gelten in diesem Bereich vor allem Sorbin-
  säure, Kaliumsorbat und Calciumsorbat (E 200–203), Essig-
  säure, Kalium-, Natrium und Kalziumacetat (E 260–263) sowie
  Kohlendioxid (E 290), Apfel- und Fumarsäure (E 296, E 297).
- **Antioxidanzien** zum Verhindern der Reaktion mit Luftsauer-
  stoff: E 300–385.
  Als mehrfach bedenklich gelten E 310–312, E 320 und E 321,
  die sich häufig in Kaugummis, Snacks und Süßwaren finden
  und allergische Reaktionen hervorrufen sowie die Immun-
  abwehr schwächen können. E 338 (Phosphorsäure) sowie
  E 339–341, E 343, die sich in manchen Getränken und Produkten mit (Schmelz-)Käse sowie in Backmischungen und
  Gebäck finden, können bei Verzehr in großen Mengen zu Kno-
  chenschwund und Kalkablagerungen führen und möglicherweise ein Auslöser von Hyperaktivität sein.
- **Verdickungsmittel** zum Binden von Wasser: E 400–495.
  Als unbedenklich gilt Agar-Agar (E 406); Johannisbrotkern-
  mehl (E 410) kann zu Durchfall führen. Unbedenklich sind
  Tarakernmehl (E 417) und Pektin (E 440, E 442, E 445, E 460–
  464, E 470–475, E 477, E 480–483).
- **Säureregulatoren:** E 500–538.
  Die Aluminiumsulfate E 520–523 können möglicherweise Alzheimer mit verursachen, E 535–538 sind im Tierversuch nie-
  renschädigend.
- **Backtriebmittel,** Treib- und Schutzgase, Schaumverhütungs-
  mittel, Emulgatoren, Feuchthaltemittel: E 541–585, E 900,
  E 925–948, E 1505, E 1518.
  Die Aluminiumsilikate E 554–556 und E 559 sowie das Alumi-
  niumphosphat E 541 können zu Aluminiumbelastung des Kör-

pers führen und stehen im Verdacht, Mitverursacher von Alzheimer zu sein.

- **Geschmacksverstärker** zum Intensivieren von Geschmackseindrücken: E 620–640.

  In dieser Gruppe finden sich zahlreiche bedenkliche Stoffe wie Glutamate (E 620–625), die zu Kopfschmerzen und allergischen Reaktionen führen können. Menschen mit Gichtkrankheiten sollten E 626–635 meiden.

- **Trennmittel** zum Verhindern von Verkleben: E 901–914.

- **Zuckeraustauschstoffe** zum Süßen von Lebensmitteln: E 950–999, E 420, E 421.

  Die meisten gelten als unbedenklich beziehungsweise können bei zu hoher Dosierung zu Durchfall führen. Als problematisch gelten Aspartam (E 951), das für Menschen, die an Phenylketonurie leiden, gefährlich ist, und Cyclamat (E 952), das zumindest im Tierversuch die Fruchtbarkeit mindern kann.

- **Enzyme** zum Hervorrufen bestimmter Reaktionen: E 1105–1450 (Flockungsmittel, Feuchteregulatoren).

Quelle: Arbeiterkammer Niederösterreich, 2008

Lagerhaltung und Vorkochen

? Ich habe nicht die Zeit, jeden Tag einzukaufen. Welche Vorräte brauche ich, um mehrere Mahlzeiten bestreiten zu können?

Ein gewisser Grundstock an Lebensmitteln, der gut haltbar ist, sorgt dafür, dass Sie auch dann nicht in Verlegenheit kommen, wenn Sie einmal ein paar Tage keine Kraft oder keine Zeit zum Einkaufen haben, wenn überraschend Gäste kommen oder wenn das geplante Essen gründlich danebenging. An Haltbarkeit kaum zu übertreffen sind Nudeln, Reis und getrocknete Hülsenfrüchte wie Linsen oder Bohnen – einen Grundvorrat sollten Sie immer in petto haben. Mit Tomaten aus der Dose oder Tomatenpüree, die sich ebenfalls »ewig« halten, können Sie so beispielsweise eine Tomatensuppe mit Reis zaubern oder mit ein paar Gewürzen dazu, vielleicht noch einer Zwiebel und/oder einer Dose Fisch eine rasche Spaghettisoße zubereiten. Der

Parmesan oder Grana dazu hält sich im Kühlschrank, in Originalverpackung oder in Pergamentpapier eingehüllt, ebenfalls monatelang. Auch Dauerwurst verträgt, wie der Name schon sagt, längere Lagerung (an einem kühlen, trockenen Ort) problemlos und kann mit am Morgen eingeweichten Bohnen zu einem leckeren Eintopf verkocht werden.

Kartoffeln, Zwiebeln und Knoblauch bleiben kühl und dunkel gelagert über einige Wochen frisch. Auch Eier halten sich im Kühlschrank einige Wochen lang. Doch Achtung: Weich gekochte Eier, Tiramisu, Mayonnaise und dergleichen stellen Sie bitte nur aus Eiern her, die nicht älter als zehn Tage sind! Bei der Zubereitung von Aufläufen, Kuchen, Gratins oder Ähnlichem werden die Eier durchgegart und dürfen daher gefahrlos ruhig auch ein wenig älter sein.

Wer einen Gefrierschrank hat, kann sich einen Grundstock an ungewürztem Tiefkühlgemüse zulegen. Es ist nicht zwangsweise schlechter als frisches Gemüse und kann im Gegenteil aufgrund der kurzen Zeitspanne von der Ernte bis zur Verarbeitung sogar noch mehr an gesunden Inhaltsstoffen beinhalten als »frisches« Gemüse, das nach einer langen Reise noch eine Weile im Supermarktregal lag (siehe Seite 121). Mit Tiefkühlgemüse lassen sich Salate zubereiten, Aufläufe (mit Ei, Parmesan und Dauerwurst beispielsweise), Risotti oder rasche Beilagen. Aus püriertem Spinat mit Parmesankäse lässt sich sogar eine leckere Soße für Spaghetti basteln.

Sie sehen: Es braucht gar nicht so viele Vorräte; wichtiger ist, dass Sie Ihre Fantasie spielen und sich nicht von vorgegebenen Rezepten einengen lassen.

? Ich würde zur Entlastung gerne größere Mengen auf Vorrat kochen. Was lässt sich besonders gut einfrieren?

Bei Fleisch sollten Sie möglichst portionsgerechte Stücke einfrieren, die sich direkt und ohne Auftauen verarbeiten lassen. So tritt weniger Saft aus. Festes, wasserarmes Fleisch verträgt das Einfrieren besser als solches, das viel Wasser enthält. Der Grund dafür ist, dass das Wasser im Fleisch sich beim Gefrieren ausdehnt und die Poren, in denen es eingeschlossen ist, aufbricht.

Beim Auftauen läuft dann der Saft aus, das Fleisch wird trocken. Ob Fleisch viel oder wenig Wasser enthält, hängt vor allem von der Fütterung des Tieres ab. Tendenziell hat Fleisch von Tieren aus intensiver Schnellmast einen höheren Wassergehalt als das von Tieren mit einer artgerechten, langsamen Entwicklung, die zumeist aus biologischer Haltung stammen. Achten Sie bei Würsten auf den Fettgehalt: Je fetter ein Lebensmittel ist, desto eher verdirbt es – auch im Gefrierschrank.

Sehr flüssigkeitsreiches Obst oder Gemüse wie Himbeeren, Aprikosen oder Tomaten wird beim Auftauen matschig. Auch hier zerreißt das in der Frucht enthaltene Wasser, wenn es sich beim Gefrieren ausdehnt, die Zellen. Es ist daher besser, solche Obst- oder Gemüsesorten schon vor dem Einfrieren zu einer Soße oder zu einem Püree zu verarbeiten. Gemüsesorten wie Auberginen, Kohl, Kohlrabi, Karotten, Mangold oder Spinat mögen es, wenn man sie vor dem Einfrieren kurz in heißem Wasser blanchiert, also überkocht. So lässt sich das Gemüse dichter packen, es trocknet nicht so leicht aus und nimmt weniger Platz im Gefrierschrank ein. Absolut nicht tiefkühlgeeignet sind Kartoffeln. Bei rohen Kartoffeln wandelt sich durch die Kälte die Stärke in Zucker um und sie werden süß. Ein Phänomen, das man auch beobachten kann, wenn man Kartoffeln in einem sehr kalten Kühlschrank lagert. Gekochte Kartoffeln ändern im Gefrierschrank ihren Geschmack und ihre Konsistenz. Selbst gemachter Kartoffelbrei lässt sich jedoch gut einfrieren.

Hilfreich können auch selbst hergestellte Halbfertigprodukte sein. Fertig zubereitete, aber noch nicht gekochte Fruchtklöße beispielsweise, die man nur noch ins Wasser geben und kochen muss, selbst gemachte Ravioli, Klöße etc. Auch vorgekochte Eintöpfe eignen sich zum Einfrieren. Achten Sie darauf, dass die Soße die einzelnen Zutaten gut bedeckt. So kann man dem Austrocknen durch Gefrierbrand vorbeugen.

Wenn Sie viel einfrieren, rentiert sich die Anschaffung eines Vakuumiergerätes und guter, dicker Tiefkühlfolie. So verpackt übersteht Gefriergut die Lagerung im Gefrierschrank am besten. Was immer Sie einfrieren: Vergessen Sie nicht, die Tüten, Gläser oder Dosen zu beschriften. Notieren Sie, was in der Packung ist und wann Sie es eingefroren haben. Besorgen Sie sich einen Spezialstift, der auf Kunststoff gut schreibt und auch hält.

In der Küche

❓ Es heißt, selbst kochen sei für Kinder wichtig. Wieso eigentlich?

Die Beschäftigung mit dem Essen ist unmittelbares sinnliches Erleben für die Kinder: Es gilt zu riechen, schmecken, tasten, kneten. Es gilt, Saures, Püriertes, Grobes, Hartes, Weiches, Kaltes, Warmes und noch vieles mehr zu unterscheiden. Es werden die Augen, die Nase, die Finger und nicht zuletzt der Geschmackssinn angesprochen. Wenn Sie die Möglichkeit haben, ab und zu auch frische Zutaten aus dem Garten oder Frühbeet direkt in der Küche zu verwenden, wird für Ihr Kind sehr schön erlebbar, wo das Essen herkommt. Lassen Sie es also sonnenwarme, ausgereifte Tomaten und Äpfel pflücken, die Sie anschließend gemeinsam zu Tomatensalat, Apfelmus, -strudel oder Saft verarbeiten.

Was für Erwachsene selbstverständlich ist, stellt für kleine Kinder ein Universum dar, das erst noch entdeckt werden will. Die eigentliche Tätigkeit des Kochens gerät dabei am Anfang meist eher ins Hintertreffen. Für größere Kinder bedeutet das Kochen dann aber auch, planen zu lernen, Verantwortung zu übernehmen und nicht zuletzt auch Grenzen zu erkennen. So werden Naseweise nach schier endloser Diskussion mit den Eltern feststellen, dass diese zu Recht darauf bestehen, dass die Rührschüssel für den Eischnee fettfrei sein muss. Eischnee diskutiert nicht. Ist die Rührschüssel fettig, wird er einfach nicht gelingen. Und auch der coolste kleine Koch, der sowieso schon alles weiß und es nicht nötig hat, Gebrauchsanweisungen zu beachten, kommt bald darauf, dass Fischstäbchen gar nicht lecker sind, wenn man sie zum Erwärmen ins noch kalte Öl legt, statt zu warten, bis es heiß ist.

Kinder in die Küchenarbeit einzubeziehen, heißt aber auch, ihnen den Geschmack, die Möglichkeiten der einzelnen Nahrungsmittel näherzubringen. Ihnen vor Augen zu führen, was damit passiert, wie man sie verändern kann. Es heißt, den Kindern zu zeigen, dass eine Tomatensoße nicht nur rot ist, sondern vielfältig schmecken kann, je nachdem, ob sie mit Basilikum oder Knoblauch zubereitet wird, ob man mit etwas Zucker oder mit Salz würzt. Dieses unmittelbare Erleben schärft die

Geschmackssinne. Es hilft mit, dass Pfirsicharoma noch mit Pfirsichen anstatt nur mit Eistee assoziiert wird, dass Ihr Kind lernt, dass der Erdbeergeschmack im Erdbeerjoghurt aus dem Supermarkt nie und nimmer allein von den wenigen Erdbeerstückchen kommen kann, die darin herumschwimmen, und es trägt dazu bei, dass der Geschmack der Kinder nicht abhängig wird von den überhöhten Dosen an Salz, Zucker, Vanillin, natürlichen Gewürzen und künstlichen Aromen, wie sie in Fertigware üblich sind. Den Geschmack unverfälschter Zutaten zu kennen ist einer der Bausteine, die das Ernährungsverhalten Ihres Kindes prägen. So wird es sich mit etwas Glück auch als Erwachsener ausgewogen ernähren.

❓ Mein Sohn will beim Kochen immer helfen, aber er hält mich nur auf. Wie kann ich ihn sinnvoll mitmachen lassen?

Auch wenn die Kleinen sagen, dass sie Mama gerne »helfen« möchten: Helfen ist in diesem Alter nur Spiel, ein Imitieren der Erwachsenen und – zumindest für die Erwachsenen – keine wirkliche Hilfe. Wenn Sie mit Kindern kochen, so verlangt das genauso ein Einlassen auf das Kind – vor allem bei den Kleineren –, wie wenn Sie mit ihm ein Bilderbuch anschauen oder malen. Es braucht Zeit, Geduld und Nerven.

Für den Küchenalltag bedeutet das: Nehmen Sie Abstand von Ihren eigenen Perfektionsansprüchen und Zeitplänen. Aus der Perspektive des Kindes sind die schief geschnittenen Gurkenscheiben ein toller Erfolg – auch wenn diese nicht Ihren optischen Standards entsprechen. Aber Ihr Sohn hat das Messer erfolgreich geführt, hat konzentriert durchgehalten und die Arbeit zu Ende gebracht. Deshalb verdienen die schiefen Scheiben keine Kritik, sondern viel Lob. Bedenken Sie bitte auch, dass Ihr Sohn für alles, was er tut, viel länger braucht als Sie. Nicht nur weil er noch nicht so rasch arbeiten kann, sondern weil er nicht einfach Salat wäscht. Er erforscht gleichzeitig das Salatblatt, entdeckt den Unterschied zwischen den weichen Blatträndern und den festen Blattrippen, erlebt das kalte Waschwasser mit allen Sinnen. Geben Sie dem Raum und planen Sie die Zeit dafür ein. Lassen Sie Ihren Sohn auch für Sie sehr rasch zu erledigende Aufgaben wie etwa Schnittlauch schnippeln oder Tomaten waschen schon zu Anfang der gemeinsamen Kochzeit beginnen.

Es gibt natürlich auch Tage, an denen es einfach geschwind gehen muss und Ihnen die Nerven für ein kleines Helferlein fehlen. Versuchen Sie, das dem Kind freundlich klarzumachen, ohne ihm das Gefühl zu geben, dass seine Mitarbeit nicht geschätzt wird. Vielleicht können Sie ihm trotzdem die Möglichkeit geben, die Zeit mit Ihnen gemeinsam zu verbringen, etwa indem es bei Ihnen in der Küche spielt. Möglicherweise können Sie Ihrem Sohn auch eine Beschäftigung in der Küche zuweisen, die nicht direkt mit dem Kochen zusammenhängt, aber ebenfalls wichtig ist. Etwa den Besteckkorb der Spülmaschine ausräumen oder nachsehen, ob noch Nüsse im Schrank sind für den Kuchen, den Sie beide am Sonntag backen wollen.

❓ Welche Küchentätigkeiten kann ich meine Tochter alleine machen lassen?

Die Entwicklungsschritte sind von Kind zu Kind verschieden. Die Finger müssen erst lernen, genau und zielgerichtet zu arbeiten. Zeit, Geduld und langsame Annäherung sind daher unerlässlich. Salat reißen oder Kartoffeln reichen sind geeignete erste Hilfstätigkeiten, auch schon für sehr kleine Kinder. Petersilienblätter abzupfen erfordert schon weit mehr feinmotorische Fähigkeiten und ist bereits eine Aufgabe für Kindergartenkinder. Haben sie das gelernt, kann man darangehen, ihnen gekochte Kartoffeln zum Schälen zu überlassen. Ein nächster Schritt ist das Rühren. Zu Beginn wird mit dem Löffel umgerührt, die Rührmasse sollte nicht zu viel und nicht zu schwer sein. Ein Beispiel dafür wäre etwa Schnittlauch in die Joghurtsoße rühren. Der Umgang mit dem großen Schneebesen ist schon schwieriger, Kartoffeln zu Püree zerstampfen erfordert bereits einiges an Kraft und wer den Klecks Sahne auf der Suppe mit einem Zahnstocher in eine Blume verwandeln will, muss seine Finger schon sehr gut im Griff haben. Will Ihre Tochter beim Schneiden helfen, können Sie mit Weichem wie etwa einer Banane beginnen und über die Gurke bis hin zu hartem Gemüse wie Möhren weitergehen.

TIPP

Rhythmische Unterstützung

Ihr Kind kocht nicht, es erlebt das Kochen mit allen Sinnen. Dieses sinnliche Erleben lässt sich auch noch mit rhythmischen Gedichten oder Liedern unterstützen. Brotteig etwa knetet sich gleich ganz anders, wenn das Kneten mit dem Spruch »Wir backen Brot, wir backen Brot, Brot macht uns're Wangen rot« unterstützt wird.

? Welche Sicherheitsvorkehrungen muss ich treffen, damit sich mein Kind beim Kochen nicht verletzt?

Die größte Verletzungsgefahr geht meist nicht von Messern, sondern von der Hitze aus. Heimtückisch können elektrisch betriebene Herdplatten sein, denen man im Gegensatz zur Gasflamme nicht ansieht, dass sie heiß sind. Auch heißer Dampf kann zu bösen Verbrennungen führen. Bringen Sie Ihrem kleinen Helfer also bei, Topfdeckel immer so zu öffnen, dass der erste Schwall des heißen Dampfes nicht ins Gesicht, sondern in die andere Richtung bläst, und dass die Umluftfunktion des Backofens immer abgestellt sein muss, bevor man die Klappe öffnet. Kleine Kinder sollten niemals ohne Aufsicht an der Herdplatte oder am Backofen hantieren.

Messer stellen eine vergleichsweise geringe Gefahr dar, wenn man sie richtig gebraucht. Bringen Sie Ihrem Kind also bei, was auch Profiköche als Erstes lernen: den Krallengriff. Bei diesem Griff formt die Hand, die das zu schneidende Obst oder Gemüse hält, eine Kralle, wobei die Fingerspitzen nicht nach vorne gestreckt, sondern leicht eingezogen sind. So gleitet das Messer mit der Breitseite am Rücken des mittleren Zeige- und Mittelfingergliedes entlang. Auf diese Art kommen die Fingerspitzen nie in die Nähe der Schneide und sind gut geschützt. Das Messer selbst sollte nicht extrem scharf sein, aber auch nicht stumpf. Bei stumpfen Messern muss die schlechte Schneide durch erhöhten Krafteinsatz ausgeglichen werden, was die Gefahr, abzurutschen und sich in den Finger zu hacken, erhöht.

Bringen Sie Ihrem Kind auch bei, vom Körper weg zu arbeiten, etwa beim Karottenschälen. Geben Sie ihm Sparschäler mit U-förmigem Griff. Diese sind aufgrund der besseren Kraftverteilung einfacher in der Handhabung als jene, bei denen die Klinge auf einen Messergriff aufgesetzt ist. Optimal ist es, wenn Sie so viel Platz haben, dass Sie Ihrem Kind einen kleinen, niedrigen Kindertisch in die Küche stellen können. So hat es eine eigene Arbeitsfläche in einer für seine Körpergröße geeigneten Höhe. Lässt sich dies nicht einrichten, ist es sicherer, Sie lassen Ihr Kind auf dem Boden sitzend rühren und schälen. Falls Sie Trittschemel verwenden, haben Sie bitte immer ein Auge auf das Kind. Der Schemel selbst sollte sicher stehen, nicht wackeln und eine rutschfeste Trittfläche haben.

 **TIPP**

Knetmasse als Teigersatz

Beim Backenspielen lassen sich mit Knetmasse alle möglichen Kuchen formen. Geben Sie Ihrem Kind die Knetmasse hierbei aber immer nur in einer Farbe. Bei einfarbiger Knetmasse kann es sich viel besser auf die Masse, ihre Konsistenz und das, was seine Finger daraus machen, konzentrieren, als wenn zusätzlich ein breites Farbenangebot vom haptisch-sinnlichen Erfahren ablenkt. Außerdem mischen sich früher oder später bei mehrfarbiger Knete die Farben, das Material wird unansehnlich und die Kinder verlieren die Freude daran. Manche trauen sich wegen dieses Effekts dann auch gar nicht mehr, so richtig zu spielen.

❓ Hilfe, meine Tochter will täglich Kekse backen! Wie kann ich sie davon abbringen?

Je kleiner die Kinder sind, desto mehr lieben sie Wiederholungen. Sie können wochenlang dieselbe Gutenachtgeschichte hören, genießen ihre kleinen Rituale und möchten am liebsten täglich dieselben Speisen auf dem Teller vorfinden. Auch bei der Tätigkeit des Kochens lieben sie das Vertraute, was sich allerdings nicht immer mit dem Küchenalltag verträgt. Manchmal ist es aber nur die Tätigkeit, die so sehr fasziniert, weniger das Resultat. Vielleicht macht es Ihrer Tochter genauso viel Freude, Spülmittel mit dem Schneebesen im Wasser aufzuschäumen, wie Eischnee zu schlagen? Dann stellen Sie einfach die Weichen für diese Vorliebe ein wenig anders: Kekse ausstechen oder Schnecken formen kann man nicht nur mit Teig, sondern auch mit Knetmasse.

Entlastung bei der Küchenarbeit

? Ich sehe nicht ein, weshalb immer ich allein fürs Essen zuständig bin. Wie kann ich meinen Nachwuchs zur Mithilfe bewegen?

Wenn Sie wollen, dass die Familie mithilft, müssen zuerst einmal die Erwachsenen vorleben, dass Hilfe selbstverständlich ist. Doch dabei haben selbst die Partner bisweilen Probleme miteinander und während der eine meint, wirklich reichlich zu tun, fühlt sich der andere im Stich gelassen. Dadurch erhält der vermeintlich Helfende keine Anerkennung und schon beginnt eine unangenehme Spirale aus wechselseitiger Enttäuschung. Definieren Sie daher unbedingt vorab, was Sie unter Hilfe verstehen, lassen Sie Ihren Partner seine Vorstellungen erklären. Für den einen kann es bedeuten, dass ein Partner kocht und der andere anschließend putzt, der andere versteht darunter, dass er an einem Tag kocht und putzt, an einem anderen aber überhaupt nichts machen möchte. Setzen Sie sich dann zum Reden zusammen, wenn gerade keine Arbeit ansteht, und suchen Sie nach einer für Sie beide akzeptablen Lösung.

Geben Sie Ihrem Kind klar definierte Aufgaben wie zum Beispiel den Tisch zu decken oder abzuräumen. Gerade kleine Kinder kommen mit regelmäßigen, gleichbleibenden Tätigkeiten gut zurecht und schätzen solche Rituale. So macht Mithelfen Spaß und wird bald selbstverständlich. Akzeptieren Sie aber, wenn das Besteck dann nicht perfekt ausgerichtet ist oder wenn Ihr Kind die Kartoffeln nicht in exakt gleich große Stücke geschnitten hat. Akzeptieren Sie auch, wenn Ihr Partner den Salat anders mariniert als Sie. Wer pausenlos meckert und mäkelt, nimmt den anderen die Lust an der Mithilfe.

❓ Welche Küchengeräte unterstützen mich bei der Essenszubereitung optimal?

Die besten Küchengeräte sind jene, die Sie tatsächlich verwenden. Sie finden, das klingt banal? Ist es aber nicht, bedenkt man das Arsenal an Eierkochern, Waffeleisen oder Saftpressen, das in viel zu vielen Haushalten in dunklen Küchenecken oder auf dem Speicher steht und vielleicht einmal pro Jahr zum Einsatz kommt. Regel Nummer eins ist daher, einmal zu überlegen, wie oft man ein Gerät wirklich verwendet. Wer keinen eigenen Garten mit Obstbäumen hat, wird wohl selten Aprikosen- oder Apfelsaft pressen. Wer nicht gerne bäckt, wird mit einem Brotbackautomaten nicht viel anfangen.

Regel Nummer zwei ist, dass die Geräte, die Sie oft brauchen könnten, rasch zur Hand sind. Wenn die Küchenmaschine einen fixen Platz in der Küche hat, an dem sie griffbereit und leicht zu bedienen steht, werden Sie sie öfter verwenden, als wenn Sie sie jedesmal aus der untersten Schublade ganz hinten hervorholen und zusammenbauen müssen. Idealerweise haben Sie ausreichend Steckdosen in der Küche, sodass Sie die wichtigsten Geräte angesteckt lassen können. Achten Sie dabei aber darauf, dass die Geräte nach dem Ausschalten tatsächlich keinen Strom mehr verbrauchen, etwa durch Stand-by-Funktion.

Regel Nummer drei: Achten Sie beim Kauf darauf, dass sich das Gerät einfach und mit wenigen Handgriffen auseinandernehmen und reinigen lässt. Die Oberflächen sollten dabei möglichst glatt sein ohne allzu viele Rillen und Mulden. Möglichst viele Teile des Geräts sollten sich in der Spülmaschine reinigen lassen.

Regel Nummer vier: Achten Sie bei jenen Geräten, die Sie oft verwenden, auf gute Qualität. Eine Küchenmaschine, mit der Sie schwerere Teige rühren möchten, braucht mehr Kraft als ein Handmixer zum Schlagen von Eischnee oder Sahne. Häcksler brauchen gute, scharfe Messer. Ein Pürierstab, mit dem Sie kleine Mengen heißer Suppen oder Soßen bearbeiten möchten, sollte so konstruiert sein, dass er nicht spritzt, wenn man ihn in Betrieb nimmt. Bei einer Küchenmaschine kann es praktisch sein, eine zweite Rührschüssel zur Hand zu haben. Wer keine Lust hat, das Besteck jedesmal nach dem Spülen in die Schublade einzuräumen, freut sich vermutlich, wenn er einen zweiten Besteckkorb für die Spülmaschine hat.

Überlegen Sie für sich, was Sie oft tun, welche Wege Sie in der Küche zurücklegen, welche Handgriffe Sie wie anlegen, und überprüfen Sie dann, wie Sie die Abläufe einfacher gestalten können. Manchmal hilft es schon, die Schränke umzuräumen, sodass oft Gebrauchtes griffbereit ist. Manchmal ist es sinnvoll, den Arbeitsplatz von der einen Seite des Herdes auf die andere zu verschieben oder die Kaffeemaschine an einem anderen Platz zu parken, da sie gerade den besten Teil der Arbeitsfläche blockiert. In der Berufswelt ist diese Art der Optimierung von Arbeitsabläufen selbstverständlich. Versuchen Sie auch, Familientraditionen kritisch zu durchleuchten. Ein Handgriff, den schon Oma so machte, weil sie es von ihrer Mutter so gelernt hat, kann ein sinnvoller Trick sein oder aber nicht mehr zeitgemäße, vermeidbare Mühe. Erleichtern Sie sich Ihre Arbeit, sparen Sie Zeit und Kraft, indem Sie die Küchentätigkeit ebenfalls nach solchen Kriterien durchleuchten und gegebenenfalls neu organisieren.

? Wenn es schnell gehen muss, wärme ich Gerichte mit der Mikrowelle auf. Ist das ungesund?

Nein, es gibt keine wissenschaftlichen Nachweise, dass das Gargut durch Mikrowellen ungünstig verändert wird. Was Sie allerdings beachten sollten ist, dass das die Speisen in der Mikrowelle sehr ungleichmäßig erhitzt werden. Das kann mehrere Gefahren mit sich bringen:

- Während ein Teil gefahrlos zu essen ist, kann man sich schon am nächsten Bissen schwer verbrennen. Rühren Sie Flüssiges und Breie daher gut um und prüfen Sie noch einmal die Temperatur, bevor Sie das Gericht servieren.
- Besonders bei Geflügel ist es wichtig, dass das Fleisch überall auf mindestens 80 °C erhitzt wird. Nur so ist gewährleistet, dass eventuell vorhandene Salmonellen unschädlich gemacht werden. Garen Sie Geflügel in der Mikrowelle daher lieber bei geringerer Leistung, aber dafür länger, sodass es wirklich gut durcherhitzt ist.

- Manche Nährstoffe sind sehr hitzeempfindlich. Durch die ungleichmäßige Erwärmung in der Mikrowelle ist rundum schonendes Garen jedoch nicht möglich. Es gehen also teilweise mehr Nährstoffe verloren als bei optimaler Zubereitung wie beispielsweise kurzem Dampfgaren.

❓ Worauf soll ich beim Kochen mit der Mikrowelle achten?

Achten Sie auf das richtige Geschirr. Ideal sind Glas, Keramik, Porzellan oder Steingut. Achtung: Manche Dekore lösen sich in der Mikrowelle ab! Töpfe und Schüsseln aus Metall sind weniger geeignet, da sie die Strahlen zum Teil reflektieren. Mikrowellengeschirr aus Kunststoff hat sich im Praxistest der österreichischen Verbraucherzeitschrift »Konsument« als ungünstig erwiesen. Insbesondere beim Erhitzen von Fett und Zucker, die rasch sehr hohe Temperaturen erreichen, schmolz so manches Geschirr dahin.

❓ Kann die Strahlung aus dem Mikrowellengerät meinem Kind schaden?

Bei sachgemäßer Benützung geht von einem Mikrowellengerät in einem einwandfreien Zustand keine Gefahr aus. Ein funktionstüchtiges Gerät lässt sich bei geöffneter Türe nicht in Betrieb nehmen beziehungsweise lässt sich die Türe nicht öffnen, solange es in Betrieb ist. Die Türdichtungen sollten überall gut abschließen, keine Fehler oder gar Bruchstellen aufweisen. Selbstverständlich sollte ein kleines Kind das Gerät nicht unbeaufsichtigt bedienen – genauso wenig wie den Herd oder ein anderes Küchengerät.

Wenn Essen krank macht

Essen bedeutet für die meisten Menschen Freude: das Gefühl von Sättigung anstelle von Hunger, den Genuss leckerer Speisen im Kreis ihrer Lieben. Doch manche Menschen macht das Essen krank. Sie vertragen bestimmte Lebensmittel nicht. Das kann verschiedene Ursachen haben. Es kann eine Allergie vorliegen, eine Nahrungsmittelintoleranz oder eine andere Art der Nahrungsmittelunverträglichkeit. Für manche Betroffenen bedeutet das dann, dass sie ihr Leben lang einzelne Lebensmittel meiden müssen, bei anderen wiederum bessert sich das Leiden, manches kann behandelt werden.

Doch auch der Umgang mit dem Essen kann ein krankhafter sein. Wenn die Seele hungrig ist, verweigern manche dem Körper die Nahrung. Wer einen Mangel an Zuwendung, Geborgenheit, Sicherheit, Anerkennung oder ganz allgemein Liebe verspürt, dessen Hilferufe äußern sich manchmal mit Bezug aufs Essen. Eltern und anderen Bezugspersonen fällt dies oft nicht sofort auf. Besonders Jugendliche sind gefährdet, in verzweifelten Situationen entsprechende selbstschädigende Verhaltensweisen zu entwickeln. Diese können sich unter anderem in Essstörungen wie Bulimie und Anorexie äußern.

Nicht zuletzt verlieren zunehmend mehr Menschen das Gefühl für das richtige Maß. Das betrifft leider auch immer mehr Kinder. Rund 15 Prozent der 3- bis 17-Jährigen in Deutschland sind übergewichtig, ähnliche Werte gelten auch für Österreich. Angesichts der ernsthaften gesundheitlichen Gefährdungen, denen Eltern ihre Kinder mit Übergewicht und falscher Ernährung aussetzen, eine dramatische Entwicklung. Für manche Eltern ist es schwer zu erkennen, ob ihr Kind nur ein »Pummelchen mit Babyspeck« ist oder bereits seelisch und körperlich schwer an seinen Pfunden trägt.

Die Diagnose und Behandlung der hier vorgestellten Krankheiten gehört unbedingt in die Hände von speziell geschultem, medizinischem Fachpersonal. In diesem Kapitel stellen wir Ihnen daher lediglich die Störungen und ihre Symptome vor.

Wenn der Körper das Essen nicht verträgt

❓ An welchen Symptomen erkenne ich eine Allergie?

Bei einer Allergie reagiert der Körper mit einer unangemessenen Immunantwort auf bestimmte Stoffe. Der eigentlich vernünftige Schutzmechanismus des Organismus gegen Eindringlinge von außen überreagiert in diesem Fall auf an sich harmlose Stoffe. Bei einer Nahrungsmittelallergie richtet sich der Abwehrprozess gegen bestimmte Nahrungsbestandteile. Der Körper bildet große Mengen von Antikörpern des Typs IgE. Diese binden sich an gewisse Zellen und veranlassen sie, Histamin und andere Gewebshormone freizusetzen. Das Histamin wiederum bewegt den Körper direkt oder indirekt zu den typischen Reaktionen, die zu den unangenehmen Symptomen von Allergien führen. Diese Symptome können vielfältig sein. Die Histaminausschüttung kann mehr oder weniger stark juckende Hautausschläge auslösen, Schwellungen im Mund- und Rachenraum hervorrufen, Atemnot und Asthmaanfälle verursachen, zu laufender Nase und tränenden Augen führen. Bauchschmerzen, Übelkeit, Erbrechen oder Durchfall können ebenfalls auftreten. Im seltenen, aber gefährlichsten Fall reagiert der Körper mit dem sogenannten anaphylaktischen Schock. Dieser kann zu einem Kreislaufzusammenbruch führen. Verständigen Sie in diesem Fall bitte umgehend den Notarzt!

Charakteristisch für eine Allergie ist auch, dass der erste Kontakt mit dem allergieauslösenden Nahrungsmittel harmlos und unbemerkt verläuft. Zunächst identifiziert das Immunsystem den vermeintlichen Feind und beginnt die Antikörper des Typs IgE zu produzieren. Beim nächsten Kontakt mit dem Stoff erkennt es den unerwünschten Eindringling bereits und reagiert gezielt mit der Ausschüttung der Antikörper.

Die häufigsten Nahrungsmittelallergien bei Kindern betreffen Milch, Ei, Sojabohnen und Nüsse. Allergien bei Kindern können bis zum Schuleintritt von selbst wieder verschwinden: Das Immun- und das Verdauungssystem hatten Zeit nachzureifen und überreagieren nun nicht mehr auf Harmloses. Es besteht in diesem Fall allerdings die Gefahr, dass im Lauf der Jahre andere Allergien wie etwa Pollenallergien auftreten.

? Lassen sich anhand bestimmter Symptome Rückschlüsse ziehen, gegen welches Nahrungsmittel oder welche Nahrungsmittelart das Kind allergisch ist?

Eigentlich nicht. Es gibt zwar gewisse Häufungen von Symptomen bei bestimmten Allergiearten. So treten zum Beispiel bei Fischallergien häufig Hautreaktionen auf, Milchallergie im Kindesalter wiederum löst häufig Magen-Darm-Beschwerden aus. Trotzdem sollten diese Signale keinesfalls (!) zu einer Selbstdiagnose führen, da sich all diese Allergien sehr wohl auch mit allen anderen bei Allergien auftretenden Symptomen zeigen können. Sprechen Sie im Zweifelsfall bitte immer mit Ihrem Kinderarzt.

? Deuten Symptome wie Hautausschlag, Schwellungen oder Unwohlsein immer auf eine Nahrungsmittelallergie hin?

Auch wenn Sie oder Ihr Kind an allergieähnlichen Symptomen leiden, so kann trotzdem eine andere Art der Nahrungsmittelunverträglichkeit dahinterstecken. Der Besuch beim Arzt, am besten gleich in einem Allergiezentrum, ist daher unbedingt nötig. Sicherheit darüber, ob eine Allergie vorliegt, gibt eine Blutuntersuchung. Ist ein erhöhter Wert von Antikörpern des Typs IgE gegeben, so ist dies ein deutlicher Hinweis auf eine Allergie.

? Kann ich mein Kind vor einer Nahrungsmittelallergie schützen?

Es gibt zahlreiche Theorien, was den Anstieg der Nahrungsmittelallergien auch bei Kindern in den Industrieländern verursachen könnte. Leider herrscht dabei unter den Wissenschaftlern keine Einigkeit. Ergebnis ist, dass die empfohlenen Schutzvorkehrungen einander zum Teil sogar widersprechen. So gibt es zwar Beobachtungen, dass die Einführung von mehr als vier Nahrungsmitteln als Beikost vor Ende des vierten Lebensmonats mit einem erhöhten Auftreten atopischer Hauterkrankungen (beispielsweise Hautausschlägen oder Neurodermitis) einhergeht, diese sind jedoch nicht wissenschaftlich abgesichert. Vor allem aber wurden diese Beobachtungen überwiegend an Säuglingen gemacht, die aufgrund von Allergien in der Familie bereits als Risikokinder galten. Die einzige Richtlinie, sowohl für Risiko- als auch für Nicht-Risiko-Kinder, die sich aus den verschiedenen Empfehlungen herauslesen lässt, ist, dass gestillte Kinder besser vor Allergien geschützt sind als nicht gestillte. Empfohlen wird eine Stilldauer von mindestens vier Monaten, besser noch sechs Monaten (siehe Seite 23).

？ Wenn ich glaube, dass mein Sohn gegen ein Nahrungsmittel allergisch ist: Reicht es, wenn ich das Lebensmittel weglasse?

Bitte keine Experimente! Wenn Sie den Eindruck haben, dass Ihr Sohn ein Nahrungsmittel nicht verträgt, konsultieren Sie am besten den Kinderarzt. Nicht jeder Ausschlag signalisiert eine Nahrungsmittelallergie. Andererseits ist nicht jede Nahrungsmittelunverträglichkeit eine Allergie. Dementsprechend sind jeweils andere Maßnahmen nötig. Und selbst wenn es sich um eine Allergie handelt, so gibt es auch da noch gravierende Unterschiede. So ist etwa Fischallergie nicht gleich Fischallergie. Manche Menschen reagieren auf jeglichen Fisch allergisch, andere vertragen Süßwasserfisch recht gut und es kommt nur beim Verzehr von Meeresfischen zu unangenehmen Symptomen. Auch bei der Milchallergie gibt es Menschen, die keinerlei Milch und Milchprodukte vertragen, andere wiederum können Käse oder Joghurt problemlos genießen. Suchen Sie also bitte rasch eine Allergieambulanz auf, damit Ihr Kind bald wieder so viele unterschiedliche Nahrungsmittel wie möglich zu sich nehmen kann.

？ Lässt sich eine Allergie wirksam bekämpfen?

Wurde von Experten eine Allergie gegen ein bestimmtes Lebensmittel oder eine Lebensmittelgruppe diagnostiziert, so sollte dieses zunächst einmal aus dem Speiseplan verbannt werden. In manchen Fällen lässt sich mit der sogenannten Hyposensibilisierung Beschwerdefreiheit erreichen. Dabei wird der

Körper – ähnlich wie bei einer Impfung – sehr, sehr kleinen Dosen des Allergens ausgesetzt, um sich langsam daran gewöhnen zu können. Noch in Entwicklung befindet sich derzeit eine Allergie-Impfung mit einem synthetischen Impfstoff. Diese richtet sich allerdings vorerst gegen Pollenallergien. Häufig verschwindet eine Allergie im Lauf der Kindheit von selbst wieder. Nach ein paar Jahren sollten Sie daher einen erneuten Allergietest durchführen lassen.

❓ Ich habe gehört, dass es neben den echten Allergien auch Pseudoallergien gibt. Wie lässt sich der Unterschied feststellen?

Pseudoallergien können genauso unangenehm sein wie echte Allergien. Es kommt dabei jedoch nicht, wie bei der echten Allergie, zu einer Immunreaktion, die die Histaminbildung im Körper anregt, sondern der Körper reagiert direkt auf die Histamine, die in Lebensmitteln wie Wein, Käse, Fischkonserven oder Sauerkraut vorkommen. Andere Lebensmittel wie Erdbeeren oder Soja aktivieren direkt die Freisetzung von Histaminen im Körper. In beiden Fällen kommt es aufgrund des Histamins zu denselben, durchaus realen und unangenehmen körperlichen Reaktionen wie bei echten Allergien. Wer an einer Pseudoallergie leidet, sollte daher keinesfalls als Hypochonder abgetan werden, sondern ist ein kranker Mensch mit Beschwerden, die von seinem Umfeld genauso ernst genommen werden sollten wie bei einer echten Allergie.

Die Abgrenzung zur Allergie erfolgt über einen Bluttest. Wenn der Spiegel der Antikörper des Typs IgE im Blut nicht erhöht ist, liegt keine Allergie vor. Pseudoallergien treten im Gegensatz zu Allergien auch schon beim Erstkontakt mit dem Symptome auslösenden Nahrungsmittel auf. Ebenfalls im Unterschied zu Allergien kann bei einer Pseudoallergie in manchen Fällen eine geringe Menge des Lebensmittels vertragen werden. In weiterer Folge ist meist ein langwieriges Ausschluss- und Testverfahren nötig, um jenen Stoff, der die Symptome auslöst, zu identifizieren. Dabei wird für mindestens zwei Wochen eine pseudoallergenarme Nahrung eingenommen und im Anschluss daran Schritt für Schritt das Nahrungsmittelspektrum erweitert.

❓ Kann eine Pseudoallergie geheilt werden?

Heilung ist nicht möglich. In erster Linie sollten die auslösenden Lebensmittel vermieden werden. In manchen Fällen ist auch eine medikamentöse Behandlung, etwa mit Antihistaminika, möglich.

❓ Immer wenn mein Kind Milch trinkt, bekommt es starke Blähungen und Durchfall. Handelt es sich vielleicht um eine Lactoseintoleranz?

Das scheint zumindest nicht ausgeschlossen. Damit der Milchzucker, die Lactose, gut verdaut werden kann, braucht der Körper ein Enzym namens Lactase. Fehlt dieses Enzym oder wird es nicht in ausreichender Menge produziert, gelangt der Milchzucker ungespalten in den Darm. Die Aufspaltung in die Bestandteile Milchsäure, Essigsäure, Kohlendioxid, Methan und Wasserstoff findet dann erst dort statt. Die dabei entstehenden Gase bewirken Blähungen, außerdem steigt der Wassergehalt im Darm, da Lactose wasserbindende Eigenschaften besitzt. So kommt es zu unangenehmen Symptomen wie Bauchschmerzen, Blähungen und Durchfall, aber in manchen Fällen auch zu Verstopfung.

❓ Wie kann eine Lactoseintoleranz festgestellt werden?

Es gibt zwei Formen: Die primäre Lactoseintoleranz ist angeboren und tritt glücklicherweise sehr selten auf. Ihre Symptome äußern sich in sehr heftiger Form. Gerade bei Säuglingen ist diese Krankheit jedoch schwerwiegend, da auch die Muttermilch nicht vertragen wird. Weit häufiger tritt hingegen die erworbene Milchzuckerunverträglichkeit auf, die sekundäre Intoleranz. Sie entwickelt sich mit zunehmendem Alter, ist in unseren Breiten aber nach wie vor selten. Säuglinge sind üblicherweise in der Lage, Lactase zu bilden, da diese auch zur Verdauung der Muttermilch benötigt wird. Nach dem Säuglingsalter geht die Lactasebildung jedoch zurück. Wie stark sie zurückgeht, ist individuell verschieden.

Die Diagnose erfolgt mittels eines Atemtests, der zusätzlich mit einem Bluttest abgesichert werden kann.

Die Lactoseintoleranz ist nicht mit der Milchallergie zu verwechseln. Bei Letzterer reagiert das Immunsystem allergisch auf das in der Milch enthaltene Eiweiß und sie geht nicht auf ein fehlendes Enzym zurück.

? Was tun bei Lactoseintoleranz?

Lactoseintoleranz ist im eigentlichen Sinne keine Krankheit. Für ca. 70 Prozent der Weltbevölkerung ist der langsame Rückgang der Lactasekapazität normal und Milchverträglichkeit eher die Ausnahme. Insofern ist Lactoseintoleranz nicht heilbar. Tritt sie infolge einer Darmerkrankung auf, können mit Besserung der Grunderkrankung oft wieder kleine Mengen Milch vertragen werden. Durch Umstellung der Kost und/oder Einnahme von lactasehaltigen Enzympräparaten lassen sich die Symptome auch mindern. Meist werden jedoch – individuell unterschiedlich – kleine Mengen Lactose ohne große Probleme vertragen. Mit dem gestiegenen Wissen über diese Krankheit ist in den letzten Jahren das Angebot an lactosefreien Produkten im Lebensmittelhandel deutlich gestiegen, was das Einhalten einer lactosefreien oder -armen Ernährung deutlich erleichtert. Bei einer Ernähungsberatung bekommen Sie hierzu ausführliche Informationen.

? Wie erkenne ich, dass mein Kind unter Fructoseunverträglichkeit leidet?

Obst und Gemüse gelten als unerlässlich für eine gesunde Ernährung, sie können aber auch krank machen. Das ist dann der Fall, wenn der Körper Probleme mit dem Fruchtzucker, der Fructose, hat.

Es gibt zwei Formen der Fructoseunverträglichkeit. Bei der sehr seltenen hereditären, also erblichen Fructoseintoleranz ist aufgrund eines Enzymdefekts der Fructoseabbau gestört, was zu einer Anreicherung von Fructose-1-Phosphat in Leber, Nieren und Darm führt. Wesentlich weiter verbreitet ist die sogenannte intestinale Fructoseunverträglichkeit, die oft auch als Fructosemalabsorption bezeichnet wird. Bei dieser Form ist der Transport der Fructose in die Dünndarmzellen eingeschränkt, wodurch die Aufspaltung der Fructose erst im Dickdarm erfolgt. Die Symptome einer Fructoseunverträglichkeit treten meist mit Einführen der ersten fructosehaltigen Beikost auf. Bei der hereditären Fructoseintoleranz zeigen sich die Symptome in sehr heftiger Form unter anderem mit Übelkeit, Erbrechen, Zittern, Schwitzen, Blässe, Lethargie oder Krampfanfällen. Für die medizinische Diagnose ist eine spezielle Blutuntersuchung nötig. Die Fructosemalabsorption äußert sich mit Beschwerden wie Blähungen, Bauchschmerzen, Krämpfen, Durchfall, seltener auch Verstopfung, Abgeschlagenheit und Antriebslosigkeit oder Übelkeit. Die medizinische Diagnose erfolgt hier über einen Atemlufttest.

❓ Kann man Fructoseunverträglichkeit wieder loswerden?

Nein, die einzige Möglichkeit, die Symptome zu vermeiden, ist es, fructosehaltige Lebensmittel zu erkennen und wegzulassen. Achtung: Die Verträglichkeit hängt nicht nur vom Fruchtzuckergehalt, sondern auch vom Traubenzuckergehalt des Obsts ab. Und: Fructose befindet sich nicht nur in Obst, sondern auch in Gemüse. So hat etwa eine rote Paprikaschote einen ähnlich hohen Fructosegehalt wie eine Banane. Doch auch der Name eines Obsts kann irreführend sein. Die Wassermelone enthält beispielsweise rund sechsmal so viel Fruchtzucker wie eine Zucker- oder Honigmelone. Relativ fructosearme Obstsorten sind etwa Zuckermelonen, Aprikosen, Pflaumen, Erdbeeren oder Pfirsiche. Unter den Gemüsesorten haben beispielsweise Spinat, Salat, Wirsing, Erbsen und Kartoffeln einen niedrigen Fructosegehalt. Bei fertigen Lebensmitteln meiden Sie bitte auch jene Produkte, die Sorbit enthalten. In jedem Fall ist es ratsam, sich nach Sicherung der Diagnose von einer ausgebildeten Ernährungsfachkraft beraten zu lassen. Während bei der Fructosemalabsorption fallweise kleine Mengen Fructose vertragen werden (und auch gegessen werden sollten), gibt es bei der hereditären Fructoseunverträglichkeit absolut keine Menge, die als tolerabel gilt.

❓ Wie äußert sich Zöliakie bei Kindern?

Bei Zöliakie verträgt der Darm das Gliadin nicht, einen Bestandteil des Klebereiweiß (Gluten). Durch diese Unverträglichkeit wird die Schleimhaut des Dünndarms geschädigt, was in weiterer Folge die Aufnahme von Nährstoffen über diese Schleimhaut behindert. Von Zöliakie betroffene Kinder sind meist zart, blass und manchmal auch von langsamem Wachstum. Neben Symptomen wie Appetitlosigkeit, Durchfall, seltener auch Verstopfung, aufgeblähtem Bauch, Bauchschmerzen oder häufigem Erbrechen kommt es so trotz guter Ernährung zu einer Mangelversorgung des Körpers mit Nährstoffen. Die Krankheit tritt meist mit der Umstellung von Muttermilch auf Milch-Getreide-Brei in Erscheinung beziehungsweise wenn das Kind das erste Brot, die ersten Kekse, Nudeln oder andere glutenhaltige Nahrung erhält. Die Diagnose erfolgt mittels eines Antikörpertests im Blut sowie einer Darmbiopsie.

❓ Ist Zöliakie heilbar?

Bislang gilt Zöliakie als nicht heilbar. Die wichtigste Therapie ist die konsequente Einhaltung einer gliadinfreien Diät. Wird die Krankheit früh erkannt, erholt sich der Darm aber gut. Diätfehler wirken sich dagegen unmittelbar aus und können zu mehrwöchigen Beschwerden führen. Heute gibt es ein Angebot an gluten-/gliadinfreien Lebensmitteln im Handel, daher ist es wesentlich einfacher geworden, die entsprechende Kost zuzubereiten. In Selbsthilfegruppen bekommen Sie unter anderem Anregungen für glutenfreie Gerichte.

Vom Dickerchen zum dicken Kind

❓ Wie viel Babyspeck ist okay?

»Rund ist gesund« oder »Das ist ja nur Babyspeck« – manche Eltern schauen mit verklärtem Blick auf ihre Kinder, freuen sich über deren üppige Rundungen und finden, dass alles in Ordnung ist, während die Kinder bereits schwer an ihren überzähligen Kilos tragen.

Wenn es in Ihrer Familie starkes Übergewicht gibt oder Sie das Gefühl haben, dass Ihr Kind bereits zu viel wiegt, beraten Sie sich mit Ihrem Kinderarzt. Es gibt sogenannte Gewichtsperzentilen für jedes Alter und gemeinsam werden Sie die Gewichtsentwicklung im Auge behalten und Strategien entwickeln. Denn auch wenn Sie feststellen müssen, dass Ihr Kind übergewichtig ist, werden Sie es ja weiterhin lieben, seine Persönlichkeit und Einzigartigkeit, seine speziellen Fähigkeiten weiterhin schätzen. Daran können ein paar Kilo mehr oder weniger nichts ändern. Für die Gesundheit Ihres Kindes und für sein Wohlbefinden macht es aber durchaus einen großen Unterschied, ob es übergewichtig ist oder nicht.

Und als Eltern sind Sie für die Gesundheit und das Wohlbefinden Ihres Kindes verantwortlich. Schauen Sie also nicht weg, sondern werden Sie initiativ, wenn Ihr Kind übergewichtig ist. Suchen Sie Hilfe, lassen Sie sich beraten, welche Maßnahmen geeignet sind (siehe Seite 202).

❓ Gibt es eine spezielle Diät für Kinder, die zu dick sind?

Bei Kindern mit starkem Übergewicht stehen Bewegung und gesunde Ernährung im Mittelpunkt, keine Diäten. Dadurch, dass Kinder noch wachsen, erreicht man mit gezielten Bewegungsprogrammen oft Wachstum ohne zusätzliche Gewichtszunahme. Diäten wirken keine Wunder! Und sie beheben in der Regel auch nicht die eigentlichen Gründe für Übergewicht. Es gibt daher auch keine eigenen Diäten für Kinder. Damit eine Gewichtsreduktion nachhaltigen Erfolg hat, braucht es nämlich mehr als nur kalorienangepasste Nahrung. Es muss die gesamte familiäre und schulische/berufliche Situation berücksichtigt werden. Die Arbeitsgemeinschaft »Adipositas im Kindes- und Jugendalter« der Deutschen Adipositas-Gesellschaft (siehe Seite 249) hat Leitlinien für die Behandlung entwickelt: »Eine erfolgreiche Behandlung ist nur in interdisziplinärer und intensiver Zusammenarbeit zwischen Arzt, Psychologen, Ernährungsfachkräften (Diätologe, Ernährungswissenschaftler), Sporttherapeuten etc. möglich.« Schließlich hat es keinen Sinn, mit dem Kind Programme zu entwickeln, die nicht alltagstauglich sind, und die von der Familie nicht mitgetragen und unterstützt werden.

Nehmen Sie kinderärztliche Unterstützung in Anspruch! Dabei geht es um Informationsweitergabe und Auswahl geeigneter Adipositasprogramme für Kinder in Ihrer Region.

 **TIPP**

Hinweise für Eltern von übergewichtigen Kindern

- Nehmen Sie die Mahlzeiten gemeinsam ein.
- Lebensmittel sind als Erziehungsmittel ungeeignet (siehe Seite 157 f.)!
- Helfen Sie Ihrem Kind, ein gesundes Sättigungsgefühl zu entwickeln (siehe Seite 59).
- Kontrollieren Sie das Essverhalten Ihres Kindes in Maßen, vermeiden Sie es aber, das Kind zu überwachen.
- Verbote sind kontraproduktiv.
- Bieten Sie Ihrem Kind möglichst abwechslungsreiche, »bunte« Zwischenmahlzeiten für die Pause in Schule und Kindergarten an.
- Versuchen Sie, Gemüse und Obst kreativ anzubieten (Fingerfood, Saft, Püree, Obstsalat).
- Süßigkeiten sind erlaubt, aber teilen Sie sie in kleinen Portionen zu.
- Erlauben Sie Fastfood – aber nur in Maßen.

❓ Verschwinden die überschüssigen Pfunde nicht von selbst im Lauf des Wachstums?

Das funktioniert nur bei mäßigem Übergewicht und bei jüngeren Kindern. Wenn ein 12-jähriges Mädchen 75 kg wiegt, so wird es, selbst wenn es sein Gewicht halten kann und nicht weiter zunimmt, auch als Erwachsene vermutlich noch einige Kilos zu viel haben. Je älter das Kind ist und je größer das Übergewicht, desto wichtiger sind begleitende Maßnahmen. In jedem Fall wird eine Änderung der Ess- und Bewegungsgewohnheiten der Familie nötig sein. Schließlich soll Ihr Kind ja dauerhaft normalgewichtig bleiben.

? **Immer wieder fällt in Zusammenhang mit Übergewicht der Begriff Adipositas. Ist das der medizinische Fachausdruck dafür?**

Unter Übergewicht beziehungsweise der ausgeprägteren Stufe der Fettleibigkeit, also Adipositas, versteht man eine über das Normalmaß hinausgehende Körperfettmasse. Das bedeutet, dass ein Kind für seine Größe, sein Geschlecht und sein Alter ein zu hohes Körpergewicht hat. Was zu viel ist, bestimmt der Arzt für Kinder und Jugendliche über die sogenannten Perzentilkurven, die das Spektrum des Body-Mass-Index (BMI) unter Berücksichtigung von Alter und Geschlecht darstellen. Der BMI ist aber nur eine von mehreren Messgrundlagen. Auch die Körperzusammensetzung mittels Bioimpedanz-Analyse, der Taillenumfang, der Blutdruck, die Glucosetoleranz, die Familienanamnese und verschiedene Blutwerte werden zur Gesamtbewertung herangezogen.

? **Ist Adipositas gefährlich und muss sie behandelt werden?**

Ja, Adipositas ist gefährlich. Sie gilt auch nach den Definitionen der WHO als Krankheit und gehört zum Bereich der sogenannten Endokrinen, Ernährungs -und Stoffwechselkrankheiten. Leidet ein Kind oder Jugendlicher an Adipositas, so bedeutet das, dass der Fettanteil in seinem Körper, bezogen auf sein Alter, Geschlecht und seine Größe, zu hoch ist. Das schädigt den Körper in mehrfacher Weise: Die Organe, besonders die Leber, sind durch die Schwerarbeit, die sie bei der Ausscheidung der Stoffwechselprodukte leisten müssen, extrem belastet. Eine Reihe von Begleiterkrankungen wie Atherosklerose, Gelenkbeschwerden, Insulinresistenz bis hin zu Diabetes kann dabei schon im Kindes- und Jugendalter auftreten. Vor einer Behandlung muss allerdings unbedingt die Ursache medizinisch abgeklärt werden, da es auch Erkrankungen wie Schilddrüsenunterfunktion, das Prader-Willi-Syndrom oder das Wilson-Turner-Syndrom gibt, bei denen Adipositas nicht die Erkrankung selbst ist, sondern als ein Symptom dieser anderen, ursprünglichen Krankheit auftritt.

❓ Was sollte ein gutes Adipositasprogramm bieten?

Ein gutes Programm baut – neben medizinischen Kontrollen – auf drei Säulen auf: Ernährungsberatung, Sporttherapie und psychologische Behandlung. Gruppenprogramme machen Kindern meist mehr Spaß und sind erfolgreicher als Einzelbetreuung. Sie tragen auch dazu bei, adipösen Kindern zu mehr sozialen Kontakten und damit auch zu mehr Selbstsicherheit zu verhelfen, da gerade übergewichtige Kinder oftmals unter Spott und Ausgrenzung zu leiden haben.

Die ernährungsmedizinischen Schulungen informieren über die Grundlagen der Ernährungslehre wie Nährstoffarten, Energiezufuhr und -verbrauch oder Flüssigkeitsbedarf. Sie zeigen, wie ein bewusster Umgang mit Lebensmitteln aussieht, und geben Anregungen für eine adäquate Mahlzeitenaufteilung. Entsprechende Kochkurse können das Angebot ergänzen. Anhand eines Ernährungsprotokolls wird der Istzustand der Ernährungsgewohnheiten erhoben, welche Nährstoffarten (Makro- und Mikronährstoffe; siehe Seite 225 ff.) zugeführt werden und wie es mit der Energiezufuhr und dem -verbrauch aussieht. Davon ausgehend wird eine individuelle Betreuung entwickelt, die Defizite ausgleichen und Überschüsse vermeiden hilft.

Die Sporttherapie dient dazu, übergewichtigen, adipösen Kindern und Jugendlichen ein verbessertes Körpergefühl und Körperverständnis näherzubringen. Übergewichtige sollen wieder mehr Spaß an der Bewegung finden. Dabei muss unbedingt auf die individuellen Möglichkeiten der Kinder eingegangen werden, um diese nicht zu überfordern.

Die psychologische Behandlung widmet sich der Schulung von Wahrnehmungsfähigkeiten, dem Aufbau neuer und alternativer Verhaltensmöglichkeiten, dem Einüben von sozialer Kompetenz und der Erarbeitung einer Rückfallprophylaxe.

Vor allem bezieht ein seriöses Programm für übergewichtige Kinder immer die gesamte Familie mit ein. Denn was eingekauft wird, was gekocht wird, welche Nahrungsmittel den Kindern angeboten werden, das entscheiden meist die Eltern. Und außerdem braucht Ihr Kind auf dem Weg zum Normalgewicht dringend die Unterstützung beider Eltern und der Geschwister!

❓ In unserer Familie ist eine kräftige Statur vererbt. Sollen wir etwa gegen diese Disposition angehen?

Wenn die ganze Familie »kräftig«, also muskulös ist und sich gern bewegt, ist nichts dagegen zu sagen. Wenn allerdings jeder zu viele Pfunde auf der Taille mit sich herumschleppt, so sollte man das nicht schicksalsergeben hinnehmen. Vielmehr deutet die vermeintliche Disposition oft darauf hin, dass in der betroffenen Familie insgesamt ungünstige Ernährungs- und Bewegungsgewohnheiten herrschen. Als Eltern tragen Sie jedoch die Verantwortung für das gesundheitliche Wohlergehen Ihrer Kinder. Und die gesundheitlichen und psychischen Folgen von Adipositas können durchaus beträchtlich sein. Also stellen Sie die Ernährung der ganzen Familie um, informieren Sie sich dazu bei professionellen Ernährungsberaterinnen und -beratern (Diätologen). Überprüfen Sie auch die Bewegungsgewohnheiten Ihrer Familie und gehen Sie öfter miteinander raus, laufen Sie um die Wette die Treppe hinauf, radeln Sie gemeinsam zum Supermarkt.

Wenn die Seele hungrig ist

❓ Wie erkenne ich, ob mein Kind bulimiegefährdet ist?

Unter Bulimie (auch Ess-Brech-Sucht genannt) versteht man eine Essstörung, bei der die Betroffenen Essattacken haben und im Anschluss daran selbst Erbrechen herbeiführen. Manche Betroffene nehmen zusätzlich Abführmittel oder betreiben exzessiv Sport, um nur ja nicht zuzunehmen. Bulimie tritt meist ab dem 15., 16. Lebensjahr auf. Überwiegend sind Mädchen betroffen, doch auch immer mehr Jungen entwickeln diese Essstörung.

Folgende Verhaltensweisen und Umstände können auf eine Erkrankung hindeuten:

- ständige Beschäftigung mit Essen, Kalorientabellen etc.
- Angst, zu dick zu sein
- mitunter verstärkte körperliche Aktivität

- Wasseransammlungen der Haut, Schwellung der Speichel-drüsen
- Bissspuren auf den Händen (vom Herbeiführen des Er-brechens)
- Zahnschmerzen, Zahnprobleme
- gefühlsmäßige Labilität, Impulsivität, Stimmungsschwan-kungen
- Schmerzen im Hals, Magen, Darm
- längere Aufenthalte auf der Toilette beziehungsweise im Badezimmer
- säuerlicher Geruch in Bad und WC

Bulimie ist zwar ein eigenes Krankheitsbild, doch ist die Krank-heit gleichzeitig ein Symptom für psychische Probleme. Die Behandlung muss also über das Ziel, dass die betroffene Person ein anderes Essverhalten entwickelt, hinausgehen.

❓ Welche (Spät-)Folgen kann Bulimie mit sich bringen?

Bulimie kann zahlreiche medizinische Folgen nach sich ziehen, im Extremfall sogar lebensgefährlich werden. So kann es durch die beim Erbrechen nach oben gelangte Magensäure, aber auch durch das Erbrechen selbst zu Schädigungen der Speiseröhre kommen. Die Zähne können ebenfalls duch die Magensäure geschädigt werden. Der Elektrolythaushalt wird massiv gestört, es kommt zu Kalium-, Eisen- sowie Kalziummangel und vor allem zu Herzrhythmusstörungen, die zum Tod führen können. Auch psychische Erkrankungen wie Depression oder Alkohol- und Drogenmissbrauch treten häufig auf. Versuchen Sie daher zu erreichen, dass Ihr Kind so rasch wie möglich medizinische Hilfe in Anspruch nimmt.

❓ Welche Warnsignale gibt es bei Anorexie?

Unter Anorexie (»Magersucht«) leiden Kinder oder Jugendliche, die zu wenig Körpergewicht haben (entsprechende Vergleichs-tabellen hat Ihr Arzt) und aktiv versuchen, nicht an Gewicht zuzunehmen. Diese Kinder haben ausgeprägte Ängste, »dick« zu werden, wobei die eigene Wahrnehmung des Körpers verzerrt ist. Sie weigern sich, ihr Körpergewicht zu halten, und beschäftigen sich intensiv mit Ernährung und Diäten. Achtung: Anorexie wird häufig bereits vor der Pubertät, ab etwa dem Alter von 10, 11 Jahren entwickelt und sie betrifft nicht nur Mädchen. Auch Jungen entwickeln diese Essstörung. Folgende Verhaltensweisen und Umstände können auf eine Erkrankung hindeuten:

- sozialer Rückzug, häufiges Fernbleiben von der Schule
- auffälliger Gewichtsverlust, Beschäftigung mit Essen
- Einschränkung der Nahrungsaufnahme
- blaue Hände, Füße, Lippen (Kälteempfindlichkeit)
- Gedankenabwesenheit
- Leistungsabfall in der Schule
- Verleugnung von Hunger
- Verleugnung, Probleme zu haben
- fortgesetztes, fast zwanghaftes körperliches Training trotz Ermüdung und Schwäche
- Ausreden, um gemeinsames Essen zu vermeiden
- Ausbleiben der Regelblutung

❓ Welche möglichen Schäden entstehen bei Anorexie?

Anorexie ist wie auch Bulimie keine reine Krankheit des Körpers, sondern ebenso eine der Seele. Da die Psyche bei dieser Erkrankung eine wesentliche Rolle spielt, sehen die Jugendlichen oft nicht ein, dass sie sich und vor allem ihrem Körper mit ihrem Essverhalten sehr schaden. Anorexie führt zu einem Mangel an Nährstoffen im Körper, bei dem Körpergewebe abgebaut wird. Folgende körperliche Schäden sind häufig:

- niedriger Blutdruck
- verlangsamter Herzschlag
- Ausbleiben der Regelblutungen/Unfruchtbarkeit sowie fehlendes Wachstum der Brust bei Mädchen
- Osteoporose
- Darmträgheit, chronische Verstopfung, Magenkrämpfe etc.

Aufgrund dieser körperlichen Auswirkungen kann Anorexie lebensgefährlich werden! Doch auch die seelischen Auffälligkeiten beeinträchtigen die Kranken: Dazu gehören etwa große

Angst vor Gewichtszunahme, strikte Kontrolle der Nahrungsaufnahme, das Gefühl, immer noch zu dick zu sein, »unmöglich« auszusehen und nicht zuletzt das Leugnen der Krankheit
an sich. Auch diese Erkrankten brauchen dringend psychotherapeutische und medizinische Behandlung.

❓ Soll ich mein Kind darauf ansprechen, wenn ich den Verdacht habe, dass es an Anorexie leidet?

Ja, die Betroffenen sollten immer angesprochen werden. Reden
Sie also mit Ihrem Kind. Die richtige Herangehensweise ist
jedoch eine Gratwanderung zwischen Mitgefühl und Abgrenzung, die für besorgte Eltern sehr, sehr schwierig ist. Wenn Sie
unsicher sind: Lassen Sie sich in einer speziell für solche Störungen eingerichteten Ambulanz, die auch psychologische Aspekte
betrachtet, oder einer Elternselbsthilfegruppe beraten, bevor
Sie mit Ihrem Kind reden.
Beachten Sie möglichst die folgenden Regeln:
- Sprechen Sie in der Ich-Form. Seien Sie authentisch, zeigen
  Sie Verständnis. Signalisieren Sie Interesse am Wohlergehen
  Ihres Kindes, nicht nur Pflichtgefühl.
- Teilen Sie Ihrem Kind Ihre eigenen Beobachtungen, Gedanken, Ängste mit.
- Bieten Sie in einem ruhigen Moment konkrete Hilfe an, etwa
  Adressen von Beratungsstellen. Üben Sie keinen Zwang aus
  und sprechen Sie immer das Kind als ganze Persönlichkeit
  an, nicht nur die Gewichtsveränderung!
- Seien Sie sich bewusst, dass »gute Ratschläge« und Drohungen nichts nützen.
- Essgestörte sind oft extrem angepasst, definieren sich selbst
  stark über Leistung. In einem Gespräch zeigen sich solche
  Menschen dann ebenfalls oft sehr angepasst und verhalten
  sich so, wie sie glauben, dass man es von ihnen erwartet. Bei
  den Eltern entsteht daher leicht der (falsche) Eindruck, als
  wäre das Kind einsichtig und eine Besserung problemlos
  möglich.
- Bleiben Sie auch bei ablehnender Haltung bei Ihrem Angebot, als Ansprechperson und Unterstützung für Ihr Kind da
  zu sein.

Wenn gesundes Essen krank macht

? **Mein Teenager achtet seit einiger Zeit sehr auf gesunde Ernährung und isst nur noch ganz wenige ausgewählte Nahrungsmittel. Läuft hier etwas schief?**

In seltenen Fällen kann der Drang zu gesundem Essen krankhaft sein. Nämlich dann, wenn der Wunsch, gesund zu essen, zur Besessenheit wird. Diese neue Form der Essstörung, bei der besonders die Qualität der Nahrung im Vordergrund steht, wird »Orthorexia nervosa« (griech. orthos = richtig, orexis = Appetit) genannt. Betroffene beschäftigen sich mehrere Stunden am Tag mit ihrer Ernährung. Sie analysieren diese auf Mineralstoffgehalt, Vitamine und Ähnliches und stellen ihre Speisepläne ausschließlich anhand von »erlaubten« und »gesunden« Nahrungsmitteln zusammen. Selbst ehemalige Lieblingsspeisen oder Naschereien gelten dann als verboten. Verzicht bedeutet für die Betroffenen eine Steigerung des Selbstwertgefühls. Lebensmittelskandale in den Medien oder Berichte über krebserregende oder allergieauslösende Substanzen in Lebensmitteln verstärken die Einschränkungen. Am Ende bleiben oft nur einige wenige Obst- oder Gemüsesorten übrig, die nach strengen Kriterien eingekauft und verzehrt werden.

Folge dieser Einschränkungen sind erhebliche Mangelerscheinungen und Untergewicht, oft auch Schlaf-, Konzentrations- und Leistungsprobleme. Häufig versuchen die Betroffen auch, andere »zu bekehren«, oder sie ziehen sich allmählich aus ihrem sozialen Umfeld zurück. Solche Menschen brauchen unbedingt professionelle Hilfe durch Ärzte, Psychologen und Ernährungsberater (Diätologen).

Ernährungsirrtümer

Manche Ratschläge zum Thema Ernährung halten sich hartnäckig, selbst wenn sie überholt oder falsch sind. Ermahnungen, die schon die Oma als kleines Kind gehört hat, zieren immer noch die Seiten älterer und auch so mancher jüngerer Kochbücher, Ernährungsratgeber und anderer Literatur. Sie werden innerhalb der Familie weitergereicht und selbst der eine oder andere Allgemeinmediziner gibt Empfehlungen weiter, die nicht den neuesten Stand der Ernährungswissenschaft widerspiegeln. Zusätzlich werden in Internetforen und auf so manchen bemühten Homepages Tipps weitergegeben, die vielfach mehr von missionarischem Geist als von solide recherchierten wissenschaftlichen Erkenntnissen getragen sind. Sie werden viel gelesen, in andere Foren weitergetragen und leider immer wieder geglaubt. Gerade fürsorgliche Eltern, die gerne alles richtig machen möchten, lassen sich leicht verunsichern und nehmen solche Ratschläge häufig an, frei nach dem Motto: »Besser eine Warnung zu viel beachtet als eine zu wenig.« Und wenn eine Empfehlung behauptet, sich auf »neue wissenschaftliche Erkenntnisse« zu stützen, will man nicht zögern, diese bei seinen Kindern so rasch wie möglich umzusetzen. So kann es schon einmal passieren, dass man gar nicht schaut, wer diese »Wissenschaftler« denn sind, die das behaupten, oder ob die Informationsquelle eine anerkannte Institution mit einer nachvollziehbaren Anschrift ist.
Manche dieser vermeintlichen Weisheiten werden langsam, aber sicher durch aktuelle wissenschaftliche Erkenntnisse entkräftet. Dass etwa Spinat nicht ganz so viel Eisen enthält, wie unsere Ahnen glaubten, ist mittlerweile weitgehend bekannt. Der Irrtum beruht darauf, dass man den Eisengehalt anhand des getrockneten Gemüses berechnete und vergaß, dass der Spinat, den wir verzehren, nicht getrocknet ist, sondern zu 90 Prozent aus Wasser besteht. Spinat ist also gar nicht so gesund, vielmehr sollte er nicht allzu oft gegessen werden, da er relativ viel Nitrat enthält. Im Folgenden hinterfragen wir einige der hartnäckigsten und am weitesten verbreiteten Ernährungsirrtümer.

❓ Darf ich meinem Kind kein Wasser zu trinken geben, wenn es Kirschen, Pflaumen oder Aprikosen gegessen hat?

Doch, Sie dürfen durchaus. Woher die Mär kommt, dass die Kombination von Steinobst und Wasser zu Bauchschmerzen führt, ist nicht geklärt. Sollte Ihr Kind unmittelbar nach dem Genuss von frischem Obst Bauchschmerzen bekommen, so wird dies unabhängig davon geschehen, ob es dazu Wasser getrunken hat oder nicht. Der Grund dafür könnte sein, dass entweder die Menge zu groß war (mehr als ein Kilo) oder dass die Früchte noch nicht reif waren, was für den Magen zusätzliche Verdauungsarbeit bedeutet.

❓ Stimmt es, dass frisches Brot Bauchschmerzen verursacht?

Frisches Brot ist genauso gesund wie älteres. Früher vermutete man, dass frisches oder gar noch warmes Brot Blähungen verursachen könnte. Möglicherweise weil man annahm, dass die Mikroorganismen in den Treibmitteln – Sauerteig oder Hefe – erst einige Zeit nach dem Backen wirklich tot seien. Tatsache ist aber, dass sie bereits während des Backens durch die dabei entstehende Hitze abgetötet werden, im Bauch also nicht mehr rumoren können.

❓ Ist Rohkost wirklich gesünder als gekochtes Gemüse?

Nein, das kann man so nicht sagen. Es stimmt schon, beim Kochen verlieren viele Gemüsesorten an Vitaminen. Besonders die wasserlöslichen Vitamine sind sehr hitzeempfindlich. Vielfach werden Vitamine und Nährstoffe durch das Kochwasser auch ausgewaschen. Doch manche Gemüsesorten wie Karotten oder Tomaten können Teile ihres wertvollen Innenlebens erst preisgeben, wenn sie erhitzt wurden (siehe auch Seite 122). Hülsenfrüchte wiederum müssen sogar unbedingt gekocht werden, da sie roh Eiweißstoffe enthalten, die sogenannten Hämagglutinine, die bewirken können, dass die roten Blutkörperchen zusammenklumpen und somit der Transport des Sauerstoffs im Blut unterbrochen wird. Wichtig ist, dass Sie Gemüse mit wenig Wasser und so kurz wie möglich garen.

? Eier enthalten bekanntlich viel Cholesterin. Soll ich den Verzehr bei meinen Kindern daher einschränken?

Richtig ist, dass Eier, genau genommen das Eidotter, mit einem Gehalt von mehr als 200 mg pro Ei sehr viel Cholesterin enthalten. Richtig ist auch, dass zu viel davon im Blut Herzerkrankungen fördern kann. Doch eine Studie der Universität Harvard an fast 120.000 Menschen konnte keinerlei Zusammenhang zwischen Herzinfarktrisiko und Eierkonsum belegen. Ein Grund dafür ist, dass die körpereigene Cholesterinproduktion zurückgeht, wenn mit der Nahrung Cholesterin zugeführt wird. Der Cholesteringehalt wird über diesen Mechanismus einigermaßen stabil gehalten. Überdies wird nur rund die Hälfte des im Ei enthaltenen Cholesterins vom Körper aufgenommen. Wenn kein vom Arzt festgestellter medizinischer Ausschlussgrund vorliegt, lassen Sie sich also ruhig alle das Rührei zum Sonntagsfrühstück und ab und zu den dottergelben Kuchen sowie die cremige Soße der Spaghetti Carbonara schmecken.

? Ist es richtig, dass Fruchtzucker gesünder ist als Haushaltszucker?

Nein. Tatsache ist, dass seit die Verbraucher zunehmend lernen darauf zu achten, wie viel Zucker sie zu sich nehmen, die Industrie vermehrt dazu übergeht, nicht mehr Saccharose (Haushaltszucker) auf die Etiketten zu schreiben, sondern aus produktionstechnischen wie auch aus Gründen des Marketings gerne andere Zuckerarten verwendet. Sehr beliebt in diesem Spiel ist der Fruchtzucker (Fructose), klingt das Wort doch nach Obst und Vitaminen. Also kommt Fructose mittlerweile nicht mehr nur in diätetische Lebensmittel, sondern häufig auch in (Wellness-) Getränke, Joghurts, Dosenfrüchte und Ähnliches. Der einzige Unterschied zum Haushaltszucker ist jedoch, dass Fruchtzucker eine höhere Süßkraft hat. Fructose enthält keineswegs mehr

Vitamine oder andere Nährstoffe als Saccharose und im Energiegehalt und in ihrer Karies hervorrufenden Wirkung unterscheiden sich die beiden Zuckerarten ebenfalls nicht.

❓ Ist Zucker ein Vitaminräuber?

Nein. Zucker führt dem Körper zwar keine Vitamine zu, er nimmt ihm aber auch keine weg. Tatsache ist, dass der Organismus zum Abbau von Zucker Vitamin B_1 (Thiamin) benötigt. Das Thiamin wird dabei aber nur benützt, nicht verbraucht. Es bleibt dem Körper also erhalten.

❓ Macht Traubenzucker wirklich munter?

Traubenzucker gibt dem Körper, ebenso wie normaler Haushaltszucker, sehr rasch einen Energiekick. Genauso schnell ist dieser aber wieder verpufft. Das Niveau mit noch mehr Zucker hochzuhalten, ist aber auch keine gute Idee, da dies auf die Dauer Zähne, Stoffwechsel und Bauchspeicheldrüse belastet. Besser für die Leistungsfähigkeit ist es, den Körper mit Energie aus komplexen Kohlenhydraten etwa aus Vollkornbrot, Nudeln oder Kartoffeln zu versorgen. Das hat zwei Vorteile: Die Energie wird langsam und gleichmäßig abgegeben und diese Lebensmittel geben dem Körper zudem Vitamine und Mineralstoffe.

❓ Stimmt es, dass Bitterschokolade weniger dick macht als Milchschokolade?

Nein. Zwar enthält Bitterschokolade weniger Zucker als Milchschokolade, dafür ist der Fettanteil meist etwas höher. Der Kaloriengehalt ist also etwa gleich. Gönnen Sie Ihren Kindern und sich trotzdem ab und zu Schokolade, wenn Sie das möchten. Aber egal welche Sorte: Schokolade sollte wie jede Süßigkeit immer nur stückchen- und nicht tafelweise verzehrt werden.

❓ Ist Margarine gesünder als Butter?

Das kann man so nicht sagen. Butter und Margarine bestehen beide zu etwa 80 Prozent aus Fett. Der Kaloriengehalt ist also gleich. Ausnahme: Es handelt sich um fettreduzierte Produkte. Die Margarine punktet mit einem hohen Anteil an wertvollen ungesättigten Fettsäuren und ist überdies cholesterinfrei, was aber bei gesunden Menschen kein Muss darstellt. Butter wiederum ist ein natürliches Fett, das zwar viele kurzkettige Fettsäuren enthält, dafür aber leicht verdaulich ist. Es gibt in diesem Fall aus ernährungswissenschaftlicher Sicht kein »Besser« oder »Schlechter«, diese Wertung darf der persönliche Geschmack treffen. Für beide Fette gilt jedoch: Verwenden Sie sie aufgrund des hohen Energiegehalts möglichst sparsam. Sie können alternativ auch Frischkäse oder Quark aufs Brot streichen.

❓ Ist es wahr, dass Nudeln dick machen?

Nein, weder Nudeln noch Kartoffeln, Brot oder andere kohlenhydratreiche Kost sind Dickmacher, sondern wichtiger Bestandteil einer ausgewogenen Ernährung. Werden die Nudeln allerdings mit Sahnesoße zubereitet, die Kartoffeln als Pommes frites oder Chips, dann kann das Gericht schon sehr energiereich werden. Das liegt dann allerdings nicht an den Kartoffeln oder an den Nudeln, sondern an der Zubereitung.

❓ Stimmt es, dass Essen am Abend dick macht?

Nein. Es kommt immer auf die Energiemenge an, die man über den Tag verteilt zu sich nimmt. Mit dem sogenannten »Dinner cancelling«, also dem Verzicht auf das Abendessen, kann man nur dann abnehmen, wenn diese Mahlzeit wirklich ausfällt. Sie durch ein üppiges Mittagessen oder durch mehrere Zwischenmahlzeiten zu ersetzen, hilft nicht.

Es ist jedoch aus einem anderen Grund durchaus sinnvoll, ein wenig Zeit zwischen Abendessen und Schlafengehen verstreichen zu lassen: Wenn der Magen gerade rumort, weil er verdauen muss, so kann dies die Schlafqualität beeinträchtigen. Wie viel Zeit zwischen der letzten Mahlzeit des Tages und dem Zubettgehen verstreichen sollte, hängt von der Größe der verzehrten Portion ab und davon, ob eher leicht Verdauliches wie Fisch, Kartoffeln oder Nudeln verzehrt wurde oder ob es schwerer Verdauliches wie Fleisch, Rohkost oder harte Eier gab.

❓ Es heißt, man soll seinem Körper regelmäßig eine Kur zur Entschlackung gönnen. Gilt das auch für Kinder?

Grundsätzlich sollten Kinder keine Diäten einhalten, sofern sie nicht medizinisch begründet und mit einem Arzt abgesprochen sind (siehe Seite 199). Darüber hinaus gibt es medizinisch gesehen keine Schlacken. Die normalerweise anfallenden Stoffwechselprodukte werden über Leber, Niere, Lunge, Darm und Haut ausgeschieden. Das, was im Volksmund als »Schlacken« bezeichnet wird, sind durch das Fasten ausgelöste, übelriechende Produkte (Ketonkörper). Ernährungsexperten raten auch aus einem anderen Grund von Fastenkuren ab: Bekommt der Körper wenig oder keine Nahrung, so lernt er, mit wenig auszukommen. Wird die Nahrungsmenge wieder auf das übliche Maß erhöht, verwertet der Körper die Nahrung so, als bekäme er noch zu wenig. Der gefürchtete Jo-Jo-Effekt ist in Gang gesetzt und man nimmt nach Beendigung der Kur rascher zu als vorher.

❓ Stimmt es, dass Salz zu hohem Blutdruck führt? Und wie ist das bei Kindern?

Experten sind sich nach wie vor uneinig darüber, ob Salz bei gesunden Menschen den Blutdruck erhöht oder nicht. Trotzdem ist es günstig, eher sparsam zu salzen, da Salz über die Nieren ausgeschieden wird und diese vor allem bei kleinen Kindern durch stark gesalzene Speisen stark belastet werden.

❓ Ich dachte immer, Vitamine seien gesund. Nun habe ich gehört, dass man nicht zu viele Vitamine zu sich nehmen soll? Kann das stimmen?

Eines ist auf alle Fälle richtig: Vitamine sind gesund und wichtige Bausteine zahlreicher Prozesse, die im Körper ablaufen. Wer seine Kinder ausgewogen und vielseitig ernährt, versorgt sie mit allen Vitaminen in der nötigen Dosierung, so wie der Körper sie braucht.
Bei mit Vitaminen angereicherten Produkten, zum Beispiel bei Säften oder Frühstücksflocken, gelten Dosierungen, die denen

der durch Nahrung zugeführten Menge entsprechen, als unproblematisch (RDA = Recommended Daily Allowance, früher »empfohlener Tagesbedarf« genannt). Darüber hinaus ist sich die Wissenschaft noch nicht einig.

❓ Ich habe gehört, dass Grillfleisch krebserregend ist. Sollen wir mit den Kindern besser nicht mehr grillen?

Lassen Sie sich den Grillgenuss nicht verderben! Allerdings sollten Sie ein paar Regeln dabei einhalten:

- Verwenden Sie keine harzigen Holzarten, sondern Grillkohle.
- Legen Sie das Grillgut erst dann auf, wenn die Kohle so weit abgebrannt ist, dass sie von einer weißen Aschenschicht bedeckt ist.
- Achten Sie darauf, dass vom Grillgut kein Fett in die Glut tropft. Wenn es verbrennt, steigen mit dem Rauch schädliche Stoffe auf, die sich am Grillgut festsetzen. Tupfen Sie eingeöltes Fleisch mit Küchenrolle ab, bevor Sie es auf den Rost legen. Verwenden Sie mageres Fleisch.
- Legen Sie kein gepökeltes oder geräuchertes Fleisch auf den Grill. Durch das Erhitzen kann sich das Nitrat im Gepökelten in die krebserregenden Nitrosamine umwandeln. Achtung: Das bedeutet auch, dass die gerade bei Kindern so beliebten Würstchen auf dem Grill eigentlich nichts verloren haben!
- Legen Sie auch Gemüse auf den Grill, etwa in Scheiben geschnittene Zucchini oder frische Maiskolben. Kartoffeln können Sie in Alufolie verpackt in der Glut garen.

❓ Koffein macht angeblich nicht immer munter, sondern manche Menschen eher schläfrig. Stimmt das?

Koffein wirkt als Aufputschmittel, indem es den Blutdruck und den Herzschlag kurzfristig erhöht. Es blockiert im Gehirn bestimmte Rezeptoren, wodurch der Körper wach gehalten wird und die körperliche und geistige Leistungsfähigkeit gesteigert werden kann. Lässt die Wirkung nach, tritt die Müdigkeit aber dafür unvermittelt ein.

Der vermeintliche Energiekick, den sich Pubertierende vor der Schularbeit oder den Hausaufgaben mit Cola oder einem Energy-Drink holen möchten, kann sich also durchaus ins Gegenteil verkehren. Das gilt übrigens genauso für Erwachsene und ihren Kaffeekonsum.

❓ Süßstoff regt angeblich den Appetit an. Kann ich damit meine Tochter dazu bringen, mehr zu essen?

Bitte nicht! Zum einen geben Sie Ihrem Kind bitte die Chance, seine Bedürfnisse kennenzulernen, zu lernen wie viel es braucht und wann es genug ist. Machen Sie sich auch keine Sorgen, wenn Ihre Tochter sich beim Essen vorübergehend zurückhält: Kinder haben immer wieder einmal Phasen, in denen sie weniger essen. Eines steht fest: Wenn das Angebot da ist, holen sie sich, was sie brauchen.

Doch auch sachlich ist es falsch, dass Süßstoffe den Appetit steigern. Eine Studie hat zwar nachgewiesen, dass durch Süßstoffe angeblich die Insulinausschüttung angeregt und damit das Hungergefühl ausgelöst wird. Diese Studie konnte jedoch nicht verifiziert werden. Seither konnten keinerlei Nachweise erbracht werden, dass Süßstoff den Insulinspiegel ansteigen lässt oder den Appetit anregt.

❓ Stimmt es eigentlich, dass, wer Karotten isst, besser sieht?

Leider nein. Eine Sehschwäche wird nicht besser, wenn man regelmäßig Karotten isst. Was aber zutrifft, ist, dass Karotten eine gute Versorgung mit Vitamin A gewährleisten. Diese hilft bei Dämmerlicht, den Durchblick zu bewahren, während ein Mangel zur sogenannten Nachtblindheit führen kann. Vitamin A ist Bestandteil der Netzhaut des Auges und daher für das Sehen unverzichtbar. Leichter Vitamin-A-Mangel äußert sich dadurch, dass man beim Übergang von Helligkeit in eine dunklere Umgebung schlecht sieht. Ein schwerer Mangel verändert die Augenstruktur und beeinträchtigt unter anderem allgemein das Sehvermögen. Vitamin A ist jedoch nicht nur in Karotten, sondern auch in Eiern, Fleisch, Milch- und Milchprodukten, Tomaten oder Aprikosen enthalten.

? Ein Apfel am Tag deckt angeblich den Vitaminbedarf eines Grundschulkindes. Ist das richtig?

Nein, das kann man so absolut nicht sagen. Äpfel sind zwar wichtige Vitamin- und Nährstoffspender, ihr Vitamingehalt kann aber je nach Reifegrad, Standort des Baumes, Sorte und Lagerdauer sehr unterschiedlich ausfallen. Sogar Äpfel vom selben Baum können mehr oder weniger Vitamine enthalten, je nachdem ob sie an einer sonnigen oder an einer schattigeren Stelle hingen.

Darüber hinaus verfügen Äpfel nur über ein gewisses Spektrum an Nährstoffen, sie enthalten beispielsweise kaum Vitamin A. Es ist daher wichtig, dass Sie Ihrem Kind eine möglichst vielfältige Auswahl an Obst und Gemüse anbieten. Nur so kann gewährleistet werden, dass der Körper im Zuge einer abwechslungsreichen Ernährung immer wieder mit allen wichtigen Nährstoffen versorgt wird.

? Ich habe gehört, Schokolade verstärkt bei Jugendlichen Pickel und Akne. Sollen Teenager besser darauf verzichten?

Die Entstehung oder Verschlimmerung von Pickeln und Akne wird immer wieder mit dem Verzehr einzelner Genussmittel und Speisen in Zusammenhang gebracht. Mal wird vor Schokolade gewarnt, mal soll fettreiches Essen schuld sein, dann wieder geraten scharfe Gewürze in Verruf, Alkohol oder jodiertes Speisesalz. Diese Warnungen sind nicht einfach nur Unsinn, sondern im Fall von jodiertem Speisesalz sogar gefährlich, da der Körper Jod unbedingt braucht und dieses über die Nahrung alleine kaum ausreichend aufgenommen werden kann. Ein Verzicht auf jodiertes Speisesalz wäre daher ausgesprochen kontraproduktiv.

Traurige Tatsache für die Jugendlichen ist, dass sie in der Pubertät aufgrund der hormonellen Umstellung besonders zu Pickeln und Akne neigen. Laut der Deutschen Gesellschaft für Ernährung (DGE) konnte jedoch kein eindeutiger Zusammenhang zwischen dem Verzehr einzelner Lebensmittel und der Entstehung von Akne festgestellt werden.

❓ Meine Oma sagte immer: Eine Erkältung soll man füttern und ein Fieber aushungern. Stimmt das?

Oma meinte es zweifellos gut, aber gut gemeint ist nicht immer auch gut. Wer krank ist und Fieber hat, verbraucht auch mehr Energie. Fasten ist daher keineswegs günstig. Leider will sich im Krankheitsfall aber oft kein rechter Appetit einstellen. Bieten Sie Ihrem kleinen Patienten trotzdem immer wieder leicht verdauliche Speisen wie Suppen, Pudding, Kartoffel- oder Grießbrei an. Noch viel wichtiger als die Nahrung ist allerdings, dass Ihr fieberndes Kind reichlich trinkt, denn mit dem Fieber steigt auch der Flüssigkeitsbedarf des Körpers.

❓ Es heißt, dass sich der Geschmack des Kindes schon während der Schwangerschaft im Mutterleib prägt. Meine Tochter mag, wie ich, offenbar deshalb kein Obst. Kann ich von ihr verlangen, dass sie trotzdem welches isst?

Wichtiger als vorgeburtliche Prägung ist das Vorbild der Eltern. Wenn es Ihnen wirklich ein Anliegen ist, dass Ihre Tochter sich optimal ernährt, bleibt Ihnen nichts anderes übrig, als Ihre eigenen Ernährungsgewohnheiten zu ändern. Lassen Sie sich dabei von Ernährungsberatern helfen. Wenn Ihr Vorbild in den ersten Jahren nicht gegeben war, kann der Weg zum Obst für Ihre Tochter schwierig werden, auch dann, wenn Sie selbst ab einem gewissen Zeitpunkt anfangen, Obst zu essen. Doch mit professioneller Unterstützung finden Sie sicher eine Möglichkeit, Obst zu einem festen Bestandteil Ihres Ernährungsalltags zu machen. Hüten Sie sich aber bitte unbedingt davor, Ihre Tochter ständig zu ermahnen à la: »Du brauchst aber Obst, damit du gesund bleibst.« Wenn Sie selbst kein Obst essen und Ihre Tochter sehr sensibel ist, kann es leicht sein, dass sie auf diese Weise große Ängste um Sie und Ihre Gesundheit entwickelt.

❓ Fruchtsaft ist ein gesundes Getränk, das jede Menge Vitalstoffe liefert. Ist das richtig?

Ja, grundsätzlich ist Fruchtsaft ein gesundes Getränk und zweifelsohne Limonade und Softdrinks vorzuziehen. Allerdings enthält Fruchtsaft weniger an wertvollen Inhaltsstoffen als die entsprechende Frucht. Dafür gibt es zwei Gründe: Zum einen befinden sich vor allem im Fruchtfleisch und in der Schale Vitamine, Mineralstoffe und sekundäre Pflanzeninhaltsstoffe, die aber leider nicht alle als Saft ausgepresst werden können. Auch die in der Frucht enthaltenen Ballaststoffe – sie sind wichtig für die Verdauung – fehlen im Saft. Der zweite Grund, warum Fruchtsäfte frisches Obst nicht ersetzen können, ist, dass auch durch Pasteurisieren und lange Lagerdauer wertvolle Inhaltsstoffe verloren gehen. Insbesondere Säfte, die aus Konzentrat hergestellt werden, haben schon einen langen, verlustreichen Herstellungsprozess hinter sich, bevor sie im Glas landen.
Saft ist also nicht gleich Saft und im Zweifelsfall sind frisch gepresste Säfte solchen aus der Packung vorzuziehen. Als Getränk gegen den Durst empfiehlt es sich, den Saft immer mit Wasser zu verdünnen, am besten im Verhältnis 1 zu 2 (ein Teil Saft, zwei Teile Wasser). Fruchtsäfte enthalten nämlich nicht nur Vitamine und Mineralstoffe, sondern sind aufgrund des natürlichen Zuckergehalts auch sehr energiereich.

❓ Mit Smoothies steht endlich eine gute Alternative zu Obst zur Verfügung. Richtig?

Smoothies enthalten im Gegensatz zu Fruchtsäften auch noch fein püriertes Fruchtfleisch. Erst dieses gibt ihnen die cremige, weiche Konsistenz. Das bedeutet, dass sie zwar weniger an gesunden Inhaltsstoffen als die gesamte Frucht enthalten, tendenziell jedoch mehr als Fruchtsäfte. Ersetzen können Smoothies das echte, frische Obst allerdings nicht. Dazu fehlen ihnen, wie auch dem Fruchtsaft, diverse wichtige Inhaltsstoffe (siehe vorhergehende Frage).
Grundsätzlich sollten Sie bei Smoothies genau darauf achten, was drin ist. Dazu gibt es leider noch keine gesetzlichen Regelungen. Lesen Sie also sicherheitshalber das Kleingedruckte auf

dem Etikett und achten Sie darauf, dass das Getränk keinerlei Zusätze wie etwa Zucker, Farbstoffe, Aromen, Konservierungsstoffe oder Vitaminanreicherungen enthält. Und da Smoothies im Kühlregal stehen und zum raschen Verzehr gedacht sind, werfen Sie auch einen Blick auf das Herstellungsdatum und überzeugen Sie sich, dass das Kühlregal gut kühlt. Greifen Sie nur zu Fläschchen mit frischem Saft und lassen Sie warme Smoothies lieber stehen.

❓ Meine Tochter liebt Lakritze. Kann sie bedenkenlos auch größere Mengen essen? Ich habe gehört, das sei ungesund.

Der Hauptbestandteil von Lakritze ist Süßholz, das mit seinem Wirkstoff Glycyrrhizin ein potentes Heilmittel ist und das in der Naturheilkunde etwa bei Magenbeschwerden und Erkältungskrankheiten verwendet wird. Laut Bundesinstitut für Risikobewertung (BfR) können aber Lakritzeerzeugnisse, die mehr als 200 mg Glycyrrhizin pro 100 g enthalten, bei bestimmten (erwachsenen) Personen zu Nebenwirkungen führen. Ein regelmäßiger Verzehr von mehr als 50 g pro Tag kann zum Beispiel Bluthochdruck, Muskelschwäche oder Wassereinlagerungen auslösen. Das BfR rät daher, auf den regelmäßigen Verzehr größerer Mengen Lakritze zu verzichten. Das bedeutet für Sie: Sie können Ihre Tochter ruhig ab und zu einmal Lakritze naschen lassen, allerdings sollten Sie – wie beim Essen – auch beim Naschen immer wieder für Abwechslung sorgen.

❓ Stimmt es, dass ein Kind täglich eine warme Mahlzeit bekommen muss?

Wenn Sie es ab und zu nicht schaffen, eine warme Mahlzeit zuzubereiten, ist das nicht weiter tragisch. Grundsätzlich sollten Sie aber versuchen, Ihrem Kind regelmäßig ein warmes Gericht anzubieten. Der Grund dafür ist, dass Sie nur so eine ausgewogene und vielfältige Ernährung erzielen können. So können manche Lebensmittel nur in gekochtem Zustand verzehrt werden. Die wertvollen Hülsenfrüchte etwa müssen gegart werden, um die toxischen, verdauungshemmenden Inhaltsstoffe wie

Saponine und Hämagglutinine unschädlich zu machen. Manche Nährstoffe wie etwa das Vitamin A in Karotten und Spinat oder der sekundäre Pflanzeninhaltsstoff Lycopin in Tomaten sind für den Körper leichter verfügbar, wenn sie erhitzt wurden. Fleisch wiederum sollte nicht nur aus hygienischen Gründen gebraten, gedünstet oder gekocht werden, es wird durch die Zubereitung auch leichter verdaulich. Und nicht zuletzt: Das Röstaroma von Bratkartoffeln und Grillfleisch schmeckt einfach gut!

❓ Früher hieß es immer: »Mit vollem Magen darf man nicht schwimmen gehen!« Darf mein Sohn nach dem Essen wirklich nicht ins Schwimmbecken?

Also, dass Ihr Sohn mit vollem Magen absackt wie ein Stein, das brauchen Sie nicht zu befürchten. Es hat allerdings einen guten Grund, warum dazu geraten wird, dass man nach einer Mahlzeit eine halbe Stunde bis Stunde vergehen lassen sollte, bis man wieder Schwimmen geht. Der Körper ist nach dem Essen nämlich mit Verdauen beschäftigt und dieser Prozess benötigt Energie. Der Verdauungstrakt wird dabei stärker durchblutet, Muskeln und Gehirn erhalten weniger Blut. Beides bewirkt Müdigkeit und Trägheit. Im Idealfall wird Ihr Sohn dann sowieso lieber eine Weile ruhig spielen oder lesen. Wenn er unbedingt möchte, spricht aber überhaupt nichts dagegen, dass Sie Ihren Sohn zum Plantschen ins seichte Wasser lassen. Nur mit dem Schwimmen sollte er besser noch etwas warten.

❓ Mein Sohn hat jetzt Kaugummis entdeckt, schluckt aber immer wieder mal einen herunter. Verklebt das den Magen?

Seit es Kaugummi gibt, geistern bei besorgten Eltern die Ängste vor dem verklebten Magen herum und Generationen von Kindern wurden ermahnt, den Kaugummi nur ja brav wieder auszuspucken. Gott sei Dank erfuhren viele Eltern nie von den Selbstversuchen der weniger fügsamen Sprösslinge, die das mal genau überprüfen wollten. Obwohl das vielleicht gut gewesen wäre, weil dann hätten sich die Eltern viel Sorge erspart. Sie hätten nämlich gemerkt, dass der Nachwuchs sich keineswegs in Krämpfen wand, sondern mit dem Kaugummi das tat, was er mit anderen unverdaulichen Lebensmitteln auch tat: Er hat ihn am nächsten Tag einfach wieder ausgeschieden.

? Ich habe gehört, dass Salami Listerien enthält und daher für Kinder tabu sei. Stimmt das? Was ist mit Salami auf der Pizza?

Listerien sind stäbchenförmige Bakterien, die in der Umwelt weit verbreitet sind. Sie finden sich nicht nur in der Salami, sondern auch in anderen Wurstsorten, in rohem Fleisch, Würsten, Weich- und Frischkäse, Rohmilch und Rohmilchprodukten, Meereesfrüchten oder Speiseeis. Listerien sind in erster Linie eine Gefahr für kranke Menschen sowie für Schwangere und Säuglinge. Der Organismus gesunder Menschen wird mit Listerien problemlos fertig. Kleine Kinder ab zwei Jahren sollten also auch die genannten Risikoprodukte problemlos verzehren können. Zur Vermeidung von Listerieninfektionen ist es sinnvoll, darauf zu achten, dass Fleisch und Meeresfrüchte gut durchgegart sind und Rohmilch abgekocht wird. Außerdem ist strikte Küchenhygiene angesagt.

 **TIPP**

Hygienemaßnahmen in der Küche
Achten Sie beim Arbeiten in der Küche und beim Lagern im Kühlschrank auf die sorgfältige Trennung der Risikoprodukte von den übrigen Lebensmitteln. Lagern Sie rohes Fleisch auf Tellern, sodass kein Fleischsaft auf andere Lebensmittel tropfen kann. Achten Sie auch darauf, dass verzehrfertige Gerichte und Lebensmittel im Kühlschrank gut verpackt und abgedeckt sind. Wenn Sie mit Risikoprodukten gearbeitet haben, sollten Sie Ihre Hände waschen, und bevor Sie mit anderen Lebensmitteln weiterarbeiten, beispielsweise Salat machen, sollten Sie zusätzlich das Messer und das Schneidebrett wechseln.

Auf der Pizza stellt Salami hinsichtlich der Listerien insofern keine Gefahr dar, als die Listerien durch Hitzeeinwirkung, also beim Pizzabacken, abgetötet werden. Allerdings sollte Salami trotzdem nicht allzu oft auf der Pizza oder im Brötchen landen, da sie zu einem Drittel aus reinem Fett besteht und somit eine der fettreichsten Wurstsorten ist.

? Dürfen Kinder keinen Mohn essen?

Schlafmohn ist bekannt als Ausgangsprodukt für Opium und das daraus hergestellte Suchtgift Heroin. Gewonnen wird das Rohopium aus dem milchigen Saft der unreifen Samenkapseln. Der Mohn, der in unseren Breiten in der Küche verwendet wird, stammt allerdings meist vom Speisemohn, dessen Morphingehalt durch Züchtungen stark reduziert wurde. Die für Kuchen und Brötchen verwendeten Samen enthalten nur geringste Mengen davon. Vor einigen Jahren kam es allerdings immer wieder zu erhöhten Morphinmengen bei den Mohnsamen. Grund dafür waren durch neue Erntetechniken verursachte Verunreinigungen mit dem Saft der Kapseln. Dieses Problem hat die Industrie inzwischen in den Griff bekommen. Anlässlich einer Untersuchung vom Januar 2007 konnte die Stiftung Warentest nur bei 7 von 28 Produkten mit Mohn Morphin nachweisen, wobei selbst das am schwersten belastete Produkt noch deutlich unter dem vom Bundesamt für Risikobewertung festgelegten Grenzwert lag.
Sie können Ihrem Nachwuchs also ruhig ab und zu ein Stück Mohnkuchen geben und dürfen sich das Mohnbrötchen unbeschwert schmecken lassen. Wenn Sie selbst ab und zu Mohnkuchen backen, so empfiehlt die Stiftung Warentest, den Mohn vor der Verarbeitung gut mit heißem Wasser abzuspülen.

? Es heißt, dass Kartoffeln gesund sind. Ich habe aber gehört, dass sie dick machen. Darf ich Kartoffeln wirklich ohne Bedenken kochen?

Kochen Sie Kartoffeln, essen Sie Kartoffeln, geben Sie Ihrem Kind Kartoffeln, und das möglichst oft. Kartoffeln sind ein wertvolles Lebensmittel, das außer Kohlenhydraten unter anderem auch noch wichtige Mikronährstoffe wie Vitamin C, Kalium, Kalzium und Phosphor enthält. Was die Kartoffeln in Verruf brachte, sind die beliebtesten Zubereitungsarten der Knolle, nämlich als Pommes frites und als Chips. Während gekochte Kartoffeln es gerade mal auf 70 kcal je 100 g bringen, haben 100 g Fritten 290 kcal und Chips bringen es gar auf stolze 539 kcal je 100 g. Auch Kartoffeln mit cremiger Sahnesauce verzehrt, mit Käse überbacken oder in reichlich Butter geschwenkt schlagen kalorienmäßig kräftig zu Buche. Das liegt dann aber nicht an den Kartoffeln selbst, sondern an den fettreichen übrigen Zutaten des Kartoffelgerichts.

❓ Meine Tochter (11 Jahre) möchte zum Frühstück gern Kaffee trinken. Aber Kaffee ist doch schädlich für Kinder, oder?

Das im Kaffee enthaltene Koffein hat anregende Wirkung, kann aber in höheren Dosierungen auch zu Unruhe, Herzrasen und Übelkeit führen. Wie viel der Körper gut verträgt, hängt sehr von der persönlichen Veranlagung und vom Körpergewicht ab. Äußert ein 11-jähriges Kind den Wunsch, Kaffe zu trinken, geht es vermutlich darum, dass es »erwachsen« sein möchte. Diskussionen darüber, dass Kaffee für Kinder nicht günstig ist, sind daher mit ziemlicher Sicherheit kontraproduktiv.

Geben Sie Ihrer Tochter also kommentarlos einen kleinen Schuss Kaffee in ihre Morgenmilch. Wenn sie sich beschwert und nach mehr Kaffee verlangt, dann erklären Sie ihr, dass dies nichts anderes als »Latte Macchiato« ist, ein durchaus verbreitetes Kaffeegetränk. Ihre Tochter kann dann in der Schule erzählen, dass sie am Morgen immer Kaffee trinkt, und Sie wissen, dass diese zwei Schlucke keinen Schaden anrichten können. Wenn es für Sie selbst infrage kommt, entkoffeinierten Kaffee zu trinken, so können Sie damit den Koffeingehalt des »Morgenkaffees« Ihrer Tochter nochmals reduzieren. Versuchen Sie aber zu verhindern, dass das für Kinder meist unangenehm bittere Geschmackserlebnis des Kaffees mit Unmengen Zucker versüßt wird. Je früher Ihre Tochter lernt, dass Kaffee bitter schmeckt, desto weniger Zucker wird sie in ihrem Erwachsenenleben mit dem Kaffee zu sich nehmen.

Kleine Nährstoffkunde

Bereits in der Schwangerschaft und dann in den ersten Lebensjahren kommt der Ernährung von Kindern ein besonderer Stellenwert zu. Schließlich geht es in dieser Zeit nicht nur darum, dem Körper all jene Nährstoffe zur Verfügung zu stellen, die er für seine Funktion braucht, sondern der Körper muss auch noch wachsen. Haut, Knochen und zum Teil auch die inneren Organe müssen erst fertig ausgebildet werden. Ein Säugling oder ein Kleinkind etwa benötigt im Verhältnis zu seinem Körpergewicht doppelt bis dreimal so viel Energie wie ein erwachsener Mensch. Jugendliche mit 15 Jahren haben noch einen höheren absoluten Energiebedarf als junge Erwachsene mit 20 Jahren. Auch die Versorgung mit Vitaminen und Mineralstoffen ist in diesen Aufbaujahren besonderes wichtig. Wer als Kind starke Knochen ausbildet, also viel Kalzium und Phosphor einlagert, wird als alter Mensch nicht so leicht an Osteoporose erkranken.

Doch nicht nur das körperliche Wachstum, auch die geistige Entwicklung benötigt ausreichend Vitamine und Mineralstoffe. Unterversorgung kann sowohl zu langsamerer motorischer Entwicklung führen als auch zu erhöhter Infektionsanfälligkeit. Es ist daher nicht nur wichtig, darauf zu schauen, dass Kinder die richtige Menge Kalorien aufnehmen, sondern auch darauf, dass die angebotenen Lebensmittel außer Kalorien noch viele andere Nährstoffe und in möglichst hoher Konzentration bieten.

Nicht zuletzt ist zu beachten, dass der Körper den Gehalt an Vitaminen und Mineralstoffen in einem Lebensmittel nicht eins zu eins aufnimmt. Trotz des erhöhten Energiebedarfs in jungen Jahren ist es daher nicht sinnvoll, dem Kind wahllos große Mengen an Nahrung und damit auch Kalorien anzubieten. Vielmehr sollte man gezielt hochwertige und nährstoffreiche Nahrungsmittel auswählen. Bemüht man sich dann noch um ein vielfältiges, abwechslungsreiches Angebot in einer günstigen Kombination, so kann man Kindern mit der Nahrung alle wichtigen Nährstoffe zur Verfügung stellen (Ausnahmen: Jod, Vitamin D bei Säuglingen).

Makronährstoffe – die Energiespender
Eiweiß (Proteine)

Eiweiß, auch Proteine genannt, besteht aus einzelnen Bausteinen, den Aminosäuren. Einige dieser Aminosäuren kann der Körper aus anderen Bausteinen selbst herstellen, andere wiederum, die »essenziellen Aminosäuren«, müssen mit der Nahrung aufgenommen werden. Proteine und damit ihre Funktionen unterscheiden sich in Art und Menge der Aminosäuren, aus denen sie bestehen. Sie sind einerseits ein unerlässlicher Baustoff für die Körperzellen, andererseits auch lebensnotwendig für deren Funktion. Sie finden sich beispielsweise in Enzymen, in den roten Blutkörperchen, in Fingernägeln und Haaren und im Bindegewebe.

Nicht alle in der Nahrung vorkommenden Proteine kann der Körper gleichermaßen gut aufnehmen und verwerten. Muttermilch und Hühnereiweiß können am besten verwertet werden, sie haben die höchste biologische Wertigkeit. Letztere gibt an, wie viel Körpereiweiß aus 100 g Nahrungseiweiß gebildet werden kann. Weitere gute Eiweißlieferanten sind Fleisch, Fisch, Milch und Milchprodukte. Proteine aus pflanzlichen Quellen, ausgenommen Soja, haben eine niedrigere biologische Wertigkeit als Proteine tierischer Herkunft.

Mit der richtigen Zusammenstellung von Nahrungsmitteln kann ein Gericht jedoch insgesamt ebenfalls eine hohe biologische Wertigkeit bekommen. Günstige Kombinationen sind beispielsweise Weizen mit Milch oder Kartoffeln mit Ei. Will man nur Gemüse kombinieren, so sind Hülsenfrüchte gemeinsam mit Getreide, etwa Bohnen mit Mais, die beste Zusammenstellung.

In der industrialisierten Welt kommt es nur sehr, sehr selten zu einer Mangelversorgung mit Proteinen und wenn, dann ist sie meist krankheitsbedingt. Bei Säuglingen kann es zur Unterversorgung kommen, wenn sie länger als sechs Monate voll gestillt werden beziehungsweise wenn die ergänzenden Breimahlzeiten nicht sorgfältig zusammengestellt sind (siehe Seite 37 f.). Symptome eines Eiweißmangels sind Wachstumsverzögerungen, verringertes Wachstum von Muskeln und Gewebe, Anämie und meist auch geistige Entwicklungsstörungen.

Empfohlene Eiweißzufuhr

Alter	g/kg/Tag		g/Tag	
	m	w	m	w
Säuglinge				
0 bis unter 1 Monat	2,7		12	12
1 bis unter 2 Monate	2,0		10	10
2 bis unter 4 Monate	1,5		10	10
4 bis unter 6 Monate	1,3		10	10
6 bis unter 12 Monate	1,1		10	10
Kinder				
1 bis unter 4 Jahre	1,0		14	13
4 bis unter 7 Jahre	0,9		18	17
7 bis unter 10 Jahre	0,9		24	24
10 bis unter 13 Jahre	0,9		34	35
13 bis unter 15 Jahre	0,9		46	45
Jugendliche und Erwachsene				
15 bis unter 19 Jahre	0,9	0,8	60	46
19 bis unter 25 Jahre	0,8		59	48
Schwangere ab 4. Monat				58
Stillende[1]				63

[1] Ca. 2 g Protein-Zulage pro 100 g abgegebene Milch
Quelle: D-A-CH – Ernährungsgesellschaften Deutschlands, Österreichs und der Schweiz

Energie

Energie ist das, was den Körper am Laufen hält. Sie dient dem Aufrechterhalten der Körperfunktionen, dem Wachstum, der Erneuerung körpereigener Substanz und sie liefert die Kraft für körperliche Aktivität. Gemessen wird der Energiegehalt von Lebensmitteln in Kilojoule (kJ). Häufiger genutzt wird bis heute allerdings die alte Maßeinheit Kilokalorie (kcal). 1 kcal entspricht 4,184 kJ.

Die Energie für den Körper stammt vor allem aus zwei Quellen: den Kohlenhydraten und den Fetten. Nur in speziellen Fällen, beispielsweise bei Kohlenhydratmangel, zieht der Körper auch Eiweiß als Energiequelle heran. Die höchste Energiedichte (siehe Seite 228) hat Fett mit 900 kcal pro 100 g. Zum Vergleich:

Eiweiß und Kohlenhydrate haben je 400 kcal pro 100 g. Unter leeren Kalorien versteht man Energie aus Nahrungsmitteln, die ausschließlich Energie liefern, jedoch wenig bis keine Vitamine und Mineralstoffe enthalten. Bekannteste Beispiele für Lieferanten von leeren Kalorien sind Zucker und Alkohol.

Energiebedarf

Der Energiebedarf wird definiert als die mit der Nahrung aufgenommene Energiemenge, durch die der Energieverbrauch des Körpers ausgeglichen wird. Er gliedert sich in den Grundumsatz und den Leistungsumsatz.

Der Grundumsatz ist jene Energiemenge, die der Körper bei optimalen Verhältnissen, also angenehmer Temperatur, entspannter Körperhaltung und in angenehmer, stressfreier Umgebung im Ruhezustand benötigt, um die Lebensfunktionen wie Atmung, Herzschlag, Verdauung, Körpertemperatur aufrechtzuerhalten. Der Richtwert für den Grundumsatz bei erwachsenen Frauen beträgt etwa 0,9 kcal pro kg Körpergewicht und Stunde, bei Männern 1 kcal. Der Leistungsumsatz hingegen ist vor allem abhängig von der Bewegung, der körperlichen Arbeit, die man leistet. Sportliche Menschen oder solche, die schwere körperliche Arbeit verrichten, haben in der Regel einen höheren Leistungsumsatz: Er beträgt etwa das 6-fache des Grundumsatzes. Bei sitzenden Tätigkeiten beträgt der Leistungsumsatz etwa das 1,2- bis 1,6-fache des Grundumsatzes. Auch äußere Faktoren wie stressige Situationen, Kälte oder Krankheit können zusätzlich Kraft kosten. Während der Schwangerschaft und beim Stillen benötigt der Körper ebenfalls mehr Energie als sonst. Bei Kindern und Jugendlichen kommt hinzu, dass sie neben dem Aufrechterhalten der Lebensfunktionen und der durch Spiel und Bewegung verbrauchten Energie auch noch Körpermasse aufbauen müssen. Sie brauchen also mehr als nur den Ausgleich. Daher haben auch Jugendliche zwischen 13 und 15 Jahren den höchsten absoluten Kalorienbedarf. Spätestens ab dem 20. Lebensjahr geht der Energiebedarf zurück, die mit der Nahrung zugeführte Energie sollte also weniger werden. Die Ernährungsgesellschaften Deutschlands, Österreichs und der Schweiz (D-A-CH) empfehlen folgende Mengen:

Empfohlene Energiezufuhr nach den D-A-CH-Referenzwerten 2000 für die Nährstoffzufuhr

Altersgruppe	Energie in kcal	
	männlich	weiblich
Säuglinge		
0–4 Monate	500	450
4–12 Monate	700	700
Kinder		
1–4 Jahre	1100	1000
4–7 Jahre	1500	1400
7–10 Jahre	1900	1700
10–13 Jahre	2300	2000
13–15 Jahre	2700	2200
Jugendliche und Erwachsene[1]		
15–19 Jahre	2500	2000
19–25 Jahre	2500	1900
Zuschläge für Schwangere und Stillende		
Schwangere		+255
Stillende (bis einschließlich 4. Monat)		bis +635

[1] Die angegebenen Werte beziehen sich auf sitzende Tätigkeit mit wenig oder keiner anstrengenden Freizeitaktivität

Energiedichte

Die Energiedichte gibt den Energiegehalt von Lebensmitteln bezogen auf das Gewicht an. Hohe Energiedichte bedeutet nichts anderes, als dass ein Lebensmittel einen hohen Kaloriengehalt zum Beispiel pro 100 g Gewicht aufweist. Bei Säuglingen und Kleinkindern, die bezogen auf ihr Körpergewicht einen sehr hohen Energiebedarf haben, ist es sinnvoll, Nahrung mit hoher Energiedichte zu geben. Auf diese Art erhalten sie die notwendige Energie zum Gedeihen, ohne dass ihr Verdauungsapparat, der sich erst an seine Arbeit gewöhnen muss, überfordert wird. Muttermilch hat mit 67 kcal je 100 g einen relativ hohen Energiegehalt und darüber hinaus eine Menge lebenswichtiger Nährstoffe in besonders gut für den Körper verfügbarer Form.

Fett

Fett setzt sich im Wesentlichen aus Glyzerin und drei Fettsäuren zusammen. Die Fettsäuren unterscheiden sich chemisch in ihrer Länge und in der Anzahl ihrer Doppelbindungen.

Je nach der Zahl dieser Doppelbindungen unterscheidet man in

- gesättigte,
- einfach ungesättigte,
- mehrfach ungesättigte

Fettsäuren. Die verschiedenen Öle und Fette bestehen aus unterschiedlichen Kombinationen von gesättigten, einfach ungesättigten und mehrfach ungesättigten Fettsäuren.

Als essenzielle Fettsäuren werden jene lebenswichtigen ungesättigten Fettsäuren bezeichnet, die unser Körper nicht selbst produzieren kann, ohne die er aber nicht ganz so gut funktioniert. Es sind dies Linolsäure (Omega-6-Fettsäure) und α-Linolensäure (Omega-3-Fettsäure).

Fett erfüllt je nach Zusammensetzung verschiedene Funktionen im Körper:

- Nahrungsfett ist ein wichtiger Energielieferant mit einer sehr hohen Energiedichte.
- Fettpolster um die inneren Organe schützen diese vor Druck und Stoß.
- Die Fettschicht unter der Haut isoliert den Körper und schützt ihn vor Kälte.
- Fett ist ein Träger für die fettlöslichen Vitamine A, D, E und K und ermöglicht so erst deren Aufnahme aus der Nahrung.
- Essenzielle Fettsäuren werden zum Aufbau von Zellmembranen benötigt.
- Fette sind Vorstufen für Hormone, die Entzündungen, Wundheilung oder Blutgerinnung beeinflussen.
- Fette sind Hauptbestandteil von Nervengewebe.

Darüber hinaus ist das Fett Trägersubstanz der Geschmacksstoffe, es trägt also viel dazu bei, dass Lebensmittel wie Cremes, Streichwurst oder Sahnesoße uns so wohlig munden. Säuglinge beziehen die Hälfte der benötigten Energie aus dem in der Muttermilch enthaltenen Fett. Besondere Bedeutung hat die Versorgung des Kindes mit Fett in der Schwangerschaft sowie in den ersten zwei Lebensjahren. Im Gehirn und im Nervensystem werden bereits im letzten Schwangerschaftsdrittel ungesättigte Fettsäuren eingelagert. Das Gehirn eines normal entwickelten Neugeborenen entspricht erst einem Drittel seiner späteren Größe und wächst noch bis zum Ende des zweiten Lebensjahres. Und: Das Gehirn besteht bis zu 60 Prozent aus Fett. Unter anderem deshalb wird für diese Zeit auch empfohlen, Kindern, wenn Milch zugefüttert wird, keine fettreduzierte Milch, sondern Vollmilch zu geben und besonders darauf zu achten, dass die (Brei-)Nahrung hochwertige Fette, die reich an Omega-3- und Omega-6-Fettsäuren sind, enthält. Bei Gläschenkost sollten Sie dem Brei im Zweifelsfall einen Kaffeelöffel kalt gepressten Rapsöls hinzufügen. Ideal ist es auch, wenn Sie Ihrem Kind zweimal pro Woche eine kleine Portion fetten Seefisch geben. Sie sollten Fett also nicht meiden und aus der Küche verbannen, sondern vielmehr gezielt aussuchen und sparsam verwenden. Die Ernährungsgesellschaften Deutschlands, Österreichs und der Schweiz (D-A-CH) empfehlen folgende Prozentsätze an Fett:

Richtwerte für die Fettzufuhr nach den D-A-CH-Referenzwerten

Alter	Fettanteil an der Energie in %
Säuglinge	
0 bis 4 Monate	40–45
4 bis unter 12 Monate	35–45
Kinder	
1 bis unter 4 Jahre	30–40
4 bis unter 7 Jahre	30–35
7 bis unter 10 Jahre	30–35
10 bis unter 13 Jahre	30–35
13 bis unter 15 Jahre	30–35
Jugendliche und Erwachsene	
15 bis unter 19 Jahre[1]	30
19 bis unter 25 Jahre	30
Schwangere ab 4. Monat	30–35
Stillende	30–35

[1] Personen mit erhöhtem Energiebedarf (PAL > 1,7) können höhere Prozentsätze benötigen

Kohlenhydrate

Kohlenhydrate kommen in der Nahrung in unterschiedlichen Formen vor:

- Einfachzucker (Monosaccharide), zum Beispiel Glucose (Traubenzucker) oder Fructose (Fruchtzucker),
- Zweifachzucker (Disaccharide), zum Beispiel Saccharose (Haushaltszucker) oder Lactose (Milchzucker),
- Mehrfach- und Vielfachzucker (Oligo- und Polysaccharide), zum Beispiel Raffinose oder als Stärke, der Speicherform von Kohlenhydraten in der Pflanze.

Folglich ist Stärke nichts anderes als eine Form des Zuckers, ein sogenannter Vielfachzucker, bei dem sich das Stärkemolekül aus vielen einzelnen Zuckerbausteinen zusammensetzt. Im Zuge des Verdauungsprozesses wird die Stärke in Traubenzucker (Glucose) aufgespalten. Glucose wird – wie auch der Haushaltszucker, die Saccharose – vom Organismus sehr schnell aufgenommen. Sie gibt dem Körper rasch Kraft, die aber ebenso rasch auch wieder verpufft. Stärke wird dadurch, dass sie erst aufgespalten werden muss, langsamer im Blut aufgenommen, der Körper wird also kontinuierlicher mit Energie versorgt. 50 bis 60 Prozent der mit der Nahrung aufgenommenen Energie sollte daher aus Kohlenhydraten stammen, wobei als Quelle stärkehaltige und ballaststoffreiche Lebensmittel am günstigsten sind. Mehl und Getreideflocken verfügen zu rund 60 bis 70 Prozent über für den Körper verwertbare Kohlenhydrate. Bei Brot, Gebäck und Kuchen liegt der Gehalt bei etwa 45 Prozent, gekochte Teigwaren können mit 23 g pro 100 g aufwarten. Bei Marmeladen, Konfitüren und getrocknetem Obst ist der hohe Zuckergehalt für den Kohlenhydratanteil von etwa 60 Prozent verantwortlich. Unter den Gemüsesorten weisen gekochte Kartoffeln mit 14 Prozent und roher Zuckermais mit knapp 16 Prozent einen nennenswerten verwertbaren Kohlenhydratanteil auf.

Auch Ballaststoffe sind Kohlenhydrate, allerdings solche, die das Verdauungssystem nicht oder nur schlecht verwerten kann. Es handelt sich dabei beispielsweise um Zellulose oder um Pektin, die pflanzlichen Lebensmitteln als Gerüstsubstanz (zum Beispiel Blattrippen) oder Verpackungsmaterial (zum Beispiel Apfelschalen) dienen. Kindern unter zwei Jahren sollte man keine ballaststoffreiche Kost geben, da Ballaststoffe die Energiedichte von Lebensmitteln senken. Gerade bei kleinen Kindern ist energiereiche Nahrung aber besonders wichtig. In den ersten zwei Jahren wächst der Körper nämlich besonders rasch. Gleichzeitig ist aber das Verdauungssystem noch nicht ganz ausgereift und würde bei zu großen Nahrungsmengen bald überlastet sein. Es gilt also, den Kleinen mit möglichst geringen Nahrungsmengen so viel an Energie und wertvollen Inhaltsstoffen wie möglich zu bieten. Hier die Empfehlungen der Ernährungsgesellschaften Deutschlands, Österreichs und der Schweiz (D-A-CH):

Empfohlene Kohlenhydratzufuhr nach den D-A-CH-Referenzwerten

Altersgruppe	g Kohlenhydrate pro Tag	
	männlich	weiblich
Säuglinge		
0–4 Monate	56,3	50,6
4–12 Monate	78,8	78,8
Kinder		
1–4 Jahre	129,3	117,5
4–7 Jahre	196,9	183,8
7–10 Jahre	249,4	223,1
10–13 Jahre	301,9	262,5
13–15 Jahre	354,4	288,8
Jugendliche		
15–19 Jahre	426,3	343,8

Nährstoffdichte

Die Nährstoffdichte eines Nahrungsmittels ist das Verhältnis vom Nährstoffgehalt, also des Gehalts an Vitaminen und Mineralstoffen, zu seinem Energiegehalt. Dieser Wert gibt die Qualität eines Lebensmittels an. Je höher die Nährstoffdichte ist, umso günstiger ist das Verhältnis zwischen dem Nährstoff- und dem Energiegehalt. Sie ist ein wichtiges Kriterium, wenn es darum geht, zwar wenig Energie zu sich zu nehmen, aber dem Körper trotzdem alle Nährstoffe in ausreichender Menge zur Verfügung zu stellen.

Mikronährstoffe – damit der Körper funktioniert

Die Makronährstoffe Kohlenhydrate und Fette sind für die Energieversorgung des Körpers zuständig, Eiweiß für den Aufbau aller Gewebe und die Regulierung des Stoffwechsels. Zu den Mikronährstoffen zählen unter anderem Vitamine, Mineralstoffe, Spurenelemente und sekundäre Pflanzeninhaltsstoffe. All diese Stoffe ermöglichen und steuern wichtige Prozesse in unserem Körper. Beispiele dafür sind etwa die Zellteilung und Zelldifferenzierung, die Steuerung des Wachstums oder die Regulierung des Blutzuckerspiegels und des Blutdrucks.

Kalzium

Kalzium ist der Stoff, der gemeinsam mit Phosphat für die Bildung von Knochen und Zähnen unerlässlich ist. Bereits in der Kindheit wird mit einer ausreichenden Kalziumversorgung der Grundstock für jene Knochendichte gelegt, die im Alter Osteoporose verhindern kann. Darüber hinaus unterstützt Kalzium die Erregbarkeit von Muskeln und Nerven und ermöglicht die Blutgerinnung. Mütter sollten daher nicht nur bei der Ernährung ihrer Kinder auf ausreichende Kalziumversorgung achten, sondern bereits während der Schwangerschaft und dann in der Stillzeit auch selbst reichlich Kalzium zu sich nehmen. Ist die Kalziumversorgung der Mutter ausreichend, erhält das Baby davon über die Muttermilch automatisch genug. Auch industriell gefertigte Säuglingsnahrung ist so zusammengestellt, dass Babys genügend Kalzium erhalten. Der Kalziumspeicher des Menschen muss in jungen Jahren angelegt werden. Er schützt Kinder vor Rachitis und im Alter vor brüchigen Knochen. Milch und Vitamin D unterstützen die Aufnahme von Kalzium im Körper, zu viel Fett behindert sie. Kalzium ist vor allem in Milch und Milchprodukten enthalten. Milch – egal, ob Voll-, Mager- oder H-Milch – enthält je 100 g etwa 120 mg Kalzium, Fetakäse 500 mg; Appenzeller, Gouda, Bergkäse oder Emmentaler kommen auf 800 bis 1100 mg Kalzium je 100 g. Die Ernährungsgesellschaften Deutschlands, Österreichs und der Schweiz (D-A-CH) empfehlen folgende Kalzium-Mengen:

Empfohlene Zufuhr von Kalzium nach den D-A-CH-Referenzwerten

Alter	mg/Tag
Säuglinge	
0 bis unter 4 Monate [1]	220
4 bis unter 12 Monate	400
Kinder	
1 bis unter 4 Jahre	600
4 bis unter 7 Jahre	700
7 bis unter 10 Jahre	900
10 bis unter 13 Jahre	1100
13 bis unter 15 Jahre	1200
Jugendliche und Erwachsene	
15 bis unter 19 Jahre	1200
19 bis unter 25 Jahre	1000
Schwangere [2]	1000
Stillende [3]	1000

[1] Hierbei handelt es sich um einen Schätzwert

[2] Schwangere < 19 Jahre 1200 mg

[3] Stillende < 19 Jahre 1200 mg

Eisen

Eisen ist für den Transport des Sauerstoffs im Blut zuständig. Säuglinge kommen mit einem Vorrat an Eisen im Körper auf die Welt und nehmen es auch über die Muttermilch auf. Eine grobe Unterversorgung der Mutter wirkt sich jedoch negativ auf das Kind aus. Ab dem sechsten Lebensmonat ist in jedem Fall das Zufüttern eisenreicher Nahrung nötig.

Eisenmangel ist weit verbreitet. Bei Frauen tritt er aufgrund der monatlichen Blutungen häufig auf. Kinder und Jugendliche im Wachstum sind ebenfalls vielfach betroffen, da die Bildung von Blutkörperchen und Muskeln viel Eisen benötigt, dieses aber gerade in jungen Jahren vom Körper noch nicht so gut ausgenutzt werden kann. Zu wenig Eisen im Körper vermindert die Leistungsfähigkeit, macht müde und kann die Anfälligkeit für Infektionen erhöhen. Bei Kindern unter zwei Jahren kann Eisenmangel die geistige und psychomotorische Entwicklung verzögern. Eisenmangel der Mutter während der Schwangerschaft kann zu einem niedrigen Geburtsgewicht des Säuglings sowie zu Frühgeburten führen.

Eisen kommt zwar in vielen Lebensmitteln vor, es hat aber eine schlechte Bioverfügbarkeit, das heißt, es kann vom Körper nur schlecht aufgenommen werden. Dabei wird Eisen aus Fleisch generell besser absorbiert als jenes aus Pflanzen. Die Muttermilch enthält zwar im Verhältnis zu anderen Lebensmitteln eher wenig Eisen, dieses hat aber eine besonders gute Bioverfügbarkeit.

	Gehalt (mg/100g)	Aufnahme (%)	Aufgenommene Menge (µg/100g)
Kuhmilch	0,02	10	2
Gekochter Reis	0,40	2	8
Karotten	0,5	4	20
Rindfleisch	3,00	8–23[1]	460

[1] Rindfleisch enthält verschiedene Arten von Eisen, die vom Körper unterschiedlich gut aufgenommen werden können.

Quelle: WHO, Feeding and nutrition of infants and young children, 2003, Seite 114.

Werden eisenhaltige Lebensmittel wie Fleisch, Innereien, Linsen, Kichererbsen, Spinat, Schwarzwurzeln, Fenchel oder Pfifferlinge gemeinsam mit Vitamin-C-haltigen Säften, Früchten oder Gemüsesorten oder mit fermentierten Produkten wie Kefir oder Sauerkraut gegessen, so kann das Eisen leichter aufgenommen werden. Negativ auf die Eisenabsorption wirken sich Kuhmilch, Cerealien, Nüsse und Samen sowie schwarzer und grüner Tee aus. Die Menge des aufgenommenen Eisens hängt also nicht nur vom Eisengehalt des Nahrungsmittels ab, sondern wird auch maßgeblich davon beeinflusst, ob die Eisenaufnahme mit günstigen Lebensmitteln unterstützt wird oder ob sie nicht unterstützt beziehungsweise von behindernden Lebensmitteln eingeschränkt wird. Zwischen dem Verzehr eisenhaltiger Lebensmittel und solchen, die die Aufnahme behindern, sollten daher zumindest zwei Stunden liegen (siehe Seiten 18, 81).

Empfohlene Zufuhr von Eisen nach den D-A-CH-Referenzwerten

Alter	mg/Tag	
	männlich	weiblich[1]
Säuglinge[2]		
0 bis unter 4 Monate[3, 4]	0,5	
4 bis unter 12 Monate	8	
Kinder		
1 bis unter 4 Jahre	8	
4 bis unter 7 Jahre	8	
7 bis unter 10 Jahre	10	
10 bis unter 13 Jahre	12	15
13 bis unter 15 Jahre	12	15
Jugendliche und Erwachsene		
15 bis unter 19 Jahre	12	15
19 bis unter 25 Jahre	10	15
Schwangere		30
Stillende[5]		20

[1] Nichtmenstruierende Frauen, die nicht schwanger sind oder nicht stillen: 10 mg/Tag
[2] Ausgenommen unreif Geborene
[3] Hierbei handelt es sich um einen Schätzwert
[4] Ein Eisenbedarf besteht infolge der dem Neugeborenen von der Plazenta als Hb-Eisen mitgegebenen Eisenmenge erst ab dem 4. Monat
[5] Diese Angabe gilt für stillende und nicht stillende Frauen nach der Geburt zum Ausgleich der Verluste während der Schwangerschaft

Folsäure (Folat)

Folsäure ist maßgeblich an der Zusammensetzung der DNS, des Erbgutes, beteiligt. Sie unterstützt außerdem die Gehirnfunktionen und ist ein Bestandteil der Rückenmarksflüssigkeit, des sogenannten Liquors. Folsäure gehört zu den wenigen Nährstoffen, die eine schwere Missbildung des Embryos, den offenen Rücken (Spina bifida) verhindern können. Darüber hinaus ist sie maßgeblich für die Teilung und Differenzierung der Zellen eines Embryos. Gemeinsam mit Vitamin B_{12} und Eisen steuert Folsäure die Bildung und Teilung der roten Blutkörperchen. Bei Kindern und Erwachsenen kann Mangel an Folsäure Schäden der Schleimhaut sowie Anämie (Blutarmut) verursachen.

Ausgezeichnete Folsäurequellen sind Rinderleber mit mehr als 500 µg je 100 g, Kalbsleber mit ca. 250 µg je 100 g und Eidotter mit 160 µg je 100 g. Weintrauben, Kirschen, Erdbeeren, Kopfsalat oder grüne Paprika haben etwa 50 bis 60 µg Folsäure je 100 g.

Empfohlene Zufuhr von Folat nach den D-A-CH-Referenzwerten

Alter	Nahrungsfolat		
	µg-Äquivalent[1]/ Tag	µg/MJ[2] (Nährstoffdichte)	
		m	w
Säuglinge			
0 bis unter 4 Monate[3]	60	30	32
4 bis unter 12 Monate	80	27	28
Kinder			
1 bis unter 4 Jahre	200	43	45
4 bis unter 7 Jahre	300	47	52
7 bis unter 10 Jahre	300	38	42
10 bis unter 13 Jahre	400	43	47
13 bis unter 15 Jahre	400	36	43
Jugendliche und Erwachsene			
15 bis unter 19 Jahre[4]	400	38	47
19 bis unter 25 Jahre[4]	400	38	49
Schwangere[4]	600		65
Stillende	600		56

[1] Berechnet nach der Summe folatwirksamer Verbindungen in der üblichen Nahrung = Folat-Äquivalente (gemäß neuer Definition)

[2] Jugendliche und Erwachsene mit überwiegend sitzender Tätigkeit

[3] Hierbei handelt es sich um einen Schätzwert

[4] Frauen, die schwanger werden wollen oder könnten, sollten zusätzlich 400 µg synthetische Folsäure (= Pteroylmonoglutaminsäure/PGA) in Form von Supplementen aufnehmen, um Neuralrohrdefekten vorzubeugen. Diese erhöhte Folsäurezufuhr sollte spätestens vier Wochen vor Beginn der Schwangerschaft erfolgen und während des ersten Drittels der Schwangerschaft beibehalten werden.

Jod

Jod ist unerlässlich für die Bildung von Schilddrüsenhormonen,
die wiederum essenziell sind für die Entwicklung des Gehirns.
Es wirkt auch mit bei der Regulierung des Stoffwechsels und des
Sauerstoffverbrauchs der Zellen, dem Grundumsatz bei gestei-
gerter Wärmeproduktion und dem Größenwachstum.
Außer in Meeresfisch und Meeresprodukten wie Muscheln oder
Algen kommt Jod in Lebensmitteln wenig bis gar nicht vor. Die
einfachste Möglichkeit, Jod in ausreichender Menge zuzuführen, ist die Verwendung von jodiertem Speisesalz. Achtung: Der
Jodgehalt von Meersalz ist sehr unterschiedlich. Es ist daher
sicherer, jodiertes Speisesalz mit standardisierter Jodanreiche-
rung zu verwenden. Jodmangel kann zu einer Reihe schwerer
Schäden führen wie Fehlgeburten, neurologischen Störungen,
sich in geistiger Zurückgebliebenheit zeigen und als äußerliches
Merkmal in einer vergrößerten Schilddrüse (»Kropf«).

Empfohlene Jodzufuhr

Alter	Empfehlung Deutschland, Österreich µg/Tag	Empfehlung WHO, Schweiz µg/Tag
Säuglinge		
0 bis unter 4 Monate[1]	40	50
4 bis unter 12 Monate	80	50
Kinder		
1 bis unter 4 Jahre	100	90
4 bis unter 7 Jahre	120	90
7 bis unter 10 Jahre	140	120
10 bis unter 13 Jahre	180	120
13 bis unter 15 Jahre	200	150
Jugendliche und Erwachsene		
15 bis unter 19 Jahre	200	150
19 bis unter 25 Jahre	200	150
Schwangere	230	200
Stillende	260	200

[1] Hierbei handelt es sich um einen Schätzwert

Quelle: DGE

Vitamin A (Retinol)

Vitamin A gehört (wie auch die Vitamine D, E und K) zu den fettlöslichen Vitaminen. Das bedeutet, der Körper kann es nur gemeinsam mit Fett optimal aufnehmen. Im Gegensatz zu den wasserlöslichen können die fettlöslichen Vitamine im Körper, vor allem in der Leber, gespeichert werden. Mangelversorgung kann damit eine Zeitlang ausgeglichen werden.

Vitamin A ist an sehr vielen Prozessen im Körper beteiligt, so zum Beispiel bei der Entwicklung des Gewebes, der Ausbildung unterschiedlicher Gewebearten und der Entwicklung des Embryos. Es unterstützt das Immunsystem und hilft der Widerstandsfähigkeit von Haut und Schleimhäuten sowie der Knochenbildung und -erhaltung. Am bekanntesten ist seine unterstützende Wirkung beim Sehvorgang, insbesondere sorgt es für den scharfen Blick in der Dämmerung. Säuglinge werden mit einem Vitamin-A-Vorrat in der Leber geboren. Gemeinsam mit dem durch die Muttermilch aufgenommenen Vitamin A reichen diese Vorräte bis zum sechsten Lebensmonat. Ab dann müssen Vitamin A oder seine Vorstufen, insbesondere die Carotine, zugeführt werden. Die Carotine, am bekanntesten ist das Betacarotin (auch Provitamin A genannt), finden sich in pflanzlichen Lebensmitteln, vor allem in gelben, grünen und orangefarbenen Früchten und Gemüsesorten. Damit der Körper das Betacarotin gut verwerten kann, sollten Sie dem Gemüse immer einen Teelöffel Öl, ein Stückchen Butter oder anderes Fett beigeben. Die höchste Vitamin-A-Konzentration findet sich in Lebertran. Geschmacklich erfreulichere Quellen sind Fisch, Leber, Milch und Milchprodukte sowie Eier.

Vitamin-A-Mangel führt zu erhöhter Infektionsgefahr, Wachstumsstörungen, Funktionsstörungen von Haut und Schleimhäuten. Die bekannteste Auswirkung des Vitamin-A-Mangels ist zweifellos die Nachtblindheit. Sehr schwere Mängel können sogar zu völliger Erblindung führen. Doch Achtung: Zu viel Vitamin A ist schädlich. Einmalige Überdosierung äußert sich in Übelkeit, Kopfschmerzen und Schwindel, langfristige Überdosierung kann zu Knochenschäden führen. In der Schwangerschaft können zu hohe Dosen von Vitamin A Missbildungen des Embryos und Fehlgeburten hervorrufen.

D-A-CH-Referenzwerte für die Zufuhr von Vitamin A (Retinol)

Alter	mg-Äquivalent/Tag	
	männlich	weiblich
Säuglinge		
0 bis unter 4 Monate[1]	0,5	
4 bis unter 12 Monate	0,6	
Kinder		
1 bis unter 4 Jahre	0,6	
4 bis unter 7 Jahre	0,7	
7 bis unter 10 Jahre	0,8	
10 bis unter 13 Jahre	0,9	
13 bis unter 15 Jahre	1,1	1,0
Jugendliche und Erwachsene		
15 bis unter 19 Jahre	1,1	0,9
19 bis unter 25 Jahre	1,0	0,8
Schwangere ab 4. Monat		1,1
Stillende		1,5

[1] Hierbei handelt es sich um einen Schätzwert

Vitamin B_{12} (Cobalamin)

Das Vitamin B_{12} besteht aus verschiedenen Verbindungen, denen gemeinsam ist, dass sie Kobalt eingelagert haben. Es ist für viele Funktionen in den Körperzellen verantwortlich und darüber hinaus jener Wirkstoff, der es erst möglich macht, dass Folsäure so umgewandelt wird, damit sie im Körper wirksam wird. Ein Mangel an Vitamin B_{12} kann die Zellbildung im Knochenmark beeinträchtigen und so zur Bildung übergroßer Blutzellen führen sowie das Gewebe der Darmschleimhaut schädigen.

Das Vitamin kommt in nennenswerten Mengen ausschließlich in Fleisch und Eiern vor, in geringeren Mengen in Milch und Milchprodukten. Vegan ernährte Menschen (für Kinder nicht zu empfehlen, siehe Seite 139) benötigen in den meisten Fällen eine Vitamin-B_{12}-Supplementierung. Säuglinge, die ausschließlich mit der Muttermilch streng vegan ernährter Mütter genährt werden, können an Blutarmut leiden, Enzephalien ausbilden und sind in ihrer neurologischen Entwicklung gefährdet (siehe Seite 18). Vitamin B_{12} findet sich in größeren Mengen in Eiern, Innereien, Seefischen oder Käsesorten wie Edamer oder Emmentaler.

D-A-CH-Referenzwerte für die Zufuhr von Vitamin B_{12}

Alter	µg/Tag
Säuglinge	
0 bis unter 4 Monate[1]	0,4
4 bis unter 12 Monate	0,8
Kinder	
1 bis unter 4 Jahre	1,0
4 bis unter 7 Jahre	1,5
7 bis unter 10 Jahre	1,8
10 bis unter 13 Jahre	2,0
13 bis unter 15 Jahre	3,0
Jugendliche und Erwachsene	
15 bis unter 19 Jahre	3,0
19 bis unter 25 Jahre	3,0
Schwangere[2]	3,5
Stillende	4,0

[1] Hierbei handelt es sich um einen Schätzwert
[2] Zur Auffüllung der Speicher und zur Erhaltung der Nährstoffdichte

Vitamin C (Ascorbinsäure)

Vitamin C ist das bekannteste unter den wasserlöslichen Vitaminen. Es kann, wie alle wasserlöslichen Vitamine, nur schlecht vom Körper gespeichert werden und muss also regelmäßig zugeführt werden. Vitamin C stimuliert das Immunsystem und fördert die Heilung von Wunden, Narben und Knochenbrüchen, indem es an der Bildung von Kollagen, einem Bestandteil des Stütz- und Bindegewebes, beteiligt ist. Ein Mangel zeigt sich an schlechter Wundheilung, erhöhter Infektionsanfälligkeit oder Müdigkeit. Lang anhaltender, gravierender Mangel führt zu Skorbut, einer Krankheit, die zu Blutungen der Haut und der Schleimhäute führt. Vitamin C findet sich beispielsweise in Zitrusfrüchten, Kiwis und Erdbeeren mit etwa 50 mg pro 100 g, in grünen Paprika und gekochtem Brokkoli mit jeweils etwa 100 mg pro 100 g Frucht.

Empfohlene Zufuhr von Vitamin C (Ascorbinsäure) nach den D-A-CH-Referenzwerten

Alter	mg/Tag
Säuglinge	
0 bis unter 4 Monate[1]	50
4 bis unter 12 Monate	55
Kinder	
1 bis unter 4 Jahre	60
4 bis unter 7 Jahre	70
7 bis unter 10 Jahre	80
10 bis unter 13 Jahre	90
13 bis unter 15 Jahre	100
Jugendliche und Erwachsene[2]	
15 bis unter 19 Jahre	100
19 bis unter 25 Jahre	100
Schwangere ab 4. Monat	110
Stillende[3]	150

[1] Hierbei handelt es sich um einen Schätzwert

[2] Raucher 150 mg/Tag

[3] Unter Berücksichtigung der mit 750 ml Frauenmilch abgegebenen Vitamin-C-Menge

Vitamin D (Calciferole)

Vitamin D ist das einzige Vitamin, das der Körper in nennenswerten Mengen selbst herstellen kann. Bei Sonnenbestrahlung wird es in der Haut aus Cholesterin gebildet. Vitamin D spielt eine wichtige Rolle beim Knochenaufbau, indem es die Aufnahme von Kalzium und Phosphat aus der Nahrung unterstützt. Darüber hinaus wirkt es bei der Funktion der Muskeln und des Immunsystems mit. Vitamin-D-Mangel kann Rachitis verursachen, eine Krankheit, die sich durch Schäden am Knochenskelett bemerkbar macht. Auch die Bildung der Zähne wird durch einen Mangel an Vitamin D verlangsamt. Während es im Sommer ein Leichtes ist, ausreichend Sonne an die Haut zu lassen, ist das im Winter nicht ganz so einfach. Achten Sie daher beim Spaziergang darauf, dass Ihr Kind zwar gut gegen die Kälte geschützt ist, dass aber zumindest sein Gesicht frei liegt. Achtung, auch wenn Sonne für die Vitamin-D-Bildung wichtig ist: Setzen Sie Ihr Kind im Sommer nicht der prallen Sonne aus und achten Sie auf guten Sonnenschutz.

Vitamin D ist eines der wenigen Vitamine, die nicht in ausreichender Menge in der Muttermilch vorhanden sind. Säuglinge erhalten daher vom Arzt nach der Geburt oder in den ersten Lebenswochen zusätzliches Vitamin D. In der Nahrung ist Vitamin D vor allem in fettreichem Fisch und in Innereien in relevanten Mengen vorhanden.

D-A-CH-Referenzwerte für die Zufuhr von Vitamin D (Calciferole)

Alter	µg/Tag
Säuglinge[1]	
0 bis unter 4 Monate	10
4 bis unter 12 Monate	10
Kinder	
1 bis unter 4 Jahre	5
4 bis unter 7 Jahre	5
7 bis unter 10 Jahre	5
10 bis unter 13 Jahre	5
13 bis unter 15 Jahre	5
Jugendliche und Erwachsene	
15 bis unter 19 Jahre	5
19 bis unter 25 Jahre	5
Schwangere	5
Stillende	5

[1] Die Deutsche Gesellschaft für Kinder- und Jugendmedizin empfiehlt unabhängig von der Vitamin-D-Produktion durch UV-Licht in der Haut und der Vitamin-D-Zufuhr durch Frauenmilch bzw. Säuglingsmilchnahrungen (Basisvitaminierung) zur Rachitisprophylaxe bei gestillten und nicht gestillten Säuglingen die tägliche Gabe einer Vitamin-D-Tablette von 10–12,5 µg (400–500 IE) ab dem Ende der 1. Lebenswoche bis zum Ende des 1. Lebensjahres. Die Prophylaxe kann im 2. Lebensjahr in den Wintermonaten fortgeführt werden.

Vitamin K (Phyllochinon)

Vitamin K wird für die Blutgerinnung benötigt. Es handelt sich dabei eigentlich um eine Gruppe sehr ähnlicher, fettlöslicher Vitamine. Ein Teil davon kann im Darm des Menschen gebildet werden. Durch die schlechte Bioverfügbarkeit reicht die Menge jedoch nicht für die genügende Versorgung aus. Vitamin K muss also unbedingt über die Nahrung zugeführt werden. Pro 100 g Lebensmittel finden sich im Speisequark 50 µg Vitamin K, in Kalbs- und Hühnerleber 80 bis 90 µg und in Haferflocken 50 µg. Unter den Gemüsesorten sind Blumenkohl, Grünkohl und Brokkoli gute Quellen. Vitamin-K-Mangel tritt vor allem bei Neugeborenen auf, die voll gestillt werden. Der Grund: Muttermilch ist arm an Vitamin K. Ein Mangel führt zu vermehrtem Nasenbluten und häufiger Bildung von blauen Flecken. In Deutschland wird eine orale Vitamin-K-Prophylaxe von dreimal 2 mg Vitamin K empfohlen. Halten Sie aber bitte diesbezüglich mit Ihrem Kinderarzt Rücksprache!

D-A-CH-Referenzwerte für die Zufuhr von Vitamin K (Phyllochinon)

Alter	µg/Tag	
	männlich	weiblich
Säuglinge		
0 bis unter 4 Monate	4	
4 bis unter 12 Monate	10	
Kinder		
1 bis unter 4 Jahre	15	
4 bis unter 7 Jahre	20	
7 bis unter 10 Jahre	30	
10 bis unter 13 Jahre	40	
13 bis unter 15 Jahre	50	
Jugendliche und Erwachsene		
15 bis unter 19 Jahre	70	60
19 bis unter 25 Jahre	70	60
25 bis unter 51 Jahre	70	60
Schwangere		60
Stillende		60

Sekundäre Pflanzeninhaltsstoffe

Die sekundären Pflanzeninhaltsstoffe haben zunächst einmal verschiedene Funktionen für die Pflanze. Sie dienen ihr vor allem als Schutz und für die Fortpflanzung. Geruchsstoffe locken beispielsweise Insekten an, die für die Bestäubung wichtig sind. Andere Geruchsstoffe und auch manche Geschmacksstoffe sollen die Pflanze für Schädlinge ungenießbar machen. Wieder andere Stoffe locken Tiere an und zielen darauf ab, dass diese die Samen fressen und möglichst weit verbreiten. Manche Pflanzen schützen sich mit diesen Stoffen auch gegen Pilz- oder Viruserkrankungen oder gegen die UV-Strahlung der Sonne. Einige der sekundären Pflanzeninhaltsstoffe sind für den Menschen giftig wie etwa das Gift der Tollkirsche, das Atropin. Doch es sind auch zahlreiche Substanzen darunter, die eine sehr günstige Wirkung auf den Körper haben und die mit ihren antikanzerogenen (der Krebsentstehung entgegenwirkenden), antioxidativen, den Blutdruck und den Cholesterinspiegel senkenden Wirkungen dazu beitragen, dass der Mensch gesund bleibt. Manche, wie beispielsweise jene, die in Kamille oder Pfefferminze enthalten sind, werden auch in der Heilkunde genutzt.

Sekundäre Pflanzeninhaltsstoffe finden sich in den Wurzeln, den Blättern, der Frucht, den Samen oder der Schale von Pflanzen. Sie sind Bestandteil ätherischer Öle und von Farbstoffen oder geben manchen Pflanzen ihren unverwechselbaren Geschmack. Bislang sind von den geschätzten rund 30 000 sekundären Pflanzeninhaltsstoffen jedoch erst wenige seriös erforscht. Bei jenen, die untersucht wurden, konnten in manchen Fällen die ersten Forschungsergebnisse nicht wiederholt werden, bei anderen traten die positiven Effekte bislang nur im Reagenzglas oder bei Tierversuchen auf. Manche Stoffe wiederum entfalten ihre Wirkung nur gemeinsam mit der Frucht, in der sie entstanden sind, nicht jedoch als isolierter Wirkstoff. Man sollte sich daher nicht von dubiosen Werbungen zum Ankauf von Pülverchen oder Kapseln verleiten lassen. Derzeitiger Stand der Wissenschaft ist: Obst und Gemüse können durch nichts ersetzt werden. Und sie sind meist viel billiger als die angebotenen Präparate.

Zum Nachschlagen

Bücher, die weiterhelfen

Sach- und Mitmachbücher rund um Essen und Ernährung

Bilderbücher und Geschichten sind eine wertvolle Unterstützung, wenn es darum geht, Kindern und Jugendlichen zu helfen, mit bestimmten Themen, mit Ängsten und Unsicherheiten umzugehen.

Seyvos, Florence/Vaugelade, Anais/Scheffel, Tobias: Freunde fürs Leben. Beltz Verlag.

Vaugelade, Anais/Scheffel, Tobias: Steinsuppe. Beltz Verlag.

Lachner, Dorothea/Dusikova, Maja: Ein Geschenk vom Nikolaus. Nord Süd Verlag.

Eckert, Andrea: Naschkatze & Suppenkasper. Mit Spiel und Spaß essen und trinken – vielfältige Aktionen rund um das Thema Ernährung in Kita, Hort und Grundschule. Ökotopia Verlag.

Dr. Floto-Stammen, Sonja: Von Kakaokühen und Rülpsbakterien: Das große Lebensmittel Sach- und Machbuch für Kinder. Moses Verlag.

Rübel, Doris: Unser Essen. Ravensburger Buchverlag.

Szesny, Susanne /Volmert, Julia: Bert, der Gemüsekobold oder Warum man gesunde Sachen essen soll. Albarello Verlag.

Steinbicker, Margot: Lisa und ihre Stowis. Die Geschichte der Stoffwechselwichtel. Michaels-Verlag.

Campanella, Marco: Leo Lausemaus will nicht essen. Lingoli Verlag.

Bücher zu Ernährung und Kinderernährung

Elmadfa, Ibrahim u. a.: Die große GU Nährwert Kalorien Tabelle 2010/2011. GRÄFE UND UNZER VERLAG.

Guóth-Gumberger, Márta/Hormann, Elizabeth: Stillen. GRÄFE UND UNZER VERLAG.

Juul, Jesper: Was gibt's heute? Gemeinsam Essen macht Familien stark. Beltz Verlag.

Klug, Susanne: Gesund essen mit Spaß. GRÄFE UND UNZER VERLAG.

Laimighofer, Astrid: Babyernährung. GRÄFE UND UNZER VERLAG.

Pudel, Volker/Bauer, Jutta: So macht Essen Spaß! Ein Ratgeber für die Ernährungserziehung von Kindern. Beltz Verlag.

Rützler, Hanni: Kinder lernen essen: Strategien gegen das Zuviel. Krenn-Verlag.

Ratgeber zu Fischen und Meeresfrüchten im Internet

www.greenpeace.de/themen/ meere/fischerei

www.wwf.de/themen/meere-kues ten/ueberfischung/einkaufsrat geber-fische-meeresfruechte/

Kochen für Kinder und mit Kindern – Bücher aus dem GRÄFE UND UNZER VERLAG

Cramm, Dagmar von: Das große GU Kochbuch für Babys und Klein-kinder. Aktuellstes Wis-sen und mehr als 220 Rezepte für Mutter und Kind von der Schwangerschaft bis zum Kleinkindalter.

Cramm, Dagmar von: Kochen für Kleinkinder.

Cramm, Dagmar von: So schmeckt es Kindern. Gesunde Kinder-küche mit über 300 neuen Lieblingsrezepten für Kinder von 3 bis 10 Jahren.

Janssen, Agnes: Jetzt kochen wir. Kochschule für Kinder.

Rupp, Jaqueline/Christ, Sven: Nest-küche. Ein Kochbuch für Eltern und Babys erstes Jahr.

Trischberger, Cornelia/Engels, Sybille: Jetzt koch' ich, Mama! Mit Harry Bär selbst kochen lernen. Lieblingsrezepte für Kids ab 8.

Adressen, die weiterhelfen

Säuglinge, Stillen

Arbeitsgemeinschaft Freier Stillgruppen (AFS) Bornheimer Str. 100 D-53119 Bonn www.afs-stillen.de *Selbsthilfe mit ehrenamtlicher Mutter-zu-Mutter-Beratung bei offenen Stilltreffen.*

Bundesinstitut für Risikobewertung Thielallee 88–92 D-14195 Berlin www.bfr.bund.de/cd/2404 *Informationen der Nationalen Stillkommission.*

La Leche Liga:

Bietet Adressen von Stillberate-rinnen und gibt Tipps rund ums Stillen.
La Leche Liga Deutschland e.V. Gesellenweg 13 D-32427 Minden www.lalecheliga.de
Österreich: Angelika Seeberger Ennsweg 38 A-5550 Radstadt www.lalecheliga.at
La Leche League Schweiz Postfach 197 CH-8053 Zürich www.stillberatung.ch

www.stillgruppen.de
Stillgruppenverzeichnis
für Deutschland, Adressen, Infor-
mationen.

www.ichstille.de
Stillalmanach, Stillgeschichten,
Stillforum.

Kinderernährung, Ernährung

aid infodienst
Verbraucherschutz, Ernährung,
Landwirtschaft e. V.
Heilsbachstr. 16
D-53123 Bonn
www.aid.de
Informationen rund um
Ernährung, Kinderernährung
und Lebensmittel.

Deutsche Gesellschaft für Kinder-
und Jugendmedizin e. V.
Chausseestr. 128/129
D-10115 Berlin
www.dgkj.de
Wissenschaftliche Fachgesell-
schaft der gesamten Kinderheil-
kunde und Jugendmedizin in
Deutschland.

Ernährungswissenschaftliche
nationale Gesellschaften DGE,
ÖGE und SGE:
Bieten Informationen über Nähr-
stoffe und ernährungsbezogene
Gesundheitsthemen.
Deutsche Gesellschaft für
Ernährung e. V. (DGE)
Godesberger Allee 18
D-53175 Bonn
www.dge.de

Österreichische Gesellschaft für
Ernährung (ÖGE)
Zimmermanngasse 3
A-1090 Wien
www.oege.at
Schweizerische Gesellschaft
für Ernährung (SGE)
Schwarztorstr. 87
Postfach 8333
CH-3001 Bern
www.sge-ssn.ch

Forschungsinstitut für Kinder-
ernährung (FKE)
Heinstück 11
D-44225 Dortmund
www.fke-do.de
Ernährungsberatung per Telefon,
gebührenpflichtig (0,20 € pro
Anruf aus dem deutschen Fest-
netz): Tel. 01 80/4 79 81 83
(Mo–Fr 8.30–12.30 Uhr,
Mo–Do 13.30–16.30 Uhr)
Studien zur Kinder- und Jugend-
ernährung, praxisorientierte Pro-
gramme zur Kinderernährung.

Österreichisches Akademisches
Institut für Ernährungsmedizin
(ÖAIE)
Alserstr. 14/4a
A-1090 Wien
www.oeaie.org

Verband für Unabhängige Gesund-
heitsberatung e. V.
Sandusweg 3
D-35435 Wettenberg/Gießen
www.ugb.de
Informationen rund um
Ernährung, Kinderernährung
und Lebensmittel.

Tests, Lebensmittel-
untersuchungen

AGES –Österreichische Agentur
für Gesundheit und Ernährungs-
sicherheit
Spargelfeldstr. 191
A-1220 Wien
www.ages.at

Bundesamt für Verbraucherschutz
und Lebensmittelsicherheit
Bundesallee 50,
Gebäude 247
Postfach 1564
D-38005 Braunschweig
www.bvl.bund.de

Bundeskammer für Arbeiter und
Angestellte
Prinz-Eugen-Str. 20–22
A-1040 Wien
www.arbeiterkammer.at
*Auf dieser Website finden Sie
Telefonnummern und Adressen
der Landesarbeiterkammern.*

Die Verbraucher Initiative e. V.
Elsenstr. 106
D-12435 Berlin
www.verbraucher.org

Spezielle gesundheitliche
Fragestellungen

Arbeitsgemeinschaft Adipositas im
Kindes- und Jugendalter (AGA)
c/o Vestische Kinder- und
Jugendklinik
Universität Witten-Herdecke
Dr. F. Steiner Str. 5
D-45711 Datteln
www.a-g-a.de
*Bietet u. a. Informationen
für Eltern adipöser Kinder.*

Arbeitsgemeinschaft Allergie-
krankes Kind e. V.
Auguststr. 20
D-35745 Herborn
www.aak.de

Essstörungen:
ANAD e. V.
Therapeutische Wohngruppen
Poccistr. 5
D-80336 München
www.anad.de

Netzwerk Essstörungen
Templstr. 22
A-6020 Innsbruck
www.netzwerk-essstoerungen.at

Zentrum für Menschen mit
Essstörungen
Werdstr. 34
CH-8004 Zürich
www.essstoerung.ch

Zöliakie und Sprue:
Deutsche Zöliakie-Gesellschaft e. V.
Filderhauptstr. 61
D-70599 Stuttgart
www.dzg-online.de

Österreichische Arbeitsgemeinschaft Zöliakie
Anton-Baumgartner-Str.
44/C5/2302
A-1230 Wien
www.zoeliakie.or.at

Weitere Internet-Links

www.konsument.at
www.oekotest.de
www.test.de
www.verbraucherfenster.
hessen.de

Register

Impressum

© 2009 GRÄFE UND UNZER VERLAG GmbH, München

Redaktion: Monika Rolle
Lektorat: Jürgen Fischer
Fotos: Cover, U4 links: Getty; U4 rechts: Studio Eising, Görlach
Gestaltung und Layout: independent Medien-Design
Herstellung: Markus Plötz
Satz: Filmsatz Schröter, München
Druck und Bindung: Druckerei Auer, Donauwörth

ISBN 978-3-8338-1640-6

1. Auflage 2009

Ein Unternehmen der
GANSKE VERLAGSGRUPPE

Die **GU-Homepage** finden Sie im Internet unter
www.gu-online.de

Umwelthinweis
Dieses Buch wurde auf chlorfrei gebleichtem Papier gedruckt. Um Rohstoffe zu sparen, haben wir auf Folienverpackung verzichtet.